战略大师任正非

不谋长远者，不足以谋一时

甘开全◎著

民主与建设出版社
·北京·

©民主与建设出版社，2020

图书在版编目（CIP）数据

战略大师任正非 ： 不谋长远者，不足以谋一时 ／ 甘
开全著. -- 北京 ： 民主与建设出版社，2020.11
　　ISBN 978-7-5139-2861-8

　　Ⅰ．①战… Ⅱ．①甘… Ⅲ．①任正非－生平事迹②通
信企业－企业史－深圳 Ⅳ．①K825.38②F632.765.3

中国版本图书馆CIP数据核字（2020）第221819号

战略大师任正非：不谋长远者，不足以谋一时
ZHANLUEDASHI RENZHENGFEI BUMOU CHANGYUANZHE BUZUYI MOUYISHI

著　　者	甘开全	
责任编辑	李保华	
封面设计	久品轩	
出版发行	民主与建设出版社有限责任公司	
电　　话	（010）59417747　59419778	
社　　址	北京市海淀区西三环中路10号望海楼E座7层	
邮　　编	100142	
印　　刷	三河市金泰源印务有限公司	
版　　次	2021年5月第1版	
印　　次	2021年5月第1次印刷	
开　　本	710毫米×1000毫米　1/16	
印　　张	16.5	
字　　数	190千字	
书　　号	ISBN 978-7-5139-2861-8	
定　　价	45.00元	

注：如有印、装质量问题，请与出版社联系。

华为任正非：

带领狼的团队，以狐的智慧、鹰的心态搏击全球市场

2019 年 2 月春节期间，举国悠享假期、喜气洋溢。然而，在华为工厂里却灯火通明、机器律动，员工们照样热火朝天地生产各种各样的通信设备。这时，70 多岁的华为创始人兼总裁任正非，突然出现在厂区。他穿着一件白色衬衣、浅色的裤子、腰间扎着一条有些年代的针扣皮带。只见他撸起袖子、精神矍铄、面带笑容地步入生产车间，要看望与慰问春节值班、艰苦奋斗的华为员工们。

艰苦奋斗的作风

在慰问期间，任正非一一与员工们握手拜年、合影留念，既展示出华为人"撸起袖子加油干"的艰苦奋斗作风，也展示出万亿帝国商业领袖的"亲和力"。

华为在全球有十几万名员工，很多员工从来没有见过任正非本人，没想到任正非能够在春节期间亲临生产一线慰问。有的员工都激动得流泪，有的员工一边与任正非握手，一边小声说："任总过年好，真不敢相信你能来看望我们……"

这就是任正非！

30 多年来，任正非带着狼的团队，以狐的智慧、鹰的心态搏击全球市场，华为的目标是成为信息通信技术（ICT）产业的领导者。任正非把华为每年销

售收入的 10% 投入研发，实现了"营收——研发——新营收"的滚动增长模式，年复合增长率约 20%。如今，华为拥有全球十几万员工，华为的产品和解决方案已经应用于全球 100 多个国家，服务全球各大运营商及全球三分之一的人口。

所谓狼的团队，就是在内部搞"狼性文化"，发扬艰苦奋斗的精神，培养发展一批又一批狼，会聚十几万员工共划"人力航母"，把业务做到全球 100 多个国家与地区，真正融入世界；狐的智慧，就是通过管理改革，用制度管人、用流程管人，实现点兵、布阵、陪客户喝咖啡以最大限度地吸收宇宙能量；鹰的心态，就是要有战略眼光、高瞻远瞩，在做强产业的同时做好备胎计划，"不谋全局者，不足谋一隅，不谋一世者，不足谋一时"，同时还要有坚强的意志、拥有"兵来将挡，水来土掩"的大将气度，及时化解各种经营危机。

本书分别从创业狼王、狼性文化、管理哲学、人才哲学、团队哲学、奋斗哲学、研究哲学、营销哲学、客户哲学、竞合哲学、产业哲学、不死的华为等多方面、多维度综合解读华为创始人任正非创办华为以及超速成长、迎击风险、化解危机的历程。

直击经营的核心

企业经营，需要解决客户获取、投资策略、营销收入、满足需求、奋斗目标、领先研发和危机处理这几个关键问题。在这里，任正非告诉我们，应该怎么做。

谁才是华为的客户？多付钱买东西 = 优质客户。任正非说："每个区域都很重要，但对客户要有所选择。并非有需求就是客户，有需求但是不付钱，怎么能叫客户呢？付款买需要的东西，还能赚到钱，这才叫客户；多付钱买东西的叫优质客户。我们对客户的认识要做适当改变。世界那么大，我们不能什么市场都做，如果为了服务几个低价值客户，把优质客户的价格都拉下来了，那就不值得了。"

怎么投资？越接近大规模商用，越要大规模投资。任正非说："如果一项技术离我们还有 20 亿光年的距离，华为可能只投资一点钱，就像一粒芝麻籽大小。如果一项技术距离我们 2 万公里远，华为会再投资一点，就像苹果大小。如果一项技术的距离只有几千公里远，那会投入更多，就像一个西瓜大小。最后，如果一项技术的距离只有 5 公里远，那华为就会投入巨资，重兵压境，就像商业版的范佛里特弹药量。华为会把所有的努力都集中在这项技术上，深入研究。因为只有这样，才能生产出世界领先的产品。"

如何营销？营销就是"正正经经地为客户服务"。任正非说："我们认为还是要踏踏实实地为客户做好服务，这样我们就会赢得我们的成功。其实华为的成功很简单，没有什么复杂的道理，我们就是正正经经的为客户服务，我们的眼睛就是看到客户口袋里面的钱。你能不能给我点钱？你能不能再给我点钱？你能不能多给我点钱？你看客户都不给我钱，就说明我们对客户不够好。所以我们真心为客户服务，客户就把口袋里面的钱掏出来给我们。"

怎么满足客户需求？透过现象看本质，有梯度、有层次地满足客户需求。

任正非表示，第一梯队，我们要瞄准综合后的客户需求理解，做出科学样机。科学样机可能是理想化的，它用的零件可能非常昂贵，它的设计可能非常尖端，但是它能够实现功能目标。

第二梯队，我们要把科学样机变成商业样机。商业样机要综合考虑可实用性、可生产性、可交付性、可维护性，这个产品应该是比较实用的，可以基本满足客户需求。新产品投入时的价格往往比较高。

第三梯队，我们要分场景化开发，这个时候我们要多听买方意见，并且要综合性考虑各种场景的不同需求以后才形成意见，并不是买方说什么就是意见。这就是适合不同客户的多场景化，可能就出现价廉物美了。

第四梯队，我们要开始研究用容差设计和更便宜的零部件，做出最好的产品来。

奋斗目标是什么？华为的目标是成为信息通信技术（ICT）产业的领导者，只有为客户奋斗，才能实现这个目标。华为对奋斗的理解是："为客户创造价值的任何微小活动，以及在劳动的准备过程中，为充实提高自己而做的努力，均叫奋斗，否则，再苦再累也不叫奋斗。企业的目的十分明确，是使自己具有竞争力，能赢得客户的信任，在市场上能存活下来。"

在领先研发方面，任正非表示，华为应该成立一个战略研究部，专门研究战略性的前瞻需求，不看眼前，而是要做"预研究"。这个机构的规模该多大现在不好说，但是要有这样一个战略机构。

为了抢占通信设备产业制高点，华为做好备胎计划（自研麒麟芯片、自研鸿蒙操作系统）的基础上，进行"产业技术预研究"，在5G技术领先之后，又启动6G研究。任正非自信地说："全世界能做5G的厂家很少，华为做得最好；全世界能做微波的厂家也不多，华为做到最先进。能够把5G基站和最先进的微波技术结合起来成为一个基站的，世界上只有一家公司能做到，就是华为。"

什么才是最危险的时候，应该如何应对？

任正非说："在孟晚舟事件没发生的时候，我们公司是到了最危险的时刻。大家的口袋都有钱了，不服从分配，不愿意去艰苦地方工作，这就是危险状态了。现在（华为首席财务官孟晚舟被"软禁"、华为产品被美国"硬禁"），我们公司全员振奋，铲除平庸，战斗力蒸蒸日上。这个时候我们怎么会到了最危险时候呢？应该是在最佳状态了。"

面对危机，任正非开展了"四个反击"，利用外部力量解决华为产品被"硬禁"的问题。此外，任正非还利用"先辞退再竞争上岗"活动，给华为不定期"换血"，时刻激活华为的"狼性"，以解决企业内部出现腐败与惰怠问题，因为那是最危险的状态。

……

更多的经营故事与干货，尽在此书中。

全书将任正非的个人创业故事、企业发展、经营理念和管理特色有机融合起来，夹叙夹议，纵横对比其他商界风云人物的经营之道，突出"一直在挨打、从未被打倒"的"硬汉"型企业家精神。书中故事性、文学性、财经知识兼具，并结合任正非的经营理念精心制作年轻人的成长规划图表，激励无数年轻人发展自我、备份自我、从容面对未来的挑战。

如果你渴望成功，想要实现自我价值，那就来吧！读这本书，先让大脑变得富有起来，然后可以先从一个小公司做起，以技术为驱动、在某个领域做强，在"万亿帝国商业领袖任正非的激励与指引下"，可以少走弯路、直击经营核心，在暗夜中找到"前进的星光"、在红海中找到"营收的法宝"、在最危险的状态中找到"镇海的神针"！

目录

第一章

创业狼王：每天都思考失败，这一天终会到来

· · · · ·

我天天思考的都是失败，对成功视而不见，也没有什么荣誉感、自豪感，只有危机感。也许正是这样才存活了十年。我们大家要一起来想，怎样才能活下去，也许才能存活得久一些。

——任正非

创业之初，因资金紧张采用员工持股制

　　1987 年，深圳特区，经济蓬勃发展，无数的厂房拔地而起，全国各地的打工仔、打工妹纷纷涌进鹏城淘金。骑着单车、打着铃铛上下班的"三洋妹"（中国第一家外资公司三洋电机的女工），穿着清一色的工衣、成群结伙横穿马路，成了时代奇观。无数外来者驻足围观，并羡慕这种"充满奋斗精神的激情岁月"。

广泛的员工持股制度

　　当时，任正非刚从军队转业，拿着 3000 元的复员费要注册成立华为技术有限公司。可是，当时深圳要求公司注册资本最低是两万元人民币，所以任正非找了五位合伙人共同投资，通过集资的方式获得了 21000 元的资金，注册了华为。当时，六位股东均分了股份。

　　1990 年，华为公司由于资金紧张，发不出人员工资，任正非只好把股份当作工资发给员工，自称实行广泛的员工持股制度。任正非以 1 元的股价向员工出售股份，然后以 15% 的利润作为分红，"员工人人持股、人人有分红"的模型就这样形成了。

　　1998 年时，任正非组织管理人员到美国考察学习，发现实体股也可以转为虚拟股，同样可以用来激励员工。2001 年，华为推出了虚拟股票期权计划，员工手上的实体股变为了虚拟股。所谓虚拟股就是，员工可以出钱入公司股，签订合同后，钱交给公司保管，没有副本，没有持股凭证。员工只有一个内部账号，可以查看自己的持股数量。

　　这种虚拟股票没有实际股权，只有分红和增值的权利。别小看这种虚拟股票，华为仅用这一招，10 年的时间内就获得了员工融资 200 多亿元。过去华为的虚拟股都是针对深圳本地户籍员工，现在对所有人包括外籍员工开放。此外，华为为了留人，还给一些优秀员工免费分配一定数量的 5 年期股份，这些股份产生的分红和增值全部归员工所有，5 年后这些股份则清零。

目前，在华为控股中，股权大致分为两个部分，一是华为工会，包括董事及集体员工，持有公司 98.86% 的股份。二是任正非个人，占有 1.14% 的股权。任正非说："我个人在华为持有股票占总股数为 1.14%，我知道乔布斯的持股比例是 0.58%，说明我的股权数量继续下降应该是合理的，向乔布斯学习。"

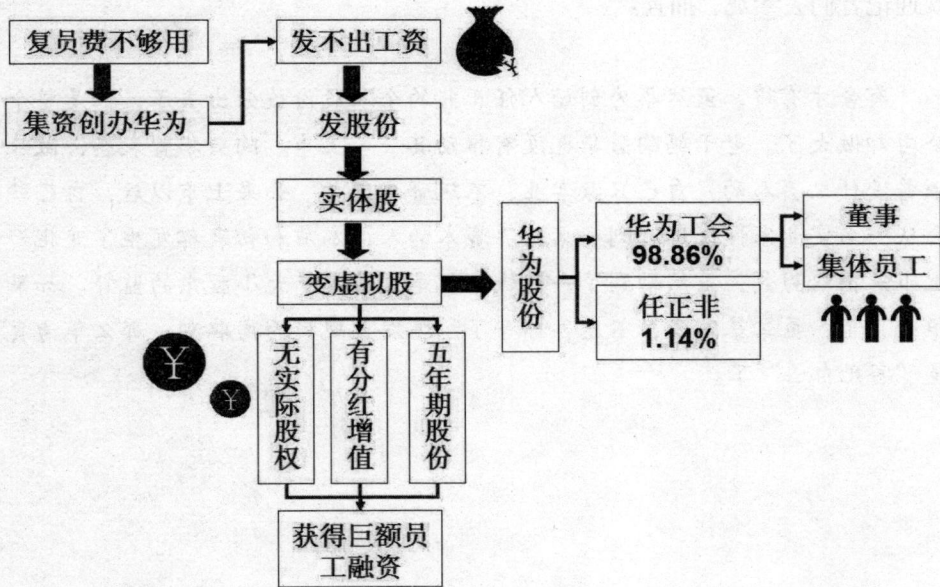

广泛的"员工持股制度"

上市只会害了自己

虽然很多中国概念股赴海外上市，并不断刷新国内富豪榜，但是多年来，华为依然坚持不上市。任正非坦陈："华为采用的是员工持股制，一旦上市，员工纷纷暴富，只想着抛股获利，而且会变得不思进取，上市只会害了自己。"

任正非持有这么少的股份怎么控制华为公司？按照公司法规定，有限责任公司可设置同股不同权。在华为内部章程里有表明，任正非在华为控股中享有特别权利，可以通过协议和委托的形式，代为行使华为技术的股东权利，并且代为行使工会的股东权利。任正非有权代为行使工会的股东权利，就是拥有 90% 以上的表决权。不管是书面法律上，还是公司内部管理上，任正非均对华为公司拥有绝对控制权。

对于华为股权结构，任正非表示："华为公司所有权的归属是 96768 名持股员工，这些人要么是华为在职员工，要么是曾经在华为工作多年后的退休员工，没有一个非华为员工持有一美分股票，没有一个外部机构持有一美分股票，政府任何部门没有一美分股票。华为专门有一个保存股权数据的库房，欢迎记者们去参观、抽查。"

有舍才有得，虽然华为创始人任正非的个人股份被分出去了，但是整个公司却做大了。老干妈陶碧华也没有推动其公司上市。陶碧华曾表态，做辣椒酱没什么丢人的，自己只做实业，不玩资本运作。如果上市以后，自己就会从一名实业家慢慢过渡到一名玩弄资本的人，本质和初衷都发生了变化。上市是把双刃剑，虽然融到了一笔钱，但是也要接受大小股东的监督。如果华为上市，员工暴富了，不愿再奋斗了，爆发大规模的离职潮，那么华为真是"害死自己"了。

第一笔海外订单仅有 38 美元

1996 年，俄罗斯街头，大雪初霁，四周银装素裹，城堡上白雪皑皑，战斗民族的男人们没事可干，只好在河边凿冰钓鱼，而美女们就三五成群地去超市瞎逛一整天。时值经济低谷，卢布贬值，不论是国家机构还是普通民众都要"节衣缩食"了。此时，中国华为的员工敲开了俄罗斯电信局的大门，要推销中国制造——华为大型交换机。

借机进入俄罗斯

这种大型交换机是什么来头？ 1987 年华为成立后，一开始的主要业务是做香港用户交换机公司的销售代理，在中国内地销售用户交换机，后来才开始自行研发小型交换机。1994 年，华为推出了 C&C08 数字程控交换机，这是一种 128 模块大容量综合网络集成系统，简称大型交换机。1996 年，华为与长江实业旗下的和记电讯合作，让华为大型交换机成功打入了香港市场。

1996 年，中俄建立战略协作伙伴关系，华为抓住时机"闪进"俄罗斯。此前，电信巨头爱立信、西门子、朗讯、阿尔卡特等已经在俄罗斯完成了跑马圈地，霸占了各种营销渠道。当俄罗斯陷入经济低谷时，他们觉得无利可图，纷纷跑了，而华为这时却来了。

"虽然你们对华为一无所知，但是可以尝试从使用这个产品开始了解。"负责俄罗斯市场的主管李杰建议道。

"我们再考虑考虑吧。"一开始俄罗斯电信局回绝了合作。

当时，在俄罗斯人眼里，朗讯、西门子才算是电信巨头，来自中国深圳的华为，他们并不了解，也不信任，况且中国制造的国际形象也不高。

在困难面前，任正非决定"敌退我进"，迎难而上，加快布局俄罗斯市场。1998 年，华为在俄罗斯乌法市建立了第一家合资公司——贝托—华为合资公司，由俄罗斯贝托康采恩、俄罗斯电信公司和华为三家合资，采用本地化经营战略。

任正非迅速"点将"李杰，让他担任俄罗斯市场主管，全面实施"土狼战术"，派出 100 多人训练有素的营销队伍，派到俄罗斯各个部门机构进行推销。

任正非说："我们永远都是狼文化。第一，狼嗅觉很灵敏，闻到机会拼命往前冲；第二，狼从来是一群狼去奋斗，不是个人英雄主义；第三，可能吃到肉有困难，但狼是不屈不挠的。"

然而，深陷金融危机的俄罗斯资本急剧流出，国际收支进一步恶化，潜在客户没钱了。1999 年华为在俄罗斯一无所获，没有任何订单。

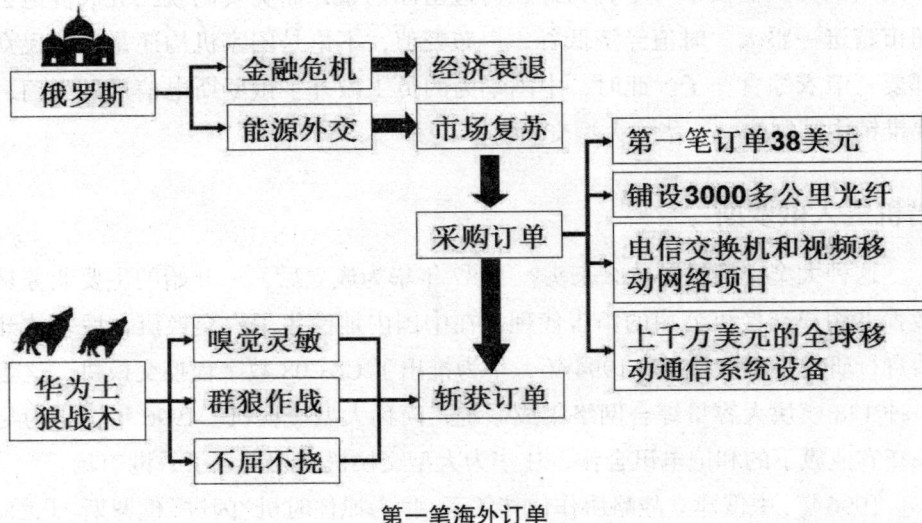

第一笔海外订单

坚守 4 年的回报

有一次，任正非对李杰说："如果有一天俄罗斯市场复苏了，而华为却被挡在了门外，你就从这个楼上跳下去吧。"

李杰苦笑说："好。"

"一回生二回熟"，华为员工轮番前往俄罗斯电信局推销中国制造，最后连门卫都混熟了，他只要看到华为员工走过来，不用多说直接放行。

1999 年底，经过拉锯战式的沟通与磨合，俄罗斯电信局慢慢了解了华为公司的产品，并打算小试牛刀，买其中一款产品。就这样，整整 4 年的坚守与等待之后，华为终于从俄罗斯国家电信局获得了第一笔采购订单，金额只有区区 38 美元，但却是华为国际贸易的第一单！

在国际电信市场，华为实现了"1"的突破，消息传回国内，全员振奋。随后，拉美、泰国、新加坡、马来西亚、中东、非洲、沙特、南非、美国等区域市场纷纷斩获新订单。

在经历了金融危机和经济衰退的双重煎熬之后，大权在握的普京开始整顿俄罗斯经济，制裁经济寡头，整合了国家力量，加速推动油气项目，大搞能源外交，输出油气。关键时刻，石油价格的上涨拯救了整个俄罗斯经济。1999 年下半年起，俄罗斯经济出现回暖，经济稳步上升，不断偿还外债，重塑了"经济强国"的形象。

在国家通信网络建设方面，俄政府毫不犹豫地抛出采购大单，要求通过改造在现网铜缆上实现高速带宽。当俄罗斯市场复苏时，举目远眺，其他电信巨头已经不在了，只有华为还在坚守，所以华为收获了大部分订单。

1999 年，华为在莫斯科与西伯利亚首府诺沃西比尔斯克之间铺设了 3000 多公里的光纤电缆。2000 年，华为斩获了乌拉尔电信交换机和莫斯科 MTS（视频）移动网络两大项目。2001 年，华为与俄罗斯国家电信部门签署了上千万美元的全球移动通信系统（GSM）设备供应合同……

2019 年，在美国禁令发布后，俄罗斯电信巨头维佩尔通信公司表态，中国华为的设备不存在安全隐患，其莫斯科电信网络正在全面改用华为 5G 设备。可见，华为产品在俄罗斯已经深入人心。

万事开头难，从 0 到 1 十分艰难，而从 1 到万往往相当顺利，关键是沉浸到当地市场，根据客户需求提供相应产品。就像 TCL 1999 年进军越南市场一样，那是海外直接投资的第一站。TCL 针对越南雷雨天气较多、收视信号弱等特点研发出防雷击彩电和超强接收彩电，结果大受市场欢迎。进军俄罗斯是华为国际化的第一站，充分体现了华为狼的战法，闻到机会就提前布局，群狼奋斗而不是单打独斗，十年磨一剑、不屈不挠，不吃到肉就不放弃。

外患：遭遇思科诉讼，敢打才能和

2002 年的一天，深圳华为总部行政楼下，成百上千身着华为工装、佩戴着胸卡的年轻人依序打卡进入写字楼，开始为研发专利而奋斗。不久，华为迎来了一位不速之客，通信巨头思科全球副总裁钱伯斯。只见钱伯斯西装革履，行动如风，后面跟着面无表情的"诉讼团队"……

从当面指责到国际诉讼

当天，华为员工还是照常上下班，可是他们不知道的是，华为正经历一场生存大考。在谈判桌上，思科诉讼团队开门见山地指责华为侵犯了其产品知识产权，要求华为停止销售产品，承认侵权，赔偿损失。

任正非表示："华为可以停止销售有争议的产品，但绝不接受侵权的指责。"

思科公司成立于 1984 年，是全球领先的网络解决方案供应商。创始人是美国斯坦福大学的一对教师夫妇，他们设计了叫作多协议路由器的联网设备，用于连接斯坦福校园网络。这个联网设备被认为是联网时代真正到来的标志。约翰·钱伯斯于 1991 年加入思科，并把思科带入了全新的发展高度。

思科公司总裁钱伯斯认为，作为设备供应商，必须掌握高新技术，而获得发明的捷径就是花钱去买。他最擅长的做法是买下正在研制新产品的新公司，当新公司推出一个领先的新产品，就可以通过思科公司现有的分销渠道，迅速推向市场。此法，思科公司屡试不爽，很快成为网络交换机市场的领先者。思科在全球拥有 3 万多名雇员，2004 年的营业额超过了 220 亿美元。

为进军美国市场，任正非进行一系列布局。1993 年，华为在美国达拉斯建立研究基地，1999 年，华为在达拉斯建立了研究所。2002 年，华为在美国得克萨斯州成立了子公司，并在亚特兰大的一个展会上宣布正式进入北美市场。

自从华为产品进入美国市场之后，思科与华为注定要来一场巅峰对决。让任正非始料未及的是，华为产品进入美国后不是扬眉吐气，而是惹上了国际官司。

回到谈判桌上，面对咄咄逼人的思科，华为决定退避三舍，主动回收在美国销售的有争议的交换机、路由器。而思科认为华为是"做贼心虚"，决定提起国际诉讼。

为了慎重起见，思科全球副总裁钱伯斯特地拜访了中国信息产业部和深圳市政府，表明思科专利技术不容侵犯，希望获得当地政府的理解，同时也想考验中国政府保护知识产权的决心。

不久，有官员表态："政府不会给予华为政治上的帮助。"

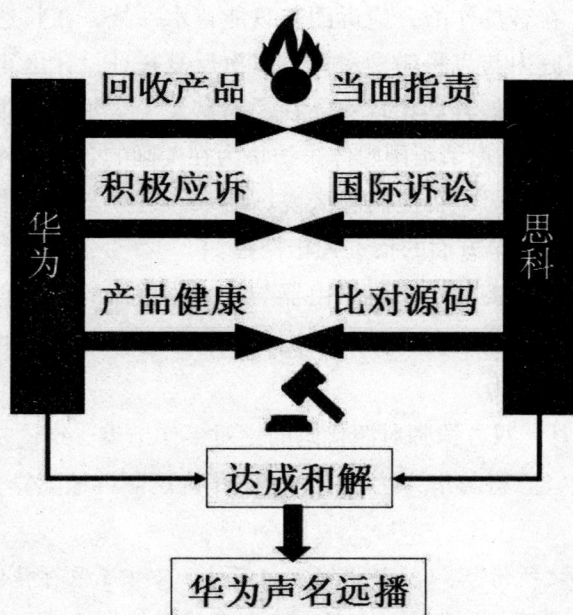

遭遇思科诉讼

华为产品是健康的

2003 年 1 月，思科在得克萨斯州联邦法院对华为提起了专利诉讼，同时警告华为的客户，不要购买华为的产品，以免带来连带赔偿。当时，不少欧洲客户害怕惹祸上身，都暂停了与华为的合作。

当时，华为遇到了前所未有的困难，严重的内忧外患让任正非喘不过气来。外患就是在国际市场，思科通过国际诉讼步步紧逼、穷追猛打，抓住疑似的侵权证据不放。内忧就是在国内市场，爱将李一男叛逃，创办港湾网络，四处狙击华为通信业务，抢夺销售订单。

不久，任正非患上了抑郁症，身体并发了多种疾病……

很多人都认为任正非扛不下去了，可是，"狼王没有这么容易倒下"，他的乐观精神让医生们都很感动。在医务组的帮助下，任正非战胜了抑郁症，并决定与思科对簿公堂。他迅速做出指示："敢打才能和，小输就是赢。"

很快任正非就组建了由数位副总裁牵头，多名国际法务专家组成的应诉团队赶赴美国。在客场作战，应诉团队只能背水一战，在长达几个月的庭审期间，一方面在庭内与思科激烈辩论，多次反复举证，让庭审充满了变数；另一方面在庭外积极展开舆论攻势，在《财富》《华尔街日报》等媒体进行正面宣传。同时华为还邀请美国媒体采访华为在美国的合作伙伴，如普华永道、摩托罗拉、IBM 等公司，看他们怎么说。结果，这些公司对华为给予了客观公正的评价，与思科单方面的指责大相径庭。

最后，双方律师商定对思科路由器与华为路由器的源代码进行比对，如果华为产品的源代码与思科产品的相同，或者在思科源代码的基础上进行了修改，则视为侵权行为。

2003 年 10 月，双方律师对源代码的比对工作结束，结论是：华为的产品是健康的。随后，思科与华为达成了和解，华为国际诉讼案宣告终结。

"祸兮，福之所倚"，福与祸经常相互对立又相互依存转化。思科原本想通过诉讼在国际市场封杀华为，结果华为却因祸得福。通过这场诉讼，原本默默无闻的华为却在国际市场上声名鹊起。华为的产品是健康的，还通过美国权威法院传达出来，让华为产品赢得了大部分国际客户的信任。受此激励，面对国际侵权案件，越来越多有骨气的中国企业不再忍气吞声，而是选择海外维权。如 2014 年，三一重工的子公司拉尔斯控股公司就起诉过奥巴马政府并获胜！

75 亿！差点"失去华为"

2003 年底，海南的一处沙滩，水天澄碧，烟波浩渺，柔柔的海风，细细的白沙，还有婆娑的椰林，描绘出一幅天涯海角的绝美画卷……

"密谋"收购华为

有三男一女迎面而来，边走边聊，在沙滩上留下了几串长长的脚印，他们正在密谋一件大事——用 75 亿美元收购华为。当时，华为创始人任正非穿着花色沙滩服，摩托罗拉首席运营官迈克·扎菲罗夫斯基穿着深色运动衣，两人在沙滩上侃侃而谈，轻松自如。在旁边陪同的是摩托罗拉中国区业务主管拉里·程以及一位女翻译。

当时，思科诉讼案刚刚过去不久，任正非有点儿心力交瘁，有点儿想放手不做了，不做至少还可以卖个好价钱。

扎菲罗夫斯基挥舞着双手说："华为最多值 75 亿美元！"

任正非笑答："交易最好以现金支付。真不知道，这次是摩托罗拉救华为，还是华为救摩托罗拉。"

任正非 1987 年创办的华为，一开始主要生产交换机、数字程控交换机、接入网络及光网络设备。2003 年互联网泡沫袭来，很多找不到盈利模式的互联网企业纷纷裁员、倒闭，通信网络设备需求锐减。于是，任正非想转型做 3G 手机，因为 3G 网络设备已经卖不动了。

任正非称："我们把 3G 做出来后，首先出口到阿联酋，但是没有终端就无法销售，我们向日本其他厂家购买，没有厂家愿意卖给我们一台终端，我们才被迫开始自己来做。"

华为要做 3G 手机的消息传出来后，这让摩托罗拉睡不着觉了。摩托罗拉成立于 1928 年，一开始做半导体业务，2003 年，摩托罗拉开始进军智能手机市场，并成立了中国区业务中心。摩托罗拉首席运营官一听说华为也要研发3G智能手机，决定先下手为强，把华为给买了，不论能否消化，至少不能让华为发展成竞争对手。于是，就出现了三男一女在海滩商谈收购的大事。

在这次会面之后，扎菲罗夫斯基积极推进收购华为事宜，同时派出相关专家进行审慎的尽职调查，双方还设计了巧妙的交易方式，以确保不会被双方监管机构腰斩拦截。

如果这笔交易达成的话，可能现在的中国就没有华为了，因为摩托罗拉的发展也充满了变数。2003年底那段时间，是任正非距离失去华为最近的时刻。

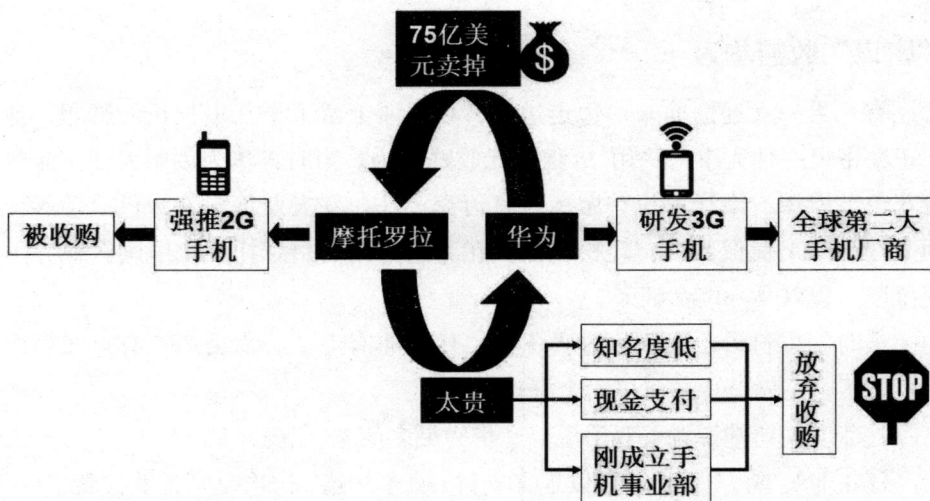

差点失去华为

一念之间交易流产

然而华为未来的命运却被摩托罗拉的一次人事变动彻底改写了。就在交易最后的关键时刻，摩托罗拉闪电换帅了。

2003年圣诞节前，摩托罗拉未能按计划推出3G智能手机，这让摩托罗拉的业绩受到了较大的影响。时任摩托罗拉首席执行官扎菲罗夫斯基被迫离职，而之前一直是他在积极推动收购华为案，甚至已经与任正非签署了意向书。扎菲罗夫斯基的离职，让收购华为案被暂时搁置了。

摩托罗拉首席执行官继任者爱德华·桑德尔上台后，重新评估了这份收购协议，认为收购华为这样一个不知名的外国公司价格太贵了，而且其中大部分要以现金支付，最终决定放弃收购。因为华为在2003年才成立手机事业部，业务市场还没有真正打开，在"功成名就"的摩托罗拉面前，华为真的不是他要吃的菜。

就这样，摩托罗拉首席执行官继任者在一念之间就让收购华为案流产了，也正是2003年这一年改变了两家公司的命运。

2003年中国已经升级到了3G网络，而摩托罗拉还在卖老款的2G手机，甚至有点"故步自封"地疯狂打折促销这些2G手机以保持市场份额。而华为任正非则调集重兵拼命研发3G手机。2004年，华为推出了中国第一款WCDMA手机（3G网络手机）参加法国戛纳3GSM大会，并现场演示震惊了世界，随后不断在世界范围内抢占市场、攻城掠地。随着智能手机的兴起，华为一跃成为全球第二大手机厂商，连当时第一大手机厂商诺基亚也感到很震惊。

与此同时，摩托罗拉手机业务却渐行渐衰。2007年，韩国三星取代美国摩托罗拉，成了中国手机销售量最大的公司。2011年，谷歌以125亿美元收购了摩托罗拉移动部门，试图消化并实施王者归来。结果，兵败如山倒，相对华为来说已经失去了3G技术优势。三年之后，2014年联想以29亿美元收购了摩托罗拉移动智能手机业务，借此来增强自身手机业务的全球扩展实力。

没有永远的王者，只有自强不息的奋斗者。如同当年马化腾也想过要卖掉QQ，但没人接手，所以只能坚持到底，直到自己用微信渐渐取代了QQ。摩托罗拉原本要以75亿美元来收购华为，没想到短短几年时间，摩托罗拉因为错过了3G手机发展的爆发期，活生生地被华为反超了。正所谓"一失足成千古恨"，结果只能以29亿美元贱卖给了联想。后来，任正非不再待见收购者，宁愿多花金钱与精力去搞技术研发，也不会轻易地卖掉华为。

内忧：成立"打港办"，边打边拥抱背叛者

2006年，在华为办公区中间建立起了一间透明的办公室，有一位华为员工坐在里面"无所事事"，眼睛不时往外瞟一下，看是否有华为的同事过来参观。

他就是李一男，任正非的研发爱将、港湾网络的创办者、华为的叛逃者，港湾被华为收购后又被任正非召回的"二进宫者"，他的一举一动都被别人盯着，心伤满满，往事不堪回首……

"技术天才"的火箭式提拔

时光回到1993年，李一男这个技术天才在华为十分吃香，完成了火箭式提拔。1993年6月，李一男大学毕业后即加入了华为。两天时间就升任华为工程师，半个月升任主任工程师，半年升任中央研究部副总经理，两年被提拔为华为公司总工程师中央研究部总裁，27岁就坐上了华为公司的副总裁宝座。

2000年，任正非鼓励老员工离开华为自行创业，没想到李一男主动报名参加，随后带着价值1000多万元的华为设备北上京城创建了港湾网络。在李一男不停地游说下，港湾网络获得了美国华平、淡马锡等机构近亿美元的风投，港湾有设备又有钱，开始进入了发展快车道。

在华为工作多年的经历，让李一男很清楚华为的优势，也更清楚华为的劣势。华为优势在于群狼式的奋斗团队，而劣势也在于团队的懒惰与腐败。一开始，港湾网络代理销售华为产品。可是为了上市做出更漂亮的业绩来，2003年的时候，李一男开始进军通信领域，大力发展宽带IP产品，与华为形成了同质竞争。

2004年，港湾网络年销售额上10亿元，通信网络产品市场占有率在7%~8%，华为产品销售受到了很大的影响。而且，北京港湾网络还在不断地从深圳华为总部挖墙脚，有些业务单元的整个团队都被拉拢过去。

任正非刚刚去除外患，解决了国际诉讼问题，现在又摊上了大事——华为的内忧，港湾网络挖人抢业务。

任正非曾经这样描绘团队被抽离的情况："你们开始创业时，只要不伤害华为，我们是支持和理解的。当然你们在风险投资的推动下，所做的事对华为造成了伤害，我们只好作出反应，而且矛头也不是对准你们的。2001 年至 2002 年，华为处在内外交困，濒于崩溃的边缘。你们走的时候，华为是十分虚弱的，面临着很大的压力。包括内部许多人，仿效你们推动公司的分裂，偷盗技术及商业秘密。"

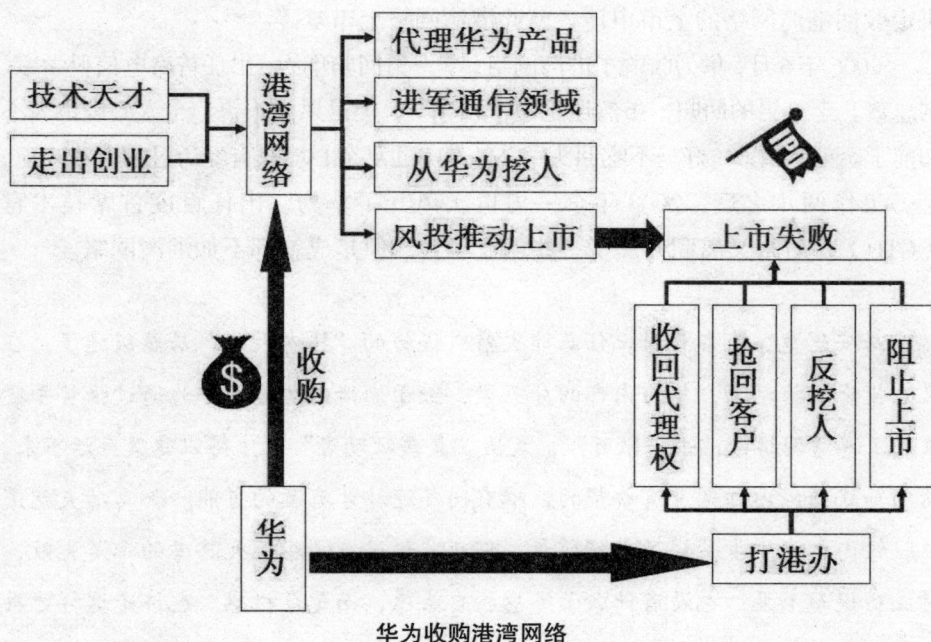

华为收购港湾网络

港湾网络上市梦碎

任正非作出的反应就是成立"打港办"，这个部门专门打压港湾网络，一不能让港湾赚到钱，二不能让港湾上市。华为很快收回了港湾的代理权，并成立了合资公司专门从事中低端的数据市场，让港湾无货可卖，也无法切入中低端产品研发。

当时，华为打压的力度极为凶悍与强势，凡是已经使用港湾设备的客户，华为统统进行回购，且买回港湾产品再送华为产品，实施"夺回客户，产品全替换"。当港湾网络拿到几百块钱的小单时，华为就直接白送给客户相关产品。同时开展反挖人运动，用高薪和期权等福利把港湾网络的一个研发部门整体挖回了深圳。

要人无人，要产品没有产品，要销量没销量，港湾的业务很快陷入了停滞。不过，还有风险投资可以利用。为摆脱困境，李一男决定加速去美国上市。就在港湾网络向美国提交上市申请后，美国证监会收到了大量匿名邮件，指责港湾网络进行数据造假，侵犯华为知识产权。美国证监会经过审慎考虑，决定驳回港湾网络的上市申请，就此港湾网络上市梦碎。

2006年6月，华为收购了港湾网络，李一男回归华为，出任首席电信科学家、副总裁。李一男的回归，虽然还是做"领导"，但是风光不再，个人心境也大不如前了。正所谓，"好马不吃回头草"，其中的复杂心境只有经历过的人才知道。

工作两年之后，2008年李一男再次离开了华为，出任百度首席技术官（CTO），后来又离职开展了一些创业项目，但是成就都不如港湾网络。

居安思危，有备无患。任正非火箭式提拔的"技术天才"居然叛逃了，在风险投资的推动下，华为内部四分五裂，濒于崩溃的边缘。华为通过强势手段收购了港湾网络，"杀一儆百"，震慑"蠢蠢欲动者"，才得以健康存活下来。商场如战场，内讧是没有希望的，唯有同气连枝才有赢的可能。如真功夫就是被股权内讧一步步耽误了大好前景。任正非说过："我天天思考的都是失败，对成功视而不见，也没有什么荣誉感、自豪感，而是危机感。也许是这样才存活了十年。我们大家要一起来想，怎样才能活下去，也许才能存活得久一些。"

成长规划 1：
年轻人怎样从容应对失败

不要轻易放弃

放弃注定失败，坚守才有机会成功。就像任正非那样，曾经想卖掉华为，后来发现只要研发获得突破，就可以领先对手，就可以好好活下来。

善于抓住转机

失败了不要自暴自弃，老天是公平的，失败中往往暗藏着多次转机的机会。如任正非团队进军俄罗斯，坚守 4 年颗粒无收，后来抓住俄罗斯经济复苏的机会斩获了无数订单。

解决外部原因

造成创业失败的原因很多，像创业者无法左右的政治、经济、自然等外部因素，但最为主要的原因还是内部原因，在于企业内部缺乏竞争力和管理不善。如任正非解决外患的办法就是通过积极打赢国际官司。

解决内部原因

从实际出发，解决企业内部问题，解决自身的问题。就像任正非那样，成立"打港办"，解决内讧问题，收购港湾网络，杀一儆百，解决了四分五裂的局面。

以人为本，乐观向上

留得青山在，不怕没柴烧，有人就有梦想，就有重启事业的希望。如果没有钱至少还有人在，如果没有人至少还有乐观奋斗的精神。就像任正非创办华为头几年，没有钱发工资，就把股份当工资卖给员工，执行广泛的员工持股制度，结果既留住了人又留住了钱。

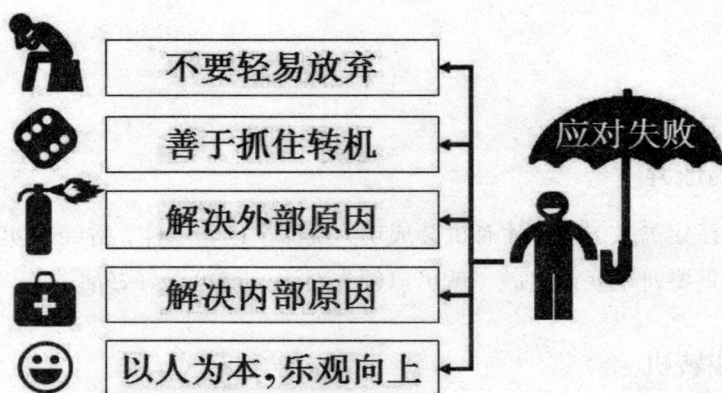

不要轻易放弃

善于抓住转机

解决外部原因

解决内部原因

以人为本，乐观向上

应对失败

怎样应对失败

第二章

狼性文化：狼的团队，狐的智慧，鹰的心态

我们永远都是狼文化。所谓狼文化就是指一家公司要有狼的团队，狐的智慧，鹰的心态。

——任正非

华为信仰：我们就是专注做一件事情，攻击"城墙口"

1992 年，深圳股市彻底疯了。全国各地的民众包括打工仔、学生、农民、知识分子一窝蜂涌向深交所和当地各大证券公司抢购抽签表（即"认购证"）。在股民的眼中认购证就等于是钞票，买到上市公司的原始股就等于坐上了财富直升机！于是，上百万疯狂的股民，不管白天黑夜，不论刮风下雨，不怕排队挤得前胸贴后背，死都要去抢买认购证。

股市熔城

1992 年 8 月，深圳市人民银行、工商管理局、公安局、监察局发布了一则引爆股市的消息。消息宣布发行国内公众股 5 亿股，发售新股认购抽签表 500 万张。国内公民凭身份证认购，每一张身份证一张抽签表，每人一次最多买 10 张表。然后将在适当的时候，一次性抽出 50 万张有效表，中签率为百分之十，每张中签表可认购本次公司发行的股票 1000 股。

消息放出不到 24 小时，全国股民就拿着一袋袋的金钱，以不同的方式疯狂涌进深圳，有坐火车来的，有开车来的，有的没有边防证就直接剪掉铁丝网偷偷潜入特区，一时间炎炎夏日的热浪，全民炒股的热情，浸满汗水的金钱，还有各种版本的创富神话似乎要把整座城给熔化了。

当时深圳的常住人口仅有 60 万，发新股时却涌进了 100 多万人，这些来自北京、上海、哈尔滨、广州等地的股民只做一件事，拿着钱和身份证去深圳抢买认购证，从正规渠道买的认购证要 100 元一张，外面的黄牛炒到了 1000 块钱 1 张。我们初步算了一下，如果 1 个人买到 10 张"认购证"要花 1000 元，然后再以 10000 元转手后就赚了 9000 元，相当于 1 张身份证可以赚 9000 元。如果开展身份证搜集大战，搜集到 100 张身份证，单是转手炒卖认购证就能赚到 90 万元，如果用钱买公司原始股票，100 张身份证可以买 1000 张认购证，可以买公司原始股票 100 万股，遇到牛市获利则更多，财富翻一倍根本不是什么问题。

当深圳民众和全国股民疯狂抢买股票，成为"先富起来"那部分人的时候，华为的任正非在做什么？

任正非回忆说："那时，我们公司楼下的交易所里，买股票的人里三层外三层包围着。我们楼上则平静得像水一样，都在专心致志地干活。我们就是专注做一件事情，攻击'城墙口'（比喻搞通信技术研发）。"

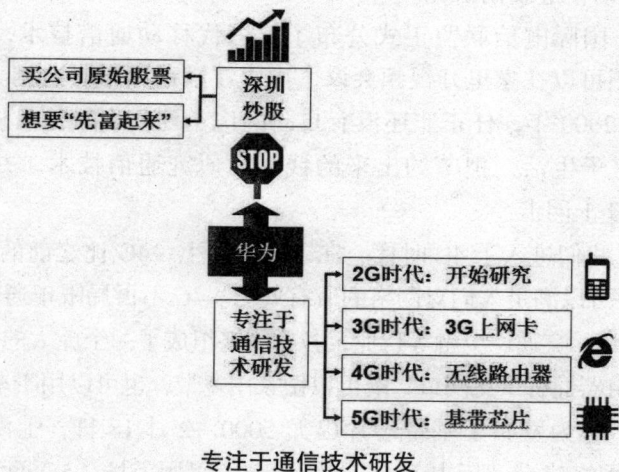

专注于通信技术研发

任正非坐在股市当中，面对各种各样的股神版本和人性的贪婪与恐惧，经得起诱惑，耐得住寂寞，任他东西南北风，我自岿然不动。这种专注于通信技术研究的信仰，也是一种狼性。任正非自己所赚的钱，只投入通信技术研发，于是白白错过了在深圳股市淘金的机会，所以被人们称为"任大傻"。

专注于通信技术研发

30 多年来，任正非不炒股，不上市，只坚持做一件事——坚守实业，专注于通信技术研发。在这 30 多年中，别的企业都把赚来的钱搞房地产、搞资本运作，而任正非不为所动，"很傻很天真"地投入到了通信技术的研发中，坚持将每年销售收入的 10% 以上用于研发通信技术。

从 1G 研发到 5G，华为最终跑到了世界前列，让爱立信和诺基亚感到"十分震惊"。下面，我们简述一下华为研发通信技术的过程。

1G 通信技术诞生于 1986 年的美国芝加哥，美国老板们经常从大衣里拿出大哥大，拉出天线，然后对着大哥大喊话，1G 网络在技术上只支持语音传输。当时华为还没有成立，那时人们还不知道任正非将来是要搞房地产、炒股，还是研发通信技术。

1991 年，在芬兰出现了 2G 通信技术，人们可以上网，也可以发短信了，但还是无法传送电子邮件和软件。1991 年，华为成立了集成电路设计中心，开始自主设计研究通信芯片。一年后，1992 年深圳爆发了全民炒股狂潮，任正非却不为所动，继续搞研究。

2000 年，国际电信联盟正式公布了第三代移动通信技术，世界进入了 3G 时代，人们可以在家里开视频会议，可以在搭乘火车时追剧。人们可以随时随地上网。2000 年，任正非还没有自己的房子住。当时他只租了一个三十多平方米的房子生活，把节约出来的钱继续研究通信技术，并推出了华为 EC169 电信 3G 上网卡。

2013 年，我们进入了 4G 时代。在下载速度上，4G 比之前的 3G 快了大约 2000 倍，几乎可以满足人们对网络的所有要求。4G 不再局限于通信行业，还适用于教育、医疗、交通、金融等行业，各方网络组成了一个庞大的网络体系。华为 4G 无线路由器拥有千兆网口，既可以做家用宽带，也可以用于车载 Wi-Fi。

2019 年，华为发布了基带芯片巴龙 5000。2 月 18 日，上海虹桥火车站正式启动 5G 网络建设，标志着 5G 网络进入了民用市场。5G 网络速度达到了 10G 比特每秒，这意味着用户下载一部高清电影只需要不到一秒钟的时间。5G 不仅提升了网速，还让物联网成为可能，它把智能手表、智能家电、智能汽车等各种智能设备连接了起来……

如果任正非没有"傻傻地投入"通信技术研发，我们可能就没有今天这么好的通信网络，可能还会像非洲某些国家那样还是停留在 2G 通信技术时代！

人的生命和精力是有限的，只有专注才能创造奇迹。任正非专注于研发通信技术，最终在 5G 技术方面跑到了世界前列。无独有偶，曹德旺于 1987 年成立了福耀玻璃集团，30 多年来专注于制造汽车玻璃，彻底改变了中国汽车玻璃市场 100% 依赖进口的历史，最终发展成为中国第一、世界第二大的汽车玻璃供应商。

华为精神：如果不艰苦奋斗，就不可能有今天的华为

2002 年 10 月的一天，深圳秋意渐浓，候鸟南归，正是谋划新增业务的最好时机。任正非出席了一次业务研讨会。有人拿着一份厚厚的调查报告说："中国有好几亿的手机消费者，而且消费者会换好几部手机，中国手机市场庞大，所以华为应该尽快立项 3G 手机……"

"啪——"任正非听后，突然拍着桌子喊道："华为不做手机这个事，已早有定论，谁又在胡说八道！谁再胡说，谁下岗！"

拿出 10 亿元来做手机

在座的华为高管都不说话了，大家知道手机市场虽然很大，但是华为做手机胜算又有多少？

当时，爱立信、诺基亚、松下、摩托罗拉等国外品牌在国内推出了各种各样的 3G 手机，在中国市场大赚特赚。华为高管们分析当时华为做手机的优劣势：华为做手机的优势是跟国内外各大通信运营商关系好，可以通过定制贴牌的方式迅速打开市场；劣势是手机品牌知名度太低。

两个月后，在华为高管们的多次劝说下，任正非同意在 2002 年底召开手机终端的立项讨论。当时，高管们把调查材料、优劣势都分析完了，然后紧张地看着老板任正非的表态。

出乎意料的是，任正非并没有拍案反对，而是平静地说："拿出 10 亿元来做手机。不过，做手机跟做通信设备不一样，做法和打法都不同，华为公司要专门成立独立的终端公司做手机，独立运作！"

2002 年华为净利润只有 1 亿美元（约 8 亿元人民币）。任正非刚赚 8 块

钱就要做10块钱的事，这就是任正非的魄力所在。华为要么就不做，要做手机就得下大血本，全力以赴，艰苦奋斗，把事情做成。任正非说："如果没有经历童年的贫苦饥饿以及人生的挫折，就不可能取得今天的成就。如果不艰苦奋斗，就不可能有今天的华为。"

2003年11月，华为终端公司正式成立，开始研发3G手机。为了杀出重围，华为先走运营商定制机路线。运营商提出要求，华为负责生产。华为不能贴商标，也不能推广，全靠运营商渠道销售，一般来说一款手机，净利润大概只有5个点。如果运营商对市场预测不准，导致手机滞销，华为就会受到很大的损失，因为原材料采购、生产制造、仓储物流等都由华为公司来承担。

当时，诺基亚、波导、夏新、TCL手机在市场上横冲直撞，各种促销政策和宣传手段让人应接不暇，而华为手机因为不能贴商标所以无人知晓。

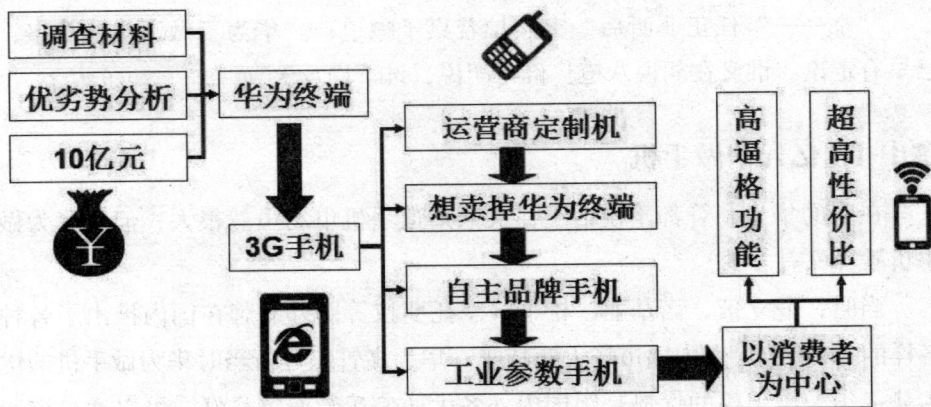

拿出10亿元来做手机

2008年的金融海啸席卷了全球，各大企业都忙于去除非核心业务，以寻求过冬的棉袄。华为的核心业务是通信技术，做手机属于不务正业，而且华为帮运营商贴牌生产，也赚不到什么钱。任正非想卖掉华为终端，但是美国贝恩资本和银湖资本给出的收购价非常低。任正非仔细权衡了一番，决定不卖了，既然运营商定制机卖不出去，那只能重新调整华为的手机战略。

调整手机战略

2010 年 12 月，任正非调整了华为的手机战略，把产品重心从低端贴牌机，转向以消费者为中心的高端自主品牌，开发消费者业务，并让余承东担任华为消费者业务 CEO。

余承东 1993 年加入华为，从基础研发员工做到华为无线部门的核心高管。2007 年，他主导的 Single-RAN 产品横扫欧洲市场，该产品解决了不同网络制式的融合问题。既然他能打赢欧洲市场，那么他也一定能在中国市场立足。

余承东从欧洲回来后，一头扎进了实验室中研究手机。当时，三星、魅族、小米、OPPO、ViVO 等智能手机正在中国市场混战，没想到 iPhone 来了。2009 年，苹果公司跟中国联通达成协议，中国联通拥有 iPhone 在中国的销售权，于是 iPhone 3G 手机开始以"高端功能和饥饿营销"一步步收割中国市场。

在此背景下，华为先后研发了智能手机如华为远见、火花、智能双核高端手机 Ascend P1 等，但是市场反应平静如水。在华为工程师眼中，华为手机有最好的元器件和工业参数，但却不畅销！究其原因，一是品牌知名度低，二是综合配置不敌对手，三是零售渠道力量薄弱。

在反思会上，任正非再次调整了手机战略：第一，全面转向以消费者为中心，用美感来替代工业参数；第二，重金投入将自主研发芯片的运算速度提上去，温度降下来。

很快，华为就集中公司所有资源艰苦奋斗，背水一战，全力研发华为 3G 手机 P6。该手机 6.18 毫米的超薄一体机身设计是当时全球最薄的智能手机，搭载 1.5GHz 海思 K3V2E 四核处理器，采用了全金属机身，背壳采用瑞士名表金属工艺，质感和手感都非常出色，具有魔幻触控、智能网页浏览、全景拍摄和自动脸部对焦等拍摄功能。可见，华为把苹果 iPhone 手机的高端功能与中国人喜欢的性价比融合在了一起。

为了这款手机，华为先后有一千多名研发人员在实验室里各种反复打磨样机。华为工程师数月驻扎在供应商工厂里，全面把控工艺和质量，确保成品与样机一模一样。比如 P6 的全金属机身，为了保证良率，华为供应商整整试制了 100 万片，选出了最优方案后才敢量产。

在解决了产品问题之后，华为又解决了销售问题，在宣传推广上主打文艺小资主义，P6定价2688元，主打中端市场，最终销量达到了400万台。此后，华为又陆续推出了一系列中端机，销量和品牌影响力突飞猛进。

在巩固了中端机市场后，华为又推出了华为荣耀系列，进军千元低端手机市场，也大获成功。占领中端后决胜低端，最终奠定了华为手机在国内老大的地位。2018年，华为手机全年销量2亿部，已成为中国市场的第一大品牌。可见，要想成功，除了有坚定的信仰，还得靠艰苦奋斗的华为精神。

华为精神，就是艰苦奋斗的企业家精神。艰苦奋斗不会过时，会过时的都是那些穷奢极欲的所谓潮流。任正非为了做手机，把赚的钱全部投入到手机研发，在多次试错之后，又集中公司所有资源艰苦奋斗，背水一战，最终获得成功。任正非经常只身一人在机场排队等候出租车，没有助理和专车。这种艰苦奋斗的精神带动了华为人艰苦奋斗，把钱用在研发上、刀刃上。"中国红枣第一股掌门人"、好想你枣业董事长石聚彬也是一个不忘初心、艰苦朴素的企业家。有一次，好想你枣业在河南新郑一个广场举办活动。活动结束后，在昏黄的路灯下，石聚彬独自一人坐在马路边台阶上吃着盒饭。

狼性文化：企业发展就是要发展一批狼

2003 年的一天，有一位穿着黑色西装，拎着黑色公文包的黄种人，踏上了尼日利亚的黑土地。

他就是华为员工李军，被派到尼日利亚销售华为移动设备。他放眼望去，尼日利亚首都阿布贾的城中村与高楼大厦相互交错，街道上堵满了摩托车、行人、公交车和私家车，街边卖菜的是清一色的黑人大妈。她们巨大的黑色身躯犹如一座座大山，给李军一种不好的预感。这次销售之路注定充满了艰难险阻……

冒雨送结婚礼物

通过调查，李军发现在这个相对落后的国家，找政府客户没有过硬的关系，找普通个人他们也没有购买能力，只能找企业用户，以概率来求生存。

"请问你们需要交换机吗？可以让多台电脑同时上网！你们需要移动手机吗？可以随时随地与客户沟通！"很快，李军就拜访了第一家尼日利亚贸易公司。

里面的黑人职员盯着李军，"叽叽呱呱"说个不停，但是李军根本听不懂。虽然尼日利亚官方语言是英语，但是很多人却说着民族语言，有豪萨语、约鲁巴语和伊博语。

最后，有个黑人主管走了出来，操着流利的英语嘲笑说："华为交换机？来自中国的？我从来没听说过！你从哪里来就回哪里去。"

由于环境陌生，语言不通，没有人脉，李军开发企业用户十分困难。每一天李军都会从当地报纸和杂志上罗列一些目标企业，然后挨个打电话，拜访试谈合作，得到的结果是一次又一次的拒绝与闭门羹。

无尽的绝望如同当地高温多雨的气候让人郁郁寡欢，更要命的是爱立信、诺基亚的业务员也在疯狂地销售他们的移动通信设备。来自中国的华为交换机，因为知名度低，多次成为别人讽刺与笑话的对象。

这个时候，李军发挥了华为的狼性文化，进行不屈不挠的拜访、周而复始的沟通。有一天，李军路过街头，看到一伙人正在街上采购结婚用品。

李军一打听，得知了一个重要消息，当地项目负责人的女儿要结婚了。李军微微一笑，转念一想：这正是拉近客户关系的好机会。于是，李军开始在街头搜索并购买了有中国特色的结婚礼物。

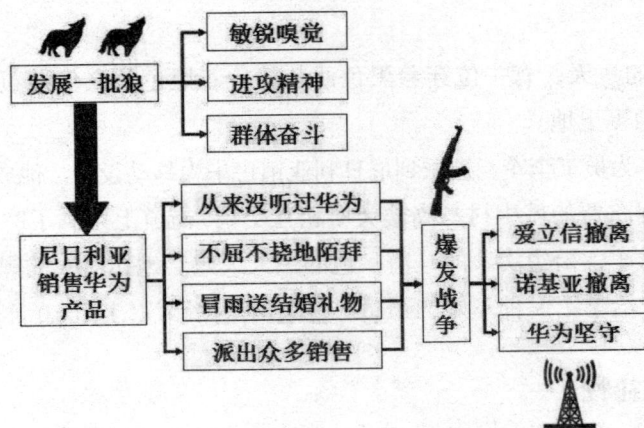

发展一批狼

在举行婚礼当天，狂风暴雨不期而遇，李军开着一辆破旧的二手车，在泥泞的公路上像蛇一样摇摆行驶，最后汽车还是抛锚了。李军查了一下时间，快到举办婚礼吉时了，而距离目的地还有一段路程。这时李军把结婚礼物包裹好不让雨水淋湿，然后徒步到达了婚礼现场。

当浑身是污泥和雨水的李军到来时，所有宾客都惊呆了。项目负责人也感到很意外，那个不是之前经常到公司来推销华为交换机、华为手机的销售员吗？

"祝你永远幸福！"当李军把有中国特色的结婚礼物与最真挚的新婚祝福送给当地项目负责人的女儿时，所有宾客都不约而同地鼓起掌来。

后来，不知道是李军冒雨送结婚礼物感动了对方，还是华为移动通信设备确实不错，最终项目合作终于达成了。

冒着生命危险守住市场

在实现 1 的突破后，李军的销售业务渐入佳境，华为用户量很快就破万了！随后任正非又从中国华为总部派了很多销售人员，与李军并肩作战，实施群狼战术，四处狙击"爱立信和诺基亚"。

2003年，尼日利亚手机用户不到200万，而到2015年，已经突破了1.3亿！可以说，像李军这样的华为员工就像群狼一样，勇于搜索客户、坚持不懈地追踪拿下客户，最终打开了尼日利亚市场的缺口。

当华为与爱立信、诺基亚在尼日利亚争夺移动通信设备市场时，周边国家利比亚突然爆发了内战，一时间火箭弹呼啸不止，机枪疯狂扫射，武装皮卡在城市与村庄横冲直撞，恐慌的气息蔓延到了整个非洲大陆……

2011年，利比亚战事进入了白热化阶段，欧美移动设备商（包括爱立信和诺基亚等）为了自保，纷纷在第一时间选择撤离了尼日利亚。在他们看来，性命比生意更重要。

当时，中国政府同样也安排了专机接送非洲的华人华侨回国，但是华为员工们却毫不犹豫地选择了坚守在客户身边。他们冒着被流弹击中的危险奔走在大街小巷，给客户带去物美价廉的移动通信设备，让他们及时与家人、商业伙伴沟通，报平安……

最后，随着非洲战事渐消，华为赢了。他们在尼日利亚站稳了脚跟，并成为知名品牌。尼日利亚是非洲大陆最大的市场，可以说华为拿下尼日利亚市场，就相当于拿下了非洲市场。

任正非说："企业发展就是要发展一批狼。狼有三大特性：一是敏锐的嗅觉；二是不屈不挠、奋不顾身的进攻精神；三是群体奋斗的意识。"华为员工拿下尼日利亚市场，就展示了这种狼性文化。在这里，我们不得不说一下"绩效主义"，华为通过绩效主义成就了高效率的销售型团队，快速出业绩，快速分钱，如同群狼咬下非洲大象然后喝血分肉一样。然而，索尼通过"绩效主义"却毁灭了自己的创新型团队。

1995年，日本小电器创新先锋索尼公司开始实行绩效主义。他们成立了专门机构，制定了非常详细的评价标准，并根据对每个人的评价来确定报酬。结果，公司所有人要花大量时间和精力来应对绩效考核，而对创新工作失去了热情，企业不断滑落。按照索尼前常务董事天外伺郎的说法，正是"绩效主义"毁了索尼。这就是为什么很多企业家学习华为的狼性文化却没有成功，因为他们搞"近乎变态"的KPI关键业绩指标，却没有华为"分肉"的诚意，最终绩效考核变成了变相克扣员工的工资与福利。

华为思想：以客户为中心，以奋斗者为本，长期坚持艰苦奋斗，坚持自我批判

2018 年 1 月的一天，在深圳湾畔的坂田华为总部，有一栋墨绿色的办公大楼直插云霄，上面的华为 logo 如同一个散发着万丈光芒的鲜红太阳。太阳每天都是新的，华为思想也在不断地自我批判中得以升华改进。

自罚 100 万

1 月 18 日，华为公布了一份重要的公司内部文件，分别对经营质量管理不善的责任人进行问责通报，并处以"恐怖罚金"。该内部文件由华为主要创始人兼总裁任正非签发，内容显示：

公司一直强调加强经营质量管理，杜绝作假。近年来，部分经营单位发生了经营质量事故和业务造假行为，公司管理层对此负有领导不力的管理责任。经董事会常务委员会讨论决定，对公司主要责任领导作出问责，并通报公司全体员工。任正非罚款 100 万元；郭平罚款 50 万元；徐直军罚款 50 万元；胡厚崑罚款 50 万元；李杰罚款 50 万元。

公司经营管理不善，任正非带头展开自我批判并自罚 100 万元，相当于职业经理人的年薪，其他高管也接受罚款 50 万元。其中，郭平、徐直军、胡厚崑三人均担任华为轮值 CEO，李杰是华为常务董事、片区联席会议总裁、人力资源管理部总裁。

在公司经营中，任正非强调狼性文化，在公司内部发展一批狼，狼不仅

要对目标猎物穷追不舍,还要对自己更狠一点,对于公司内部作假行为零容忍。任正非将华为的思想、核心价值观简单归纳为:"以客户为中心,以奋斗者为本,长期坚持艰苦奋斗,坚持自我批判。"

最后的自我批判尤为重要,它是对前面三个行为的总结与复盘。为了积极落实开展自我批判的职能,任正非设计了两个委员会,一个是员工自我批判委员会,另一个是道德遵从委员会。

员工自我批判委员会成立于2006年,它的责任是对全公司以及相关部门的自我批判制度建设及自我批判活动的有效实施和监督提供政策方向、政策指导和组织实施。道德遵从委员会成立于2014年,它的职责就是开展道德遵从、文化建设、干部培养和自我批判活动。

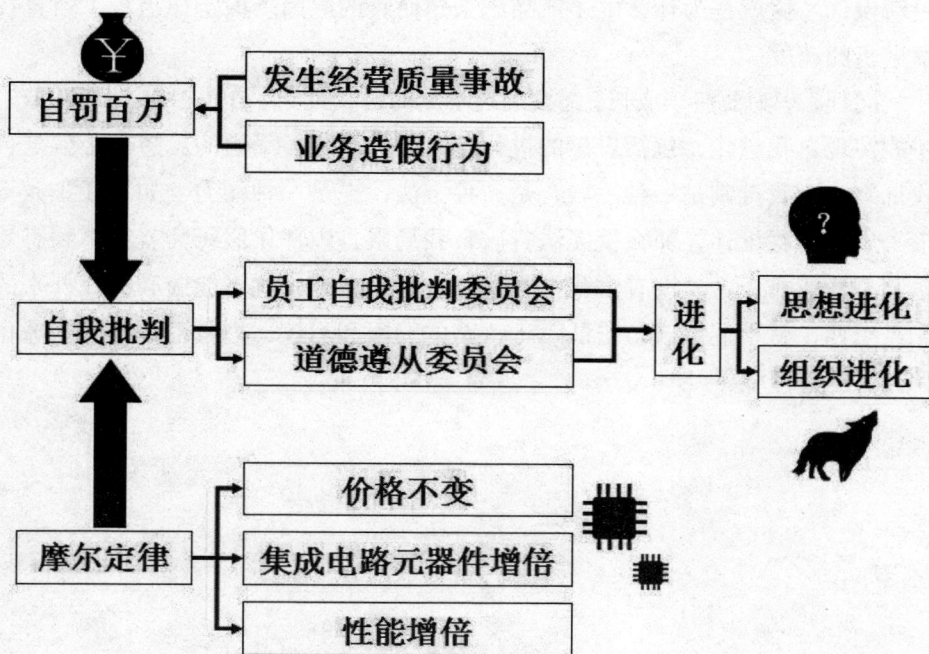

坚持自我批判

人生的摩尔定律

任正非说:"身为华为人,永远不要忘记自我批判,摩尔定律的核心就是自我批判，我们就是要通过自我批判、自我迭代，在思想文化上升华，步步走高，去践行人生的摩尔定律。"

任正非将自我批判与摩尔定律联系起来，让华为的技术人员更加容易理解。下面，我们简单说一下摩尔定律。

戈登·摩尔是英特尔公司的创始人之一，他于1929年出生在美国加州的旧金山。高中毕业后摩尔进入了著名的加州伯克利分校的化学专业，1950年，他获得了学士学位。通过继续深造，他于1954年获得了物理化学博士学位。1965年，摩尔提出了著名的"摩尔定律"：当价格不变时，集成电路上可容纳的元器件数目，约每隔18～24个月便会增加一倍，性能也将提升一倍。换言之，每一美元所能买到的电脑性能，将每隔一段时间就会进行更新换代。这就是为什么电子产品越来越便宜的原因。该定律揭示了信息技术进步的速度。

同理，华为要持续成长，需要通过不断的自我批判、自我否定、归零心态，才能实现自我进化，包括思想的进化与组织的进化。华为的思想核心就是自我批判。自我批判是一种手段，是一种方法，更是一种动力。如果任正非不带头展开自我批评，那么就无法打破自我局限，内部作假行为就得不到有效遏制。任正非说："没有自我批判，就会故步自封，就不能虚心吸收外来的先进东西，就不能打破游击队、土八路的局限和习性，把自己提升到全球化大公司的管理境界。"

末位淘汰制是我发明的，但后来这个机制越走越僵化

2019年1月的一天，华为心声社区上热闹非凡，任正非发文谈及末位淘汰，引发大家热议公司的绩效管理问题。大家都知道，华为员工的工资高，但是不知道华为的绩效管理也相当严格，他们执行的是5%的末位淘汰制。

百万年薪与末位淘汰制

2019年，华为曾经对8名优秀应届生开出了百万年薪，8名应届生最低薪资为100.8万每年，最高薪资达到了201万元每年。由于能开出竞争性薪酬，如今的华为成为众多大学毕业生梦寐以求的单位。华为以高薪网罗到国内外大批人才，那么应该如何考核呢？

华为执行的是末位淘汰制，任正非曾表示："每年华为要保持5%的自然淘汰率。"在2015年9月，华为曾经淘汰了大约5万名员工。华为方面称内部正在进行人事调整，淘汰一些考评不合格的员工，并引入更多高性价比的员工。所以，在华为工作的员工，为了高薪和继续留任，他们只能顶着压力、加班加点，拼尽全力、努力工作。

末位淘汰制的本质是一种强势管理、狼性文化，公司给员工压力，员工给自己压力，大家在压力中激发出工作的积极性与创造性。末位淘汰制如果运用得好的话，完全可以实现双赢，员工进步，公司成长。末位淘汰制如果运用不好，就会越走越僵化，就会搞得员工人人自危。

在员工考核方面，任正非用"绝对考核"替代"相对考核"，采用的是客观指标，而不是主观指标。比如在公司组织增幅指标中，考核出口收入占销售收入比率的增长率；在研发系统的成本控制指标中，考核老产品物料成本降低额、运行产品故障数下降率；在营销系统的组织增幅指标中，考核合

同错误率降低率；在生产系统的成本控制指标中，考核产品制造直通率提高率；在采购系统的组织增幅指标中，考核合格物料及时供应率提高率；等等。

这些客观的指标，是可以数量化的指标。而那些需要主观判断的指标，华为一概不用，如对华为战略的理解、劳动态度、工作积极性等。后来华为的"绝对考核"在执行过程中渐渐演化为5%的末位淘汰制。

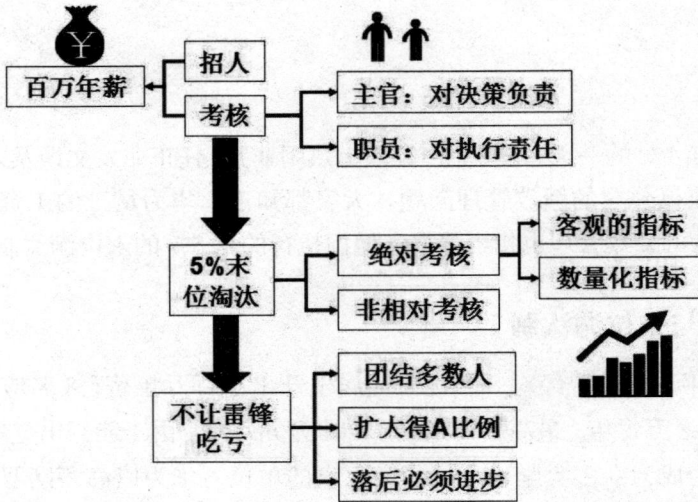

末位淘汰制

任正非搞绝对考核，目的是团结多数人，要扩大员工得 A 的比例（ABCD 是华为考核的四个等级，如果得 C 就有可能被淘汰）。任正非说："如果优秀员工占少数，优秀员工可能会成为讥讽的对象，他们很孤立，不敢大胆地伸张正义。优秀员工占多数，落后的占少数，落后在这里就没有土壤了，他们就必须进步。"

考核的初衷是不让雷锋吃亏

末位淘汰制是任正非发明的，后来这个机制越来越僵化。如有些本来很优秀的女员工，在生完小孩回来后没有岗位，就被末位淘汰了。

后来任正非对这个末位淘汰制也进行了反思，并在华为心声社区上发文反思："末位淘汰制是我发明的，我年轻时看到西点军校的考核制度很好，就在我们公司全面实行，早期发挥了作用，但后来这个机制越来越僵化。现在我们要改变一下，允许一部分部门可以采用绝对考核制，但是要逐步推行，不急于大规模变化。有些小部门可以采用自愿选择是否采用绝对考核，只要完成任务，就给相应额度的薪酬包和奖金包，自己内部去分配。"

可见，经过任正非的调整之后，华为的末位淘汰制并非"绝对狼性"，也是有商量余地的，一部分人执行绝对考核，另一部分人自愿选择是否采用绝对考核。华为的末位淘汰制并非一刀切，要求所有人对结果负责，身处不同岗位的人也有不同的考核标准。

任正非说："华为职员体系要像高铁运行一样保持高速的日常运作，京广高铁途经几千个审查点才能到广州，但都是无接触的监管，只要核对几个命令是符合的，就启动按钮操作。主官对发出的命令承担决策责任，职员对命令执行的符合度承担责任，而不是对结果负责，这就减少了沟通成本。"

在华为一家海外公司里，有一位炊事员每月总收入 3 万多元，他在那里干了 14 年，尽心尽责，做的饭菜相当美味。如果套用那些客观的绝对考核指标去考核炊事员，那他也有可能被打上 C，有可能被淘汰出局。在任正非看来，华为有些岗位如后勤、行政、客服等都不是作战部队（如业务单元的产品部门和销售部门），就不用搞大规模的新陈代谢。

华为考核的初衷，是不让雷锋吃亏，如果雷锋在考核中被淘汰了，那就是考核制度有问题。任正非说："我们呼唤英雄，不让雷锋吃亏，本身就是创造让各路英雄脱颖而出的条件。雷锋精神与英雄行为的核心本质就是奋斗和奉献。雷锋和英雄都不是超纯的人，也没有固定的标准，其标准是随时代变化的。在华为，一丝不苟地做好本职工作就是奉献，就是英雄行为，就是雷锋精神。"

华为对员工的考核采用绝对考核，执行末位淘汰，时刻激发员工创新的热情和工作效率。华为执行的是 5% 的末位淘汰制，而海尔集团执行的是"两个 10% 的淘汰制度"。海尔集团执行的末位淘汰制，不仅适用于尾部员工，还适用于头部高管。在海尔公司，排名在前 10% 的员工会被奖励、升职，排名在后 10% 的员工会被降级或免职，如果连续 3 次考核都排名在后 10%，那就要辞职或者转岗。有一年，海尔 6 位副总裁由于没有完成年初既定的业绩目标而被免职，此一事件轰动一时。

成长规划 2：
怎么培养拼搏精神

确定明确可行的目标

没有目标就没有拼搏的方向，所以先要确定一个明确的目标，再加上可行的计划。如任正非目标是进军非洲市场，可行的计划是先打开尼日利亚市场的缺口，于是发展了一批狼性销售团队去当地开展营销活动。

专注于做一件事

专注才会创造奇迹，人们只有将有限的时间和精力放在同一件事情上，才能做出一些超越极限的事情。如当年任正非身处在深圳股市的"狂热"之中，但是他并没有动摇，而是 30 多年专注于研发通信技术，最终从 1G 发展到 5G，一举进入世界通信技术水平前列。

艰苦奋斗，寻求突破点

简而言之，艰苦奋斗，就是有条件要上，没有条件创造条件也要上。如任正非拿出 10 亿元做手机，当时国内外手机品牌林立，华为给运营商做定制机赚不了钱，自己研发手机又不好卖，入不敷出，最后华为人只能艰苦奋斗，打造中端精品手机，最终获得成功。

自我批评、淘汰不努力者

在团队拼搏的过程中，要学会开展批评与自我批评，淘汰不努力的队员。如任正非发现内部作假问题，是自己经营质量管理不善，就自罚 100 万元，同时华为对员工执行绝对考核，每年执行 5% 的末位淘汰制。

树立拼搏的好榜样

好的榜样，可以教给我们很多拼搏的方法。如果没有榜样，就没有拼搏的标准，也没有拼搏的劲头儿。华为执行的是 5% 的末位淘汰制，而海尔集团执行的是"两个 10% 的淘汰制度"，这就是相互学习的拼搏的好榜样。

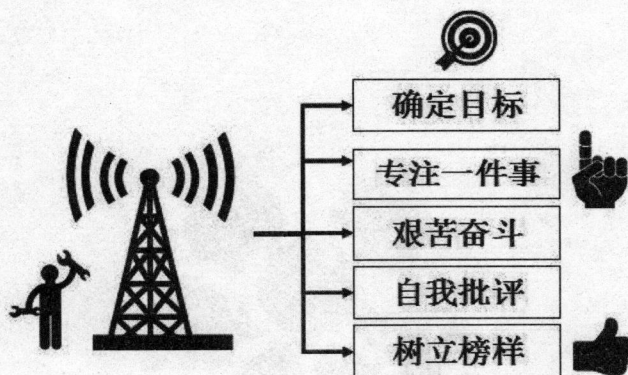

怎么培养拼搏精神

第三章

管理哲学：对干部的要求有三条：点兵、布阵、陪客户吃饭

对干部的要求有三条：点兵、布阵、陪客户吃饭。点兵就是员工管理，布阵就是组织建设，陪客户吃饭就是了解客户需求。

——任正非

第一部企业管理宪章：《华为基本法》

华为也要有《基本法》

华为要制定《华为基本法》先从讨论会开始。1995年9月，任正非发起了"华为兴亡，我的责任"的企业文化大讨论，会后形成了14条《华为人行为准则》。显然只有14条行为准则，是管理不好一家高速发展的高科技公司的。

接着出了企业版的《华为基本法》。可是任正非看过之后还是不满意。任正非提议："自己搞不好，就让人大教授来试试吧。"

很快由6位人大教授（以彭剑锋为首的6位教授，包括彭剑锋、黄卫伟、包政、吴春波、杨杜、孙建敏）组成的"《基本法》专家组"开始研究如何制定《华为基本法》。当时，人大教授也觉得"压力山大"：第一，国内没有企业做过；第二，大家不知道任正非的真实意图。

6位人大教授在北京召开紧急会议展开激烈讨论，最后达成了共识：第一，《华为基本法》是企业管理宪章，不是法律文件；第二，《华为基本法》条款内容只描述基本原则，不指导具体的做法。

1995年春天，6位人大教授走进了华为位于深意工业大厦的办公室，他们受邀前来制定《华为基本法》。

开始写作时，大家面面相觑，根本无从下笔。有一天，有一位教授复印了一份美国宝洁公司的管理案例，宝洁公司以多品种战略，采用比较法、数据法和证言法等多种营销之道，一举发展成为全球日用消费品公司巨头。教授们受此启发提炼出了《华为基本法》的三个提纲：第一，华为为什么成功？第二，华为的成功要素有哪些？第三，华为要取得更大的成功还需要哪些成功要素？

6位人大教授把提纲提交给了任正非查看。任正非批复说："要在动力基础上健全约束机制，否则企业内部会形成布朗运动。"可见，任正非的真实意图是通过《华为基本法》来解决企业规则与发展动力相互平衡的问题。

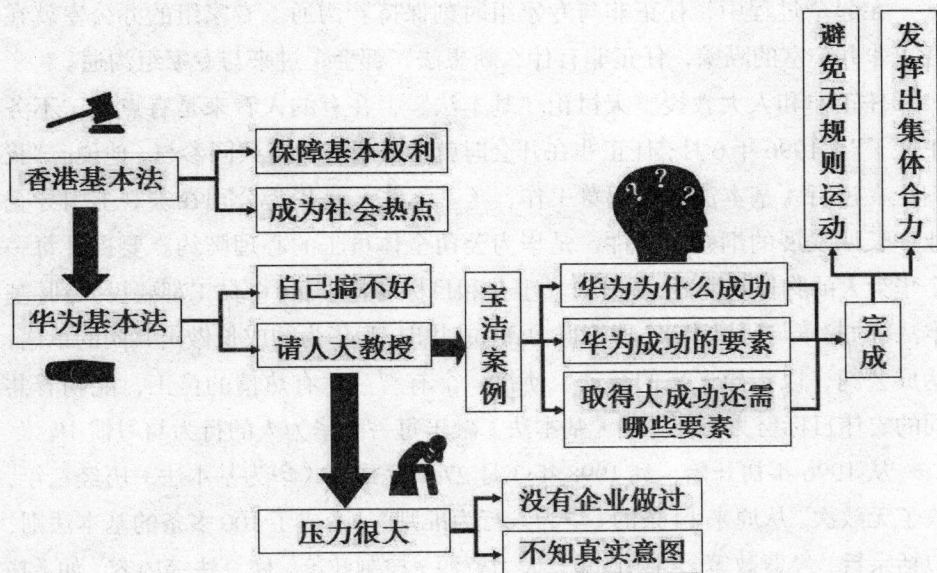

华为基本法

在理解《华为基本法》之前，我们先要理解什么是布朗运动。被分子撞击的悬浮微粒做无规则运动的现象叫作布朗运动。运动是绝对的，静止是相对的。液体分子不停地做无规则的运动，不断地随机撞击悬浮微粒。当悬浮的微粒足够小的时候，由于受到的来自各个方向的液体分子的撞击作用是不平衡的。在某一瞬间，微粒在另一个方向受到的撞击作用超强的时候，致使微粒又向其他方向运动，这样就引起了微粒的无规则运动，即布朗运动。

随着华为的发展壮大，员工越来越多，业务越来越复杂，每个个体都是一个微粒，如果没有一套完整的基本法来管理，他们只能做无规则运动，根本无法发挥集体合力。

全员投入起草与研讨

在领会任正非的真实意图之后，6位人大教授分头在华为公司查资料、搞访谈、做讨论、跑调研。1996年3月，任正非与专家组开展了连续三天的彻夜长谈，他向专家组们娓娓而谈、和盘托出，他的家世、童年、求学、参军、退役，还有创办华为的艰难成长历程。

在起草过程中，任正非与专家组时刻保持着沟通。专家组的办公室就在任正非办公室的隔壁，任正非有什么新想法，都会走过来与专家组沟通。

任正非和人大教授整天讨论"基本法"，在有的人看来是有点儿"不务正业了"。1996年6月，任正非在开会时就动员所有员工共同参与，他说："我们正在进行《基本法》的起草工作，《基本法》是华为公司在宏观上引导企业中长期发展的纲领性文件，是华为公司全体员工的心理契约。要提升每一个华为人的胸怀和境界，提升对大事业和目标的追求。每个员工都要投入到《基本法》的起草与研讨中来，群策群力，达成共识，为华为的成长做出共同的承诺，达成公约，以指导未来的行动，使每一个有智慧、有热情的员工，能朝着共同的宏伟目标努力奋斗，使《基本法》融于每一个华为人的行为与习惯中。"

从1996年初开始，到1998年3月27日完成，《华为基本法》历经三年，改了无数次。从原来14条的《华为人行为准则》，变成了100多条的基本法则，包括宗旨、经营政策、组织政策、人力资源、控制政策、修订法等内容。如《基本法》第一条确立了华为的追求，是在电子信息领域实现顾客的梦想，并依靠点点滴滴、锲而不舍的艰苦追求，使我们成为世界级领先企业。第十二条规定华为是技术驱动型公司，我们进入新的成长领域，应当有利于提升公司的核心技术水平，有利于发挥公司资源的综合优势，有利于带动公司的整体扩张。顺应技术发展的大趋势，顺应市场变化的大趋势，顺应社会发展的大趋势，就能使我们避免大的风险。

有了基本法，还需要强有力的执行。那时，华为规定领导干部每个周日都要牺牲休息时间，到公司学习讨论《基本法》。任正非还要求所有干部职工带《基本法》回去读给家人听，回到公司后提出自己的意见和建议。春节的时候，任正非还为每一个华为人布置了寒假作业："如果说企业文化是公司的精髓，那么《基本法》就是企业文化的精髓，你们在春节假期可以认真学习《基本法》。"

在任正非制定《华为基本法》期间，华为经历了发展的巨变。1995年华为的销售额为 14 亿元、员工 800 多人，到了 1998 年员工增至 8000 多人，销售额高达 89 亿元，此后每年华为的销售额都会增长一倍以上。华为成功的三要素，分别是刚柔相济的企业领袖任正非、改革开放的历史机遇，还有令行禁止的华为基本法。如果说华为的成功很大部分要归功于华为基本法，那么阿里巴巴的成功则要归功于合伙人制度。可见用合理的制度管人，企业才能经久不衰。《华为基本法》是华为企业文化的精髓，将引领华为持续成长。

2019 年 9 月 10 日，在马云的 55 岁生日，也是阿里巴巴成立 20 周年的当天，创始人马云卸任了阿里董事局主席。马云卸任后，阿里巴巴的各项业务并没有受到影响。阿里巴巴执行副主席蔡崇信坦陈：不少优秀的公司在创始人离开后就迅速衰落，但同样也有不少成功的创始人犯下了致命的错误。我们最终设定的机制，就是用合伙人取代创始人。道理非常简单：一群志同道合的合伙人，比一两个创始人更有可能把优秀的文化持久地传承、发扬。

师从 IBM：对华为管理问题的诊断

　　1998 年 8 月的一天，深圳盛夏的炎热正在各个高楼大厦之间传递，有一群金发碧眼、西装革履的外国人风风火火地进驻了华为公司。他们就是大名鼎鼎的 IBM 顾问团，总共有 50 多人。任正非在制定《华为基本法》之后，发现华为有了基本法还不够，还需要具体的管理方法。任正非打算怎么做呢？

考察 IBM

　　早在 1995 年，任正非曾经斥资 1000 万元从美国和德国引进了两套先进管理系统。在合作的过程中，这些美国和德国顾问们遵从"客户就是上帝"的原则，任由华为产品研发人员提出各种各样的"改进方法"，结果两套先进管理系统还没有执行就胎死腹中了。

　　当时，任正非看到 IBM 在全球市场的巨大成功，决定师从 IBM，将华为发展成为一家国际化公司。下面简单介绍下 IBM。

　　1911 年，托马斯·沃森在美国创立了 IBM（国际商业机器公司），它以研发商业打字机起家，后拓展到计算机和有关服务，一举发展成为全球最大的信息技术和业务解决方案公司，拥有全球雇员 30 多万人，业务遍及 100 多个国家和地区。1979 年，IBM 伴随着中国的改革开放大举进军中国市场，并在服务器、存储、计算机服务、软件等领域占据着领先的市场份额。

　　华为以交换机起家，起点也不算差！以打字机起家的 IBM 凭什么这么成功？ 1997 年，在圣诞节前一周，任正非带队考察了 IBM。IBM 的灵魂人物、CEO 郭士纳打开精心制作的 PPT，热情高涨地向任正非介绍了 IBM 的管理内涵——集成产品开发（Integrated Product Development，简称 IPD）的方法。

　　郭士纳说："在激烈的市场竞争下，我们 IBM 曾经遭遇到了严重的财政困难，公司销售收入停止增长，利润急剧下降。后来，我们经过分析，惊讶地发现我们在研发费用、研发损失费用和产品上市时间等几个方面远远落后于业界最佳企业。为了重新获得市场竞争优势，我们率先应用了集成产品开发（IPD）的方法，将产品上市时间压缩了一半，在不影响产品开发结果的情况下，将研发费用减少了一半的目标，最终取得了较大的成功。"

任正非听得津津有味，华为正是需要这样先进的管理方法，不断缩短产品研发周期，降低产品研发费用。

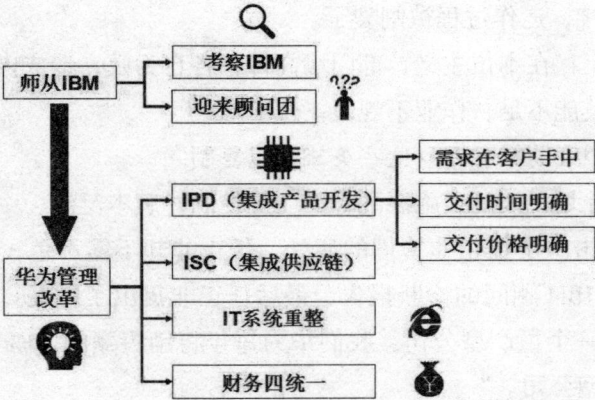

师从 IBM

1998年8月，任正非召集了由上百位副总裁和总监级干部参加的管理会议，宣布华为与IBM合作的IT策略与规划项目正式启动。华为斥资20亿元咨询费向IBM拜师学艺，打算利用五年的时间，利用IBM一整套的管理理念对华为各大流程进行再造，实施IPD（集成产品开发）、ISC（集成供应链）、IT系统重整、财务四统一（科目统一、编码统一、制度统一、流程统一）等8个管理变革项目。

随着IBM顾问团来到深圳华为总部，华为这只大象真正穿上了IBM这双美国鞋。这次任正非决定，不论IBM顾问团说什么，华为人都要遵从、照做。任正非说："华为要穿一双正宗的美国鞋。"

华为人很快发现这帮IBM顾问与以前的顾问团截然不同，他们趾高气扬、态度强硬，根本不把华为研发人员的意见放在眼里，始终利用IBM的优越感来碾压别人。这也难怪，谁让IBM比华为先进呢！

花钱来"找骂"

1998 年 9 月，IBM 顾问向任正非和高管们系统而细致地阐述了他们对华为当时管理问题的诊断：

1. 缺乏准确、前瞻的客户需求关注，反复做无用功，浪费资源，造成高成本。

2. 没有跨部门的结构化流程，各部门都有自己的流程，但部门流程之间是靠人工衔接，运作过程被割裂了。

3. 组织上存在本位主义，部门墙高耸，各自为政，造成内耗。

4. 专业技能不足，作业不规范。

5. 依赖个人英雄，而且这些英雄难以复制。

6. 项目计划无效且实施混乱，无变更控制，版本泛滥……

这些诊断击中了任正非管理的痛处，任正非却不露声色，像小学生一样虔诚地听完了 IBM 顾问的诊断报告。最后任正非提出了质疑："你们为什么把华为定位成一个量产型公司，我们华为每年将销售额的 10% 投入研发，应该是一个创新型公司。"

IBM 顾问扫了任正非和高管们一眼，不仅没有作出解释，反而目光如炬，大声地反问任正非："那你就阐述一下，创新型公司的界定标准是什么？量产型公司与创新型公司的差别要素又是什么？"

任正非一时间无言以对。翻译发现气氛异常，马上出来打圆场，希望 IBM 顾问能给出权威的解释。

随后，IBM 顾问对量产型公司和创新型公司作出了诠释，任正非坐在台下洗耳恭听，还不停地做着笔记，并且不时地点头表示赞同。

汇报会结束后，任正非如释重负地对高管们说："这次请 IBM 当老师请对了。华为就是要请这种敢骂我们、敢跟我们叫板的顾问来做项目。"

任正非花了 20 亿元师从 IBM，将集成产品开发（IPD）模式学精、学透，以客户为中心、以市场需求为核心，将产品开发看成一项投资，通过多部门的团队合作，准确、快速、低成本、高质量地推出产品。以前华为的产品开发流程掌握在个别研发主管的手中（研发时间不确定，研发成本也不确定），通过流程改造之后，产品开发掌握在有市场需求的客户手中，交付时间明确，交付价格明确！如果华为研发产品的速度跟不上来，成本降不下来，那么就要被客户所抛弃，大家只能通过艰苦奋斗，提前并且低成本交付客户所需的产品。

除了 IBM 和华为之外，美国波音公司、长虹、美的、步步高等公司也在执行集成产品开发（IPD）模式，它的核心思想是：第一，产品开发是一项投资决策，需要公司高层决策。第二，所有的产品、技术创新活动要围绕市场和客户需求进行。第三，产品研发不是研发部的事，而是需要多部门配合，通常需要构建跨部门项目组，项目组的建设需要从战略规划、组织架构、流程、技术、绩效等多个维度来进行综合考虑。

点兵：华为"蓝血十杰"表彰大会

2016 年的一天，华为以"管理研讨"的名义邀请了 10 多家媒体记者前来华为总部。记者们如约而至，才发现这次"管理研讨会"是华为内部对"蓝血十杰"的表彰大会。

"蓝血十杰"的故事

关于"蓝血十杰"的故事，大家记忆犹新。美国陆军航空队有十个后勤兵，因为在二战期间出色的后勤补给和战后从商的杰出贡献，而被称为"蓝血十杰"，"蓝血"常用来指高贵、智慧的精英血统。

在二战期间，美军在各大战场投入众多装备和军团，例如美军在欧洲战区总共投入 61 个师、在意大利地中海战区投入 7 个师、在太平洋战区投入 21 个师，到 1945 年时，美军总兵力达到 1050 万人。为了保持部队强大的战斗力，后勤保障显得十分重要。

美国陆军航空队统计管制处的十位精英，把数字化的精确管理应用于战争的后勤供应，做到物资精准配送、军费预算精准控制，让部队和军需物资实现了"在正确的时间到达正确的地点"。通过数字化管理，他们为美军节约了十亿美元的耗费，成为二战的后勤保障英雄。

战后，他们解甲归田，原本打算过上正常人的生活。没想到，美国汽车业巨头——福特汽车公司居然陷入了经营危机、摇摇欲坠。创始人亨利·福特使出浑身解数也无法摆脱亏损的状态。公司的董事会、工会、美国企业界、管理学界甚至美国政府，对此都无能为力，因为美国福特汽车企业规模巨大、积重难返，许多在其他企业百试百灵的招数，对于福特公司却无济于事。

1943 年，亨利·福特把在海军中服役的孙子亨利·福特二世召回，令其继承祖业。从军界闪进商界的福特二世，很快认识到：要挽救福特公司，就得进行一番彻底的改革。福特二世在军中早就听说过"蓝血十杰"的故事，决定把他们重新招至麾下。

福特二世经过一番努力，终于把这十个退伍兵全部请到福特，他们分别是"带头大哥"查尔斯·桑顿（后任世界银行行长）、罗伯特·麦克纳玛拉（后任美国国防部长）、法兰西斯·利斯、乔治·摩尔、艾荷华·蓝迪、班·米尔斯、阿杰·米勒、詹姆斯·莱特、查尔斯·包士华和威伯·安德森。

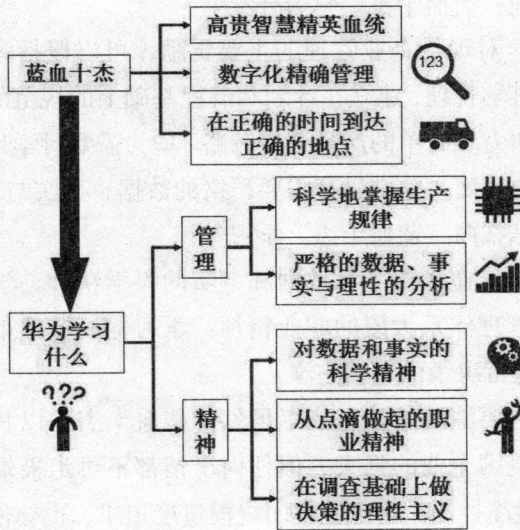

学习"蓝血十杰"

十个退伍老兵以雷厉风行的作风全面接掌了福特汽车公司的各大部门，他们引进"战时"数字化的精确管理，按照精准配送的要求全面再造了福特汽车的供应链，一改之前粗放管理、资源浪费的现象，极大地提高了生产效率，节约了生产成本，按市场所需产出数量精准、售价低廉的汽车。

他们对每一件事情都要进行数据管理，对每一个问题都要有一个数字作为答案。例如，对新车品质采用了数字化的检验标准：一部车如果瑕疵点数超过 35 点，就不应该出厂送到经销商手上，缺一个零配件等于 20 个瑕疵点。

通过数字化的精确管理，不到一年的时间，福特公司就扭亏为盈，重振雄风，一举轰动了美国工业界。这十位精英信仰数字和事实，崇拜效率和控制，人们将他们称为美国现代企业管理的奠基者。

华为学习"蓝血十杰"

在了解完"蓝血十杰"的故事之后，让我们重新回到华为"蓝血十杰"的表彰会。在会上任正非给华为的"蓝血十杰"众多高管颁奖，并发表了《为什么华为要学习"蓝血十杰"》的重要讲话。在讲话中，任正非对华为的管理提出了两点主要要求：

第一，华为向"蓝血十杰"学习什么？

"蓝血十杰"对现代企业管理的主要贡献，可以概括为：基于数据和事实的理性分析和科学管理，建立在计划和流程基础上的规范的管理控制系统，以及以客户导向和力求简单的产品开发策略。华为需要科学地掌握生产规律，以适应未来时代的发展，整个过程需要严格的数据、事实与理性的分析。

第二，华为怎么向"蓝血十杰"学习？

华为要学习"蓝血十杰"对数据和事实的科学精神，学习他们从点滴做起建立现代企业管理体系大厦的职业精神，学习他们敬重市场法则在缜密的调查研究基础上进行决策的理性主义。

当然，华为也要清醒地认识到，虽然"蓝血十杰"以其强大的理性主义精神奠定了战后美国企业的强大，但任何事情都不可走极端。如果对数字过度崇拜，对成本过度控制，对企业集团规模过度追求，也会使企业陷入困境。

任正非对干部的要求有三条：点兵、布阵、陪客户吃饭。其中，点兵就是员工管理，发挥其强项。任正非为华为"蓝血十杰"颁奖，就是一种"沙场秋点兵"。在信息化时代，任正非要求华为人学习"蓝血十杰"的科学精神、职业精神和理性主义，而不是单纯地要搞数量化管理。华为需要学习"蓝血十杰"的优点，不断优化公司的财务控制、预算编列、生产进度、组织图表、成本和定价研究、经济分析和竞争力调查等各项工作，以实现华为的持续成长。

在信息化时代，除了华为之外，国内也有很多企业利用一些系统和工具实现数字化转型、数量化管理，以达到降本增效、精细化运营的效果。例如我国从事成套电气设备制造的大全集团通过实施"数字化企业"的战略，实现了从产品设计到制造过程的高度数字化，通过建设数字化管理、数字化设计、数字化制造平台，可以根据客户的需求变化及时调整生产计划，实时控制生产成本，以满足客户的个性化需求，实现协同设计与制造、快速交付成品。

布阵：就是组织资源，布局新市场

2018 年 10 月的一天，在东海之滨、上海之都，黄浦江静水深流，一头是历经岁月沧桑、裸露钢筋铁骨的外白渡桥，一头是魅力无限、串着大珠小珠的东方明珠塔。此时，华为 2018 年全连接大会正在上海激情开幕，华为通信技术连接的智能网联汽车——奥迪 Q7 也隆重登场。奥迪 Q7 高端大气的外形设计，还有 L4 自动驾驶功能，引起了众多关注。

联合发展自动驾驶

华为是研究通信技术的公司，怎么会与自动驾驶汽车扯上关系了？因为技术只有落地应用才能产生价值，企业才能发展。任正非曾经说过："从统计分析得出，美国硅谷的灭亡企业几乎 100% 不是因为技术不先进，而是因为技术太先进了，先进到别人还没有对它完全认识与认可，以至于没有人来买它。就像凡·高的画一样，凡·高生前的画不被人们认识，没人买他的画，以至于他被饿死了。产品卖不出去却消耗了大量的资源与资金，断了现金流就如同断了血液，企业就丧失了竞争力。"

为了避免像凡·高那样"饿死"，华为急需寻找渴望拥有世界领先 5G 技术的买家，所以华为通过召开全连接大会，组织多方资源，以开放的胸怀携手来自全球的 ICT（信息和通信技术）行业先锋、生态伙伴，共同寻找发展机遇，布局自动驾驶新市场。这次，华为与奥迪合作发展自动驾驶汽车是水到渠成的事情，因为华为拥有领先的 5G 技术，而奥迪则拥有百年造车历史。华为的 5G 技术，让自动驾驶汽车产业化实现了真正落地。

在这里，我简单介绍一下自动驾驶汽车的等级。国际汽车工程协会把自动驾驶汽车分为 6 个等级，它们的叫法与控制情况，如下表所示：

等级	叫法	转向、加速控制	对环境的观察	激烈驾驶的应对	应对工况
L0	人工驾驶	驾驶员	驾驶员	驾驶员	无
L1	辅助驾驶	驾驶员 + 系统	驾驶员	驾驶员	部分
L2	半自动驾驶	系统	驾驶员	驾驶员	部分
L3	高度自动驾驶	系统	系统	驾驶员	部分
L4	超高度自动驾驶	系统	系统	系统	部分
L5	全自动驾驶	系统	系统	系统	全部

由表可见，在华为全连接大会展出的智能网联汽车——奥迪 Q7，拥有 L4 自动驾驶功能，其转向加速控制、对环境的观察、激烈驾驶的应对完全由系统来完成。自动驾驶汽车少不了 5G 网络，就像鱼离不开水一样。

5G 网络至少拥有 100Mbps 下载速度、50Mbps 上传速度，网络延迟时间不得超过 4 毫秒。5G 网络能够瞬时处理大量实时交互数据，正好满足自动驾驶需求。一部 L5 级别的自动驾驶汽车上就像人的神经系统一样拥有成千上万个传感器，通过图像搜索、语音搜索、气候感应等方式对环境进行实时观察，然后做出转向、加减速、自我防护等控制，没有 5G 网络速度是无法实现的。

多年来，奥迪、特斯拉等汽车公司都在竞相研发可信赖的自动驾驶汽车，而高通、爱立信和诺基亚等通信技术公司也苦苦寻求将 5G 技术应用于自动驾驶汽车身上。他们的终极目标就是打造出实现在全天候环境下全自动驾驶的汽车。目前，全自动驾驶主要采用车载计算机和雷达来扫描车辆周围的环境，系统根据相关信息决定下一步的行动，系统有一定的网络延迟，会拖慢汽车的反应时间。

汽车在行驶中，当驾驶员发现紧急情况，直至踩下制动踏板发生制动作用之前，这段时间称为反应时间。反应时间内，车辆行驶的距离称为反应距离。普通司机的反应时间为 0.75 至 1 秒，假如车速为 100 公里每小时，反应时间为 1 秒，则反应距离为 27.78 米。人类最好的 F1 车手的反应时间在 100 毫秒左右，反应距离为 2.78 米。从保障安全的角度，在 5G 技术的支持下全自动驾驶汽车要做到网络延迟低于 4 毫秒，当然越低越好，反应距离为 0.11 米。也就是说全自动驾驶汽车在正常行驶过程中，系统看到前面横过路人到刹停下车，车辆仅前进 0.11 米，可以最大限度地避免交通事故。

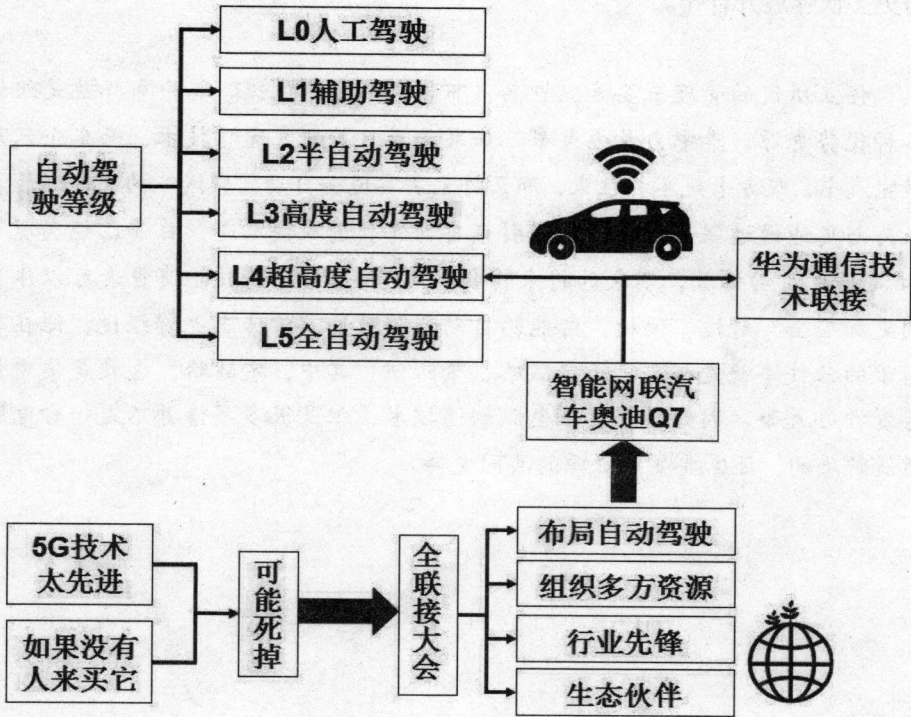

自动驾驶等级
- L0人工驾驶
- L1辅助驾驶
- L2半自动驾驶
- L3高度自动驾驶
- L4超高度自动驾驶
- L5全自动驾驶

华为通信技术联接

智能网联汽车奥迪Q7

5G技术太先进 / 如果没有人来买它 → 可能死掉 → 全联接大会 → 布局自动驾驶 / 组织多方资源 / 行业先锋 / 生态伙伴

联合发展自动驾驶

全连接产业生态资源

华为不仅跟国外车企奥迪合作，还与国内车企长安汽车、东风汽车展开合作，双方在人工智能、5G 移动通信等领域开展联合创新。

虽然华为不造车，但可以在智能网联、感知基站和车路协同等方面提供基础保障设施，未来车企制造自动驾驶汽车，而华为则制造"智能化数字化交通道路"。

就像高铁网络遍布全国一样，在未来的某一天，随着国内全自动驾驶汽车大规模量产，华为的智能化道路网络也会遍布全国。如果要对国内城市道路进行智能化改造的话，每隔 200 米左右就要建设一个华为 5G 感知基站，让成千上万的全自动驾驶汽车的庞杂信息与就近的基站进行高速交互处理，这将是一个庞大的国家交通工程，需要组织更多资源，全连接产业生态资源，与更多伙伴展开合作。

　　任正所说的管理三要素，点兵、布阵、陪客户吃饭。其中布阵就是组织各种优势资源，集中力量办大事。如果华为只是研究通信技术，而车企只是研究汽车，双方老死不相往来，那么将无法实现全自动驾驶汽车的高速发展。华为与奥迪通过联合创新，共同引领自动驾驶进入快车道，目前已经实现了L4超高度自动驾驶，不久的将来将会实现L5全自动驾驶，消费者可以体验到更加安全、舒适、便捷、智能的自动驾驶服务。柳传志也曾经说，他在联想干的三件事就是搭班子、定战略、带队伍。其中，定战略，也就是集中优势资源办大事，因为联想优于电脑制造技术，但是很多事情并不是一台电脑所能解决的，还需要多种资源的共同支持。

陪客户喝咖啡：高管、专家出去沟通，让一杯咖啡吸收宇宙能量

在华为深圳总部，有一间朴实无华的办公室，没有什么豪华大气的装修，也没有什么大空间和一流视野。在木质办公桌上整齐地摆放着各种处理完毕的文件，背后低调的木质书架上堆满了书本。那就是任正非的办公室。

不见粉丝不见投资人

有一天，任正非正在办公，华为的一位高层进来汇报工作，顺便说起了另外一件事："有位官员对你十分仰慕与佩服，想要见你一面，你看要不要安排一下？"

"他又不是客户，我为什么要见他？"任正非说道。

"可是……"华为高层开始游说任正非可以安排几分钟见见面，聊一聊，说不定将来会有业务上的合作。

可是不论这位华为高层怎样游说，任正非最终还是没有见这名官员。在任正非的时间管理中，他喜欢花时间陪客户，而不是陪非客户人员。那位官员因为不是华为的客户，也没有采购华为设备，所以任正非并没有工夫陪他。任正非为人低调，很多人想见他一面都见不到。他曾经对人们说："我不是不想见人，我要见的是客户，再小的客户我都见。"

不久，摩根士丹利首席经济学家斯蒂芬·罗奇带领一个机构投资团队到华为进行投资前的考察。话说摩根士丹利是一家全球领先的国际性金融服务公司，业务范围涵盖投资银行、证券、投资管理以及财富管理。很多公司为了吸引摩根士丹利的投资，都是好吃好喝地招待他们，可是任正非却没有这样做。

当时，任正非只是安排了负责研发的副总代表自己进行接待，并没有亲自出面。精明干练、西装革履的罗奇见到任正非这样的安排，不得不扶正自己的黑框眼镜，审视了一番华为的副总，然后略有不悦地说："你能代表任正非与我见面，那你的话也能代表任正非吗？"

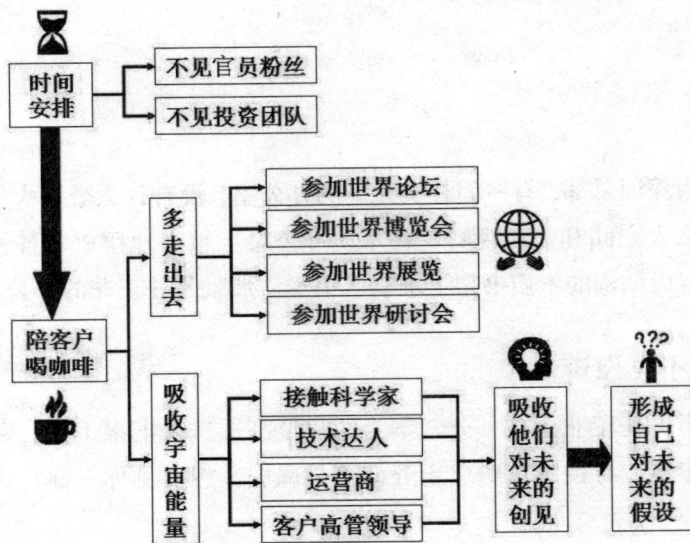

陪客户喝咖啡

华为的副总见状笑而不答。由于任正非始终没有出现，所以罗奇的投资计划根本无计可施。他原本想利用机构投资者几千亿美元的资本好好帮助华为进行资本运作，让华为加速成为全球通信寡头，现在看来这只是自己的"一厢情愿"罢了。

当天商谈无果，罗奇失望地说："他拒绝的可是一个3000亿美元的顶级投资团队。"

华为的副总回去向任正非汇报，任正非平静地说："他罗奇又不是客户，我为什么要见他？如果是客户的话，最小的我都会见。他带来机构投资者跟我有什么关系啊？我是卖设备的，就要找到买设备的人。"

让罗奇没有想到的是，很多创业公司对机构投资者百般奉承，因为他们手握重金哪个都不敢得罪他们，可是任正非却是个另类，他既不见对他仰慕佩服的官员粉丝，也不见神通广大、纵横捭阖的投资人，而是不远千里去见他认为可以做大的小客户。为了面见客户，任正非经常独自一人拉着行李箱，飞往世界各地。

小客户也可以变成大客户

有一次，任正非曾经鼓励销售人员说："我们每层每级销售人员都要贴近客户，分担客户的忧愁，客户就给了我们一票。这一票，那一票，加起来就是好多票。最后，即使最关键的一票没投也没有多大影响。当然，我们最关键的一票同样也要搞好关系。这就是我们与小公司的区别，做法是不一样的。小公司就是很势利，而我们华为要与客户保持稳固的关系。"

有一年，邮政与电信分家后，有部分业务地区的电信设备采购权由原来的县级掌握收回到了市级。有人认为县局手里已没有采购权了，不如撤销华为在县级的经营部以节约成本。任正非说："下面这些县级经营部仍然具有不可替代的作用，不能因为权力的转移就放弃这些苦心经营起来的关系网。"

后来事实证明，相关部门靠民主集中制约束"一把手"的权力，市级虽然回收采购权，但是还得听取下面各级县局的意见。

对于小客户如何变成大客户，任正非曾经总结说："一个企业如果一心想要接大单，往往会失去很多发展机会。有些时候，小客户也可以换来大订单。也许单个小客户的数量并不起眼，但如果积少成多，对企业利润的贡献同样不可忽视。同时我们要用长远的眼光来看待、评估客户的价值。任何大企业都是从小开始做到大的，如果我们能够给予小客户足够的尊重，培养其忠诚度，当一个小客户逐渐做大的时候，那么它就会变成我们的大客户，而企业也会因为这些老客户的不断累积而变得更强大。这也告诉我们，不应该只把眼光放在赚取今日的利润上，而应该着重赚取明天的利润！所以无论是大客户还是小客户，都应该受到应有的尊重，彼此建立起平等的对话机制是双方合作的基础。"

后来，宏观经济增速放缓，各个国家对通信技术的发展和设备的采购存在太多的不确定性。这时任正非的对策就是，鼓励华为的高管、高级专家多走出去，参加世界性的论坛，参加世界性的博览会、展览，参加世界性的研讨会，接触外面的前沿的科学家、技术达人、运营商或者客户的高管、高层的领导者，陪客户吃饭，请客户喝咖啡，从交流中吸收他们对未来的创见，这样回来后再进行整理，形成自己对未来的假设。这就是任正非的所谓"一杯咖啡吸收宇宙的能量"。

为此，华为还制定了一项"咖啡补贴"，高层领导请客户喝一次咖啡，可奖励1000美元！任正非也是带头实施，每次陪客户吃完饭，任正非的标准动作是，刷卡，签字，然后当场撕掉发票。

任正非曾经自我评价说："我不如钱伯斯（思科公司总裁兼首席执行官）。我不仅倾听客户声音不够，而且连听高级干部的声音也不够，更不要说员工的声音了！虽然我不断号召以客户为中心，但常常有主观臆断。"钱伯斯在思科工作的20年间，一直在开诚布公地与各级政府进行交流，谈论他们担心的问题，并提出解决方案。钱伯斯深谙企业发展不能撇开政府，相反，应该与政府部门合作，努力实现共同的目标。如果企业做不到这些，那么就只能被政府管制。任正非由此认为自己虽然陪很多客户吃饭、喝咖啡，但是倾听客户声音不够，应该多向钱伯斯学习，才会不断进步。

成长规划 3：
如何做一个好领导

用制度管人

无规矩不成方圆，好领导要用好的制度管理众多员工，因为领导不可能时刻盯着员工做事。如任正非制定了《华为基本法》，作为企业管理的基本方针。

点兵，知人善任

事在人为，没有人才就做不成事情。好领导要懂得点兵，知人善任，利用下属的优势处理各种疑难问题。如任正非表彰华为"蓝血十杰"，就是一个点兵的举动。

布阵，整合资源

单打独斗很难成功，好领导需要布阵，整合优势资源，集中力量办大事。如任正非通过举办华为全连接大会，为通信技术寻找应用的新机会与市场。华为与奥迪联合创新推出的自动驾驶汽车就是一个布阵的过程。

请客，沟通交流

闭门造车，无法赢得客户的"钞票"与"投票"，好领导要经常走出去，请客户吃饭，通过多沟通交流才能捕获客户需求，为客户解决技术问题。比如任正非经常独自一人拉着行李箱，飞往世界各地去见客户。

有大局观念、长远眼光

遇到困难不要急着批评员工，追究谁的责任，而是尽量把损失降低到最小，想办法赚取明天的"利润"。如电信设备采购权由原来的县级掌握收回到市级掌握，但是任正非仍保留了县级经营部，维系良好的业务关系，结果获得了更多订单。

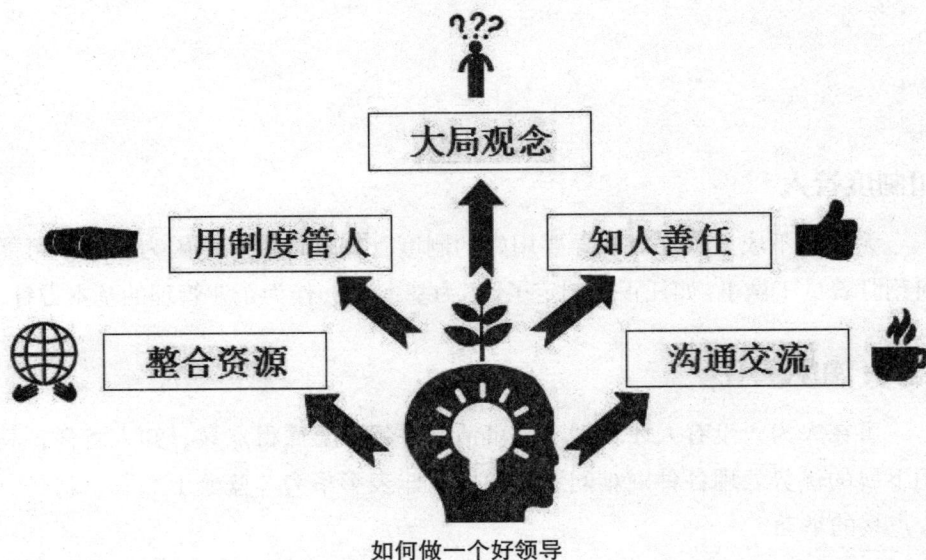

如何做一个好领导

第四章

第四章

人才哲学：现在，正是中国拥抱世界人才的时候

第一次人才大转移是三百万犹太人转移到以色列，现在是第二次人才大转移，美国排外，大量人才进入不了机密研究。现在，正是中国拥抱世界人才的时候。

——任正非

我们不可能等科学家，所以我们自己培养

　　2005 年，华为大学正式挂牌成立。当时任正非提出来一个口号：把华为打造成一个学习型组织。任正非上大学的时候，学的是建筑专业，并不是学通信工程的。任正非自己从建筑专业跨界搞通信研究也能获得成功，可见科学家不是天然产生的，更不能靠等待得来，只能靠自己培养出来。

　　任正非说："这个时代发展太快了，太短了，过去那种产学研分工模式不适应现代社会。我们不可能等科学家们按照这个程序做完，所以我们自己培养了大量的科学家。"

任正非自学成才

　　1944 年 10 月的一天，任正非出生于贵州省安顺市镇宁县。1963 年，19 岁的任正非考上了重庆建筑工程学院（后来并入重庆大学）。在任正非读书期间爆发了"学生运动"。各地学生自由组成了各种各样的队伍，他们不读书学习而是到处写大字报，"割资本主义尾巴"。

　　有一次，任正非回到老家看望父亲。父亲叮嘱任正非说："记住知识就是力量，别人不学，你要学，不要随大溜。"

　　任正非回到重庆时，发现各派力量暗流涌动，相互攻击，街上和校园已经是"枪林弹雨的环境"，学校停课，学生参加各种各样的运动。这时，任正非牢记父亲的叮嘱，努力自学各门课程，包括电子计算机、数字技术、自动控制……

　　有人开玩笑说："你学这些有什么用？"

　　任正非说："多学一点总比无所事事强。"

　　后来，任正非结交了西安交大的老师，这些老师经常偷偷地把一些应用数学、信息科学、计算数学、统计学等专业书籍，油印出来给他看。当时，

任正非废寝忘食地沉浸在知识的海洋中。他甚至攻克了高等数学的所有习题集，同时还学习逻辑学、哲学、艺术等方面的知识。当时，任正非还自学了三门外语（英语、日语、俄语）。

　　毕业以后，很多同学因为学业荒芜，变成了工厂里的普通工人，而任正非则是相当幸运的。因为他在动荡的年代学有所成，基础知识扎实，被招入军中当了基建工程兵。后来，任正非一边工作，一边学习最先进的通信技术，直到 1987 年复员转业后才创办了华为！

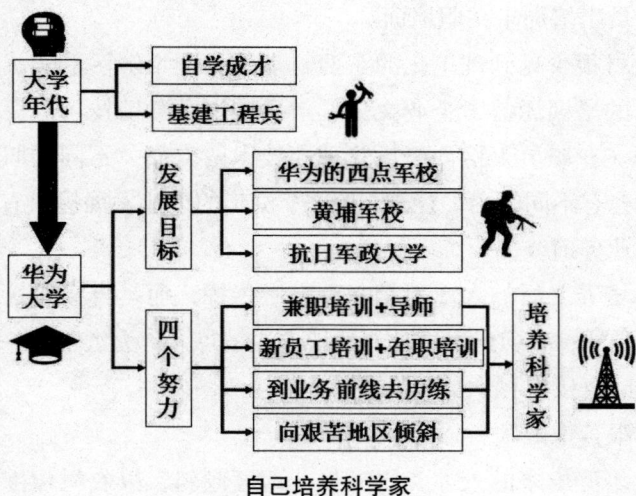

自己培养科学家

华为大学

　　在创办华为一段时间后，任正非意识到人才的重要性，于是决定自己培养人才。在任正非看来，华为大学应该发展成为华为的西点军校、黄埔军校和抗日军政大学。

　　西点军校是美国陆军军官学院，培养出了很多军事将领、政界领袖和商界领袖；黄埔军校是中国近代史上著名的军校，培养了大量高级将领；抗日军政大学是在抗日战争时期我党成立的一所培养士兵和军官的大学。

　　任正非在办华为大学时，就吸取了这些知名院校的教育理念，将华为大学的功能定位为，为内部服务的事业，即为华为员工及客户提供众多培训课程，包括新员工文化培训、上岗培训和针对客户的培训等。为了达成这个目标，任正非做了四个方面的努力。

第一，兼职培训＋导师。

华为大学目前拥有 300 多名专职和 1000 多名兼职培训管理和专业人士，遍布于中国深圳总部和中国及世界各大洲的分部、代表处。大部分老师都是业务的领导者、负责人，他们真正了解业务现状和最新技术，所以这些业务领导者才能培养和发展未来的业务领导者。同时，华为大学还建立了一套有效的导师制度，每一位新员工指派一位资深员工为其导师，为其答疑解惑，在工作、生活等方面进行帮助和指导。

第二，新员工培训＋在职培训。

华为的教材很少见到理论化的东西，都是一个个鲜活的实战案例教学。例如，新员工的培训涵盖了企业文化、产品知识、营销技巧以及产品开发标准等多个方面。在职员工培训包括管理和技术两方面，不同的职业资格、级别及员工类别会有不同的培训计划，为每个员工的事业发展提供有力的帮助。

第三，到业务前线去历练。

华为大学培养之后的人才不是在后方做指挥，而是直接输送到业务前线去，到炮火最激烈、市场竞争最激烈的地方去锻炼。华为大学有一定的权利，可以向一线部门直接推荐学员和人才。

第四，向艰苦地区倾斜。

华为大学培养出来的人才，要向艰苦地区倾斜，以农村包围城市，以亚非拉地区包围欧美地区。所以，很多人才需要从亚非拉这样的穷苦国家开始发展业务，锻炼自己的能力。只有有了一定的成绩和战果，才有提拔的机会。为了鼓励人才向艰苦地区倾斜，华为在薪酬和福利上面也向艰苦地区倾斜，正所谓吃得苦中苦，方为人上人。

西点军校、黄埔军校和抗日军政大学在军界中威望很高。在商界，有多所企业大学也闻名遐迩。1956 年，全球第一所企业大学——通用电气公司（GE）克劳顿管理学院正式成立。正是靠着这个学院提供的源源不断的人才，GE 才缔造了一个不老的神话和庞大的商业帝国。据此，任正非希望通过华为大学自己培养人才，不论是新员工培训还是在职员工培训，都要把华为的文化、华为的基本法、华为的精神，一代又一代地传承下去，为华为的长期发展不断注入新鲜的血液，以打造一家通信业的万亿帝国。

完美的人就是没用的人，我们公司从来不用完人

"既然太阳上也有黑子，那么人世间的事情就更不可能没有缺陷。"这说明，人们追求完美、寻找零缺陷的人才，是一件困难的事情。在运用人才方面，乔布斯希望能与追求完美的人一起共事，而任正非却不喜欢使用完美的人。

乔布斯追求完美

有一次，美国苹果公司联合创始人乔布斯吃饭时点了一杯果汁，他喝了一口发现果汁不是鲜榨的。于是，他就对服务员说："给我另外换一杯鲜榨的果汁。"当服务员再次拿来果汁时，乔布斯只喝一口就说："这也不是鲜榨的，而是瓶装的，请再换另外一杯果汁。"就这样，服务员接连换了四次，才终于换上鲜榨的果汁。

还有一次，乔布斯在病重期间，医疗专家组用微软的 PPT 向乔布斯展示他们的治疗方案。结果，乔布斯生气地质问医疗专家组："你们为什么不用苹果的 keynote（演示文稿软件）？"可是，医疗专家组为难地说他们不怎么会用苹果的 keynote。结果，乔布斯不顾抱病在身，马上从病床上翻身下来，亲自教会那些医生怎么样使用苹果的 keynote 软件来演示他们的治疗方案。

后来，有记者在采访中曾经问乔布斯："你为什么这样处处追求完美，你就不能客气一点吗？"没想到，乔布斯却回答说："我就想跟那些希望完美的人共事，这就是我！"

可见，乔布斯是个追求完美的偏执狂，丝毫没有改变自己的打算。当然，这样追求完美的偏执狂也有成功的一面。乔布斯先后领导并推出了麦金塔计算机（Macintosh）、iMac、iPod、iPhone、iPad 等风靡全球的电子产品，改变了世界，改变了人们的通信、娱乐、生活方式。但是，由于长时间追求完美也反噬了自己的健康。2011 年 10 月 5 日，史蒂夫·乔布斯因患胰腺神经内分

泌肿瘤病逝，享年 56 岁。现任苹果公司首席执行官库克曾经评价乔布斯说："他是一个追求完美的人，别人都向右，他却向左。"

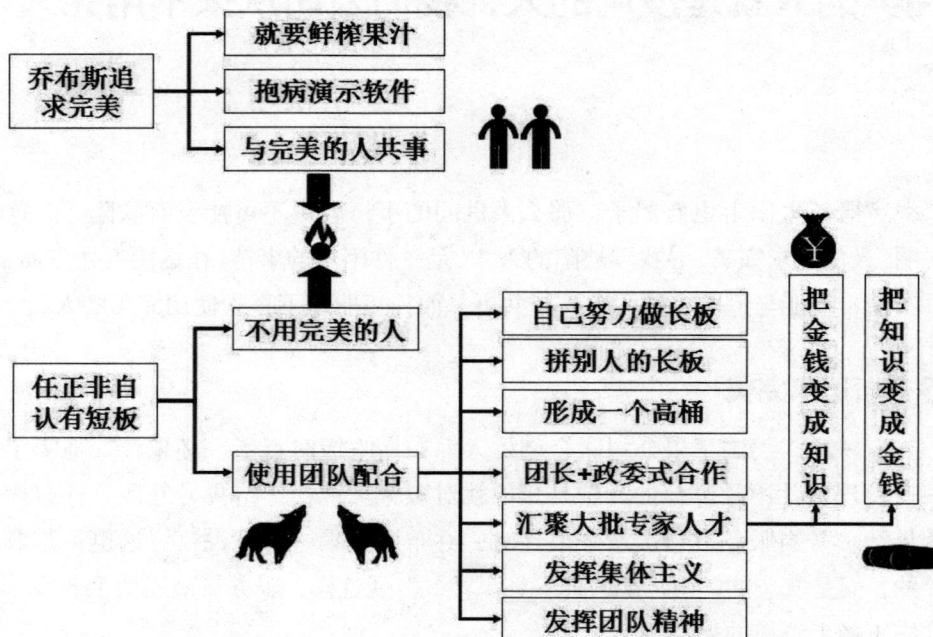

追求集体主义团队精神

任正非自认短板不行

乔布斯不论是对自己还是对别人，还是对于自己制造出来的产品，都要追求完美，要求在产品中置入美学的因素。与其相反，在自我评价中，任正非表示，自己是最典型的短板不行，特别是待在家里的时候，经常被太太、女儿骂，做这个笨得要死，做那个也笨得要死。任正非表示："我一般不会管那些短板，而是努力做长板，如果再拼一些别人的长板，就能形成一个高桶了。"

有记者问任正非他如何看待完美的人，任正非回答："为什么要把自己变成一个完整、完美的人？完美的人就是没用的人，所以华为从来不用完人。如果一个人总是追求完美，就知道他没有希望，相反，如果这个人有缺点甚至缺点很多，就要好好观察一下这个人，看在哪方面能重用他。如果说他（李云龙）不会管人，就派会管人的副职去，派个赵刚去做政委就行了。"

这里，任正非提到了《亮剑》中的两个主角。在最初合作的时候，八路军386旅独立团团长李云龙并不看好政委赵刚，认为赵刚是一个白面书生，在战场上吃不了苦。但后来赵刚的表现，让李云龙刮目相看。赵刚既擅长做士兵的思想工作，又擅长狙击。最终，李云龙认可了赵刚，他们也成了生死之交的好兄弟。可见，军团作战需要大家相互配合，发挥各自的长板作用。企业管理也一样，需要众多人才优势互补，发挥长板的作用，才能最大限度地发挥整个团队的优势。

华为要想保持通信技术的领先地位，就要网罗大批专家人才，不是要追求个人完美主义、英雄主义，而是追求集体主义、团队精神。任正非说："我们自己在编的15000多个基础研究的科学家和专家是把金钱变成知识，我们还有60000多个应用型人才是开发产品，把知识变成金钱。同时，我们也一直支持企业外的科学家进行科研探索。"

乔布斯是个追求完美的偏执狂，所以世界只有一个乔布斯；任正非是个努力做长板、利用长板的人，所以他可以培养一批做基础研究的科学家，带领一批应用型人才，一边把金钱变成知识，另一边把知识变成金钱。世上的完人如同"国家级保护动物"，在市场上十分稀缺，有时候也很难与他们相处，所以追求完美的乔布斯是比较痛苦的；而不用完人的任正非则比较豁达一些。

华为需要工程商人，更需要科学家

2018 年 7 月的一天，深圳华为总部园区，绿树掩映、湖水荡漾，这个偌大的办公场所被改造成了生态公园。在碧绿的湖面上，有几只黑天鹅一边呷水，一边悠闲地摆蹼游动，犹如高贵自信的绅士在巡视自己的领地。黑天鹅的出现常被人们认为将会发生不寻常的颠覆事件。在华为人看来，只有基础研究做得好，才能颠覆世界。

致敬基础科学家

此时，华为总部正举办隆重的"5G 极化码与基础研究贡献奖颁奖大会"，任正非与华为数百名员工庄严肃穆地等待着一位重要的科学家。不久，有一位身穿深色西装、华发盈头、戴着黑框眼镜的老者走上领奖台。任正非郑重其事地向他颁发了由巴黎造币厂设计制造的特别奖牌。这个奖牌正面雕刻着胜利女神的形象，并嵌入了巴卡拉红水晶，寓意 5G 通信技术就像水晶一样魅力四射，照亮了全世界。

任正非颁奖的人正是 5G 极化码（Polar 码）的发现者、香农奖得主土耳其教授埃尔达尔·阿里坎（Erdal Arikan）。下面我们就介绍一下这位数学家。

年过花甲的阿里坎是一名资深数学家，现在任教于土耳其毕尔肯大学。阿里坎研究的 5G 极化码可以大大提高通信技术的抗干扰能力和传输速度，所以在颁奖大会上，任正非高兴地表示："华为要在基础数学研究道路上努力奋进，要继续资助阿里坎研究团队。华为 5G 研究团队要在阿里坎教授的旗帜下，努力为人类社会做出贡献。"

5G 通信技术，其实就是一场数学编码的较量，哪位科学家的编码方案能在对抗噪声和数据损坏中获得最大的传输速率，哪种编码方案就会胜出。美国高通公司与中国华为公司在 5G 标准上面的争夺战实际上也就是 LDPC 码与

Polar 码的对决，是师傅罗伯特·加拉格（Robert Gallager）与徒弟埃尔达尔·阿里坎（Erdal Arikan）之间的较量。LDPC 码是美国信息论的创始人香农的学生——罗伯特·加拉格在 1963 年的博士学位论文中提出的一种具有稀疏校验矩阵的分组纠错码。

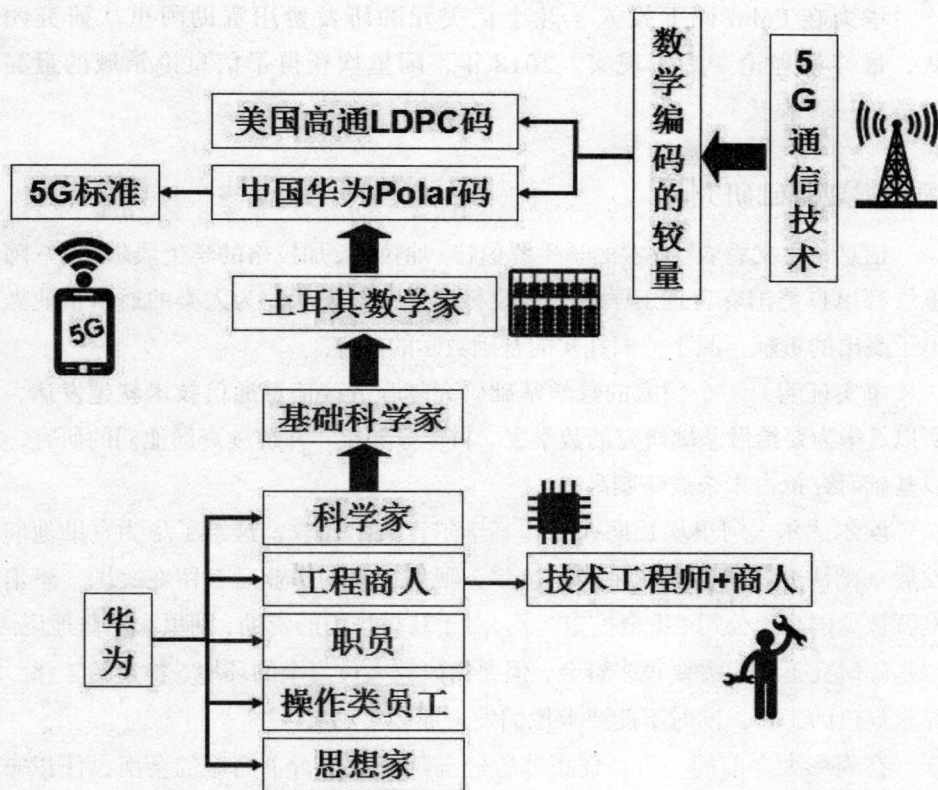

需要工程商人、科学家

5G 极化码（Polar code），是埃尔达尔·阿里坎在 2008 年提出的 5G 编码理论。这种编码方案，可以在通信通道中进行无差错传输的最大传输速率，可以克服通信通道中存在不同级别的噪声干扰和数据损坏。

在网速方面，徒弟阿里坎的编码比师傅的编码更胜一筹。2G 理论网速每秒 15—20K，3G 理论网速每秒 120—600K；4G 理论网速每秒 1.5M—10M；而 5G 理论传输速率为 8 秒 1GB，比 4G 快数百倍。目前，虽然 LDPC 码成了 4G

通信编码技术中的首选，但是尚未达到 5G 传输速度。

2016 年 11 月，国际移动通信标准化组织（3GPP）最终确定了 5G 增强移动宽带场景的信道编码技术方案，华为的 5G 极化码（Polar 码）成为控制信道的编码方案。

华为在 Polar 码上投入了几十亿美元的研发费用资助阿里坎研究团队，最终将理论变为了现实。2018 年，阿里坎获得了信息论领域的最高荣誉——香农奖。

领先需要基础研究

信息论之父香农、香农的学生罗伯特·加拉格、加拉格的学生埃尔达尔·阿里坎都出自美国麻省理工学院，三位科学家一脉相承，为人类的通信事业做出了杰出的贡献，源于他们扎实的基础数学的研究。

事实证明，一个国家的数学基础研究越强大，信息通信技术就越发达。所以，华为要给做基础研究的数学家、科学家颁奖，并继续资助他们的研究，以基础研究抢占未来战略制高点。

埃尔达尔·阿里坎长期在土耳其毕尔肯大学任教，这给了华为资助他们发展基础研究的机会。如果埃尔达尔·阿里坎当初毕业后就留在美国，恐怕早就被美国高通公司"重金挖走"了。对于获得华为的资助，阿里坎感慨地说："基础研究不一定需要很多资金，但要给研究人员安全的环境、稳定的工作、养家糊口的工资，同时不能要求他们发表那么多论文。"

在表彰大会前的一天，任正非曾经与阿里坎进行了简短的会面，任正非对他说："我们要加强基础研究的投资，希望用于基础研究的费用从每年总研发费用 150 亿～ 200 亿美元中划出更多的一块来，例如 20%～ 30%，这样每年有 30 亿～ 40 亿美元作为基础研究投入。"

可见，华为投入的资金足以保障埃尔达尔·阿里坎团队继续做好基础研究，而且中国"稳定压倒一切"的和平环境，也是做研究的好地方。要知道在华为这样的技术驱动型公司上班，研究员估计不需要发表那么多论文，因为写论文并不是最重要的事情，关键是要能实现编码技术的领先突破。

在发展的前期，华为似乎不需要科学家，而需要工程商人。任正非把这种商业工程师称为科学商人，也就是技术工程师和商人的结合者，因为产品研究始终要为市场客户服务，要为公司营收考虑，要有人买单。后来，华为的通信技术发展起来了，任正非发现做基础研究的科学家还是少不了。任正非表示，今天的华为不仅需要工程商人，更需要科学家。

任正非解释说："沙漠里是不能种郁金香的，但是改造完的沙漠土壤，是可以种植的。库布齐、塞罕坝、以色列不也是遍地绿茵吗？当年，华为是急着解决吃饭问题，顾不及科学家的长远目标。不同时期，有不同时期的指导思想。今天我们已经度过饥荒时期了，有些领域也走到行业前头了，我们要长远一点看未来，我们不仅需要工程商人、职员、操作类员工……也需要科学家，而且还需要思想家，希望这些卓越的高级研究人员仰望星空，寻找思想与方向，引导我们十几万人前进。

"18万队伍没有方向、没有思想，会溃不成军的。要看到过去的30年，我们整体上是抓住了全球信息产业发展的大机会，作为行业跟随者充分享受了低成本、强执行力带来的发展红利；而未来30年，在赢者通吃越来越成为行业规律的趋势下，我们必须要抓住科学技术和商业变化的风云潮头，成为头部领导型企业，才能有机会去分享技术进步和创新的红利。要创新与领先，我们就必须依靠科学家。"

没有基础研究，没有科学家的参与，就没有黑天鹅颠覆事件、更没有领先世界的研究成果。1969年，美国"阿波罗11号"宇宙飞船成功登上了月球。这背后的"最强大脑"是女程序员玛格丽特·汉密尔顿（Margaret Hamilton）。当时，计算机的发展还没有完善，玛格丽特带领团队研究编程，为阿波罗飞船手写导航和登录程序的代码。现在，任正非资助的土耳其阿里坎研究团队，也是在4G设备技术的基础上，研究与推算网速更快的5G极化码。

像"谷歌军团"的方式运作，用专家团队攻克难点

暗夜中，"霹雳炸响"的闪电球走出一个未来的机器人 T1000，他是由液态金属组成的先进机器人终结者。他可以在液体与固体间任意变换，一会儿变身为开跑车的红衣辣妹，一会儿变身为蓝衣警察，通过种种变身与阿诺·施瓦辛格饰演的老款机器人 T-800 展开轮番厮杀。这就是 1991 年上演的科幻电影《终结者 2：审判日》。

液态金属的成功应用

科幻电影里面打不烂、烧不死的液态金属机器人让人们记忆犹新。28 年过去了，这种神秘莫测的液态金属已经走进平常老百姓的生活。2019 年 2 月，华为首款折叠屏手机 Mate X 在西班牙巴塞罗那隆重首发，引起了全球关注。

华为 Mate X 历时三年研发，采用折叠屏设计，搭载华为首款 7 纳米工艺多模 5G 芯片巴龙 5000，可实现高速下载，除了支持 5G 网络外，还支持以往的 2G、3G、4G 网络。它最大的亮点在于实现了折叠屏，融合了手机和平板电脑两种产品形态，闭合后是 6.6 英寸大屏手机，展开后是薄 5.4 毫米 8 英寸的大屏平板电脑。

华为首款折叠屏手机的核心技术在于液态金属铰链，这是一种可以让手机反复折叠与恢复原样的机械装置。液态金属铰链是用来连接手机两个板面固体并允许两者之间做相对转动的机械装置。

为攻克这一核心技术，任正非把全球负责高精密运动机构的专家全部调集过来，像"谷歌军团"的方式那样运作，用专家团队的集体智慧攻克难点。

液态金属是一种不定形、可流动液体的金属，虽然具有自由折叠变形的优点，但是也有很多种缺陷，如冷隔、浇不足、夹杂、气孔、夹砂、黏砂等，

这些都是在液态金属充型不利的情况下产生的。要解决这些缺陷，需要正确地设计浇注系统使液态金属平稳而又合理地充满型腔。华为研究团队决定全力以赴攻克这一难题，为生产华为折叠屏手机排除技术障碍。

研发从难点——铰链设计开始，一时间华为各种研究设备火力全开，研究所灯火通明。华为研发团队夜以继日地研究，从运动原理到子功能模块的设计，再到材料的选择和不同表面的处理，整个科学团队不断地设计、实践与验证，最终确定了采用液态金属作为铰链的原型设计。因为只有液态金属材料的特性才能满足华为折叠屏手机的四大特点，即强度高、耐疲劳、够精密和够轻薄。

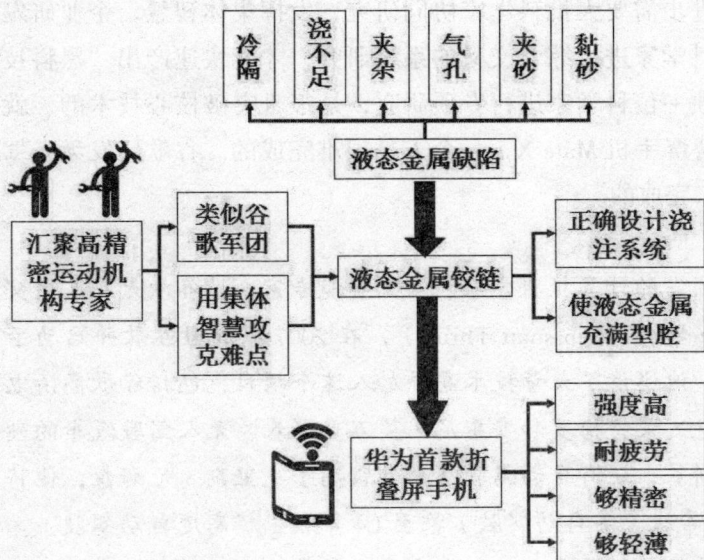

"军团"式研发团队

华为研究团队通过三年、1000多个日夜的奋战，终于完成了液态金属铰链的设计，该设计拥有100多个组件并已获得相关专利。从此科幻电影里的液态金属进入了民用阶段，华为科学家将这些液态金属铰链称为隼翼（Falcon Wing），预示着华为折叠屏手机可以像雄鹰一样翱翔在科技之巅。

军团式研发团队

任正非历来都十分推崇谷歌的人才团队，因为"谷歌军团"经常集中了很多领域的专家一起研究一些"黑科技的产品"，如机器大狗、无人驾驶汽车等。现在，华为也要集中一些数学、物理学、材料学的博士，像"谷歌军团"那样发挥集体智慧，对折叠屏手机展开系统研究，最终攻克了折叠手机的核心技术——液态金属铰链，并研发出华为首款折叠屏手机 Mate X。

由于花费巨资组织专家团队研发核心技术，华为首款折叠屏手机 Mate X 售价也不低，8GB+512GB 内存组合版售价为 2299 欧元（约 17498 元）。华为方面表示，折叠屏手机大规模上市时间需要看运营商在各地的 5G 网络铺设情况。

科技进步需要大批科学家协同研究，发挥集体智慧，企业研发也一样，需要一群科学家进行综合交叉的系统研究，才能快速产出"黑科技产品"。如果由单独一位科学家进行专项研究，是很难突破核心技术的，就像华为研发首款折叠屏手机 Mate X，一个人是很难完成的。谷歌研发无人驾驶汽车也是靠团队来完成的。

全球顶尖的计算机科学家、人工智能专家、"谷歌无人车之父"——塞巴斯蒂安·特伦（Sebastian Thrun），在 2007 年加盟谷歌并启动了无人驾驶汽车项目。他邀请了大量技术高手加入这个项目，包括谷歌高清电子地图绘制高手迈克·蒙特梅罗和安东尼·莱万多斯基、无人驾驶汽车的硬件开发专家莱万多斯基，还有自动驾驶技术升级高手克里斯·厄姆森，他将谷歌自动驾驶从 L2 等级（半自动驾驶）推至 L4 等级（超高度自动驾驶）。谷歌无人车是众多软件、硬件和人工智能专家的智慧结晶。同理，华为折叠屏手机也汇聚了数学、物理学、材料学等多个领域专家的智慧。

2012 年，Google 的无人驾驶汽车在美国内华达州上路行驶，并获得了一张合法的红色车牌。可见，在科技研发过程中，选对领军人才十分重要，而用重金组建的"军团"式研发团队展开系统化研究更加重要。不论是谷歌还是华为，他们的人才理念与福特的人才理念都有异曲同工的效果：高人才投入带来高利润回报。

我们可以在世界各国网罗最优秀人才

广袤无垠的俄罗斯，风光旖旎，人才辈出。那里拥有纯净蓝冰的贝加尔湖，那里有悠长奔流、泽被万物的伏尔加河。多年来，俄罗斯诞生了众多艺术家和数学家，引起了华为的高度重视。

抓"泥鳅"招天才少年

2019 年 6 月，在华为内部的心声社区公开了任正非的一篇内部讲话稿。

任正非宣称："公司每个体系都要调整到冲锋状态，不要有条条框框，发挥所有人的聪明才智，英勇作战，努力向前冲。华为公司未来要拖着这个世界往前走，自己创造标准。只要能做成世界最先进，那我们就是标准，别人都会向我们靠拢。

"今年我们将从全世界招进 20 ～ 30 名天才少年，明年我们还想从世界范围招进 200 ～ 300 名。这些天才少年就像泥鳅一样，钻活我们的组织，激活我们的队伍。未来 3 ～ 5 年，相信我们公司会焕然一新，全部鸟枪换炮，一定要打赢这场战争。靠什么？靠你们。"

可见，任正非需要网罗一批天才少年，激活组织，突破条条框框，创造新标准，在通信技术研究方面继续保持世界领先地位。

正如微软喜欢印度天才少年一样，华为更喜欢俄罗斯天才少年。

有报道称，在 2013 年时 9 岁的印度"天才少年"、小学四年级学生普拉纳夫·卡扬（Pranav Kalyan）通过了微软认证技术专业考试，成为最年轻的微软技术专家。而加盟华为的俄罗斯天才少年，通过研究搞定了 3G 编码问题，让华为通信技术一夜之间从 2G 升级为 3G。

任正非对这位俄罗斯天才少年是这样评价的："我们这里有个俄罗斯小伙子不会谈恋爱，不善打交道，只擅长数学。他研究了十几年了，有一天他突然告诉我，我们把 2G 到 3G 突破了。"

在俄罗斯天才少年的研究下，华为从 2G 发展到 3G 技术，打通了不同网络制式之间的算法，帮助运营商节省了 30% 以上的成本。2004 年 2 月，华为制造出中国第一款 3G 手机（采用 WCDMA 编码的 3G 蜂窝网络）参加法国戛纳 3GSM 大会，并获得了成功。

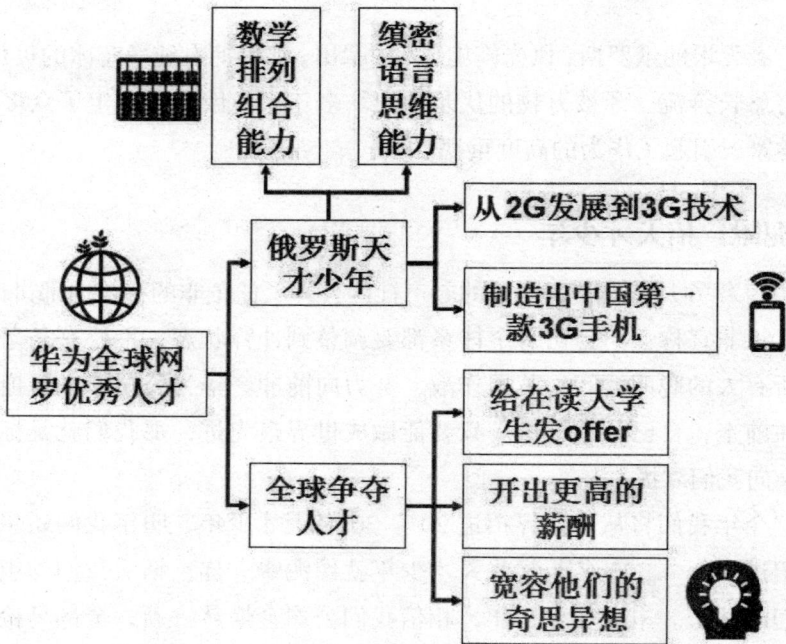

在世界各国网罗最优秀人才

俄罗斯为什么能诞生这么多的艺术家和数学家呢？有专家分析称，一个原因是俄罗斯的语言起到了很大的推动作用。俄罗斯的语言较为复杂，不同元音与辅音的不同排列组合就有不同的读音与含义，而且俄语每个单词很长，说俄语需要一定的数学排列组合能力和语言思维能力。通过长期的母语会话，很多俄罗斯人锻炼出缜密的思维能力，因此诞生出不少数学家、艺术家！另一个原因是，苏联解体后，俄罗斯经济不温不火，又遭遇了西方各种制裁，俄罗斯、乌克兰等一大批理工科人才"下岗分流"后，靠自身的数学、艺术天赋到国外去发展是很多人的出路。

近几年来，华为以国际竞争性薪酬和优越的科研环境，不断地从俄罗斯挖人才，特别是那些数学领域的少年天才，因为通信技术的本质就是一种多进制的数学编码技术。这些加盟华为的少年天才就像精力充沛、勇猛顽强的"泥鳅"一样，做起科研来有一股拼了命的钻劲，不达目的不罢休。

从学校抓起，就近研究

在全球争夺人才大赛中，面对美国公司的竞争，任正非想要从学校抓起。任非说："我们扩大了与美国公司争夺人才的机会窗，但我们的实力还不够。对世界各国的优秀大学生，从大二开始，我们就给他们发 offer。这些孩子超级聪明。举个例子，新西伯利亚大学连续六年拿到世界计算机竞赛冠军、亚军，但是所有冠军、亚军都被 Google 用五、六倍的工资挖走了。从 2019 年开始，我们要开出比 Google 更高的薪酬挖他们来，在俄罗斯的土地上创新。我们要和 Google 争夺人才。"

当然，并不是所有的天才少年最后都能成就一番事业。有些少年天才长大之后，在条条框框的限制下，也变成了普通人。明知这样，任正非依然看好他们，他说："公司要宽容他们的奇思异想。枣是裂的最甜，瓜是歪的最甜，他们虽然有瑕疵，但我们从战略眼光上看好这些人。"

目前，不论是少年天才、应届毕业生，还是社会人才，入职华为都是有门槛的。华为大学有一个考试系统，里面拥有大量的考试题目。所有想入职的人首先要通过考试，才有面试的机会。很多少年天才都是通过考试，成功进入华为的。

自古英雄出少年。1978 年，中国科大招收了首批 21 名少年班学生，平均年龄 14 岁。40 年过去了，这些少年班的 1000 多名优秀毕业生在国内外著名学府、科研机构脱颖而出。可见，任正非在全球范围内网罗少年天才是有先见之明的，现在抓住了天才少年这些"泥鳅"，未来就有可能找到领先世界的突破口。华为为了在全球范围内网罗天才少年，就采用就近研究的原则，哪里有优秀人才，华为研发中心就设在哪里，比如莫斯科、东京、伦敦、巴黎、班加罗尔等，都有华为的研发中心。这些天才少年，在自己的国家为别的国家公司做通信技术研究，不仅需要出奇制胜的怪才，更需要有拥抱世界、跨越国界的宽阔胸怀。

成长规划 4：
把自己培养成优秀的人才

与优秀的人共事

要想成为优秀的人才，最快的办法就是与优秀的人共事，通过学习与培训迅速让自己变得优秀起来。如任正非在世界各国网罗最优秀人才，而这些天才少年就像"泥鳅"一样，钻活了华为的组织，激活了华为的队伍。

不追求完美

黄金无足色，白璧有微瑕，如果对人对己追求完美，那将得不偿失。只要学会与别人合作，实现优势互补，就可以解决自己的短板问题。如任正非不喜欢用完人，因为完人是没用的人。因此优秀的人才不要追求个人完美主义、英雄主义，而是要追求集体主义和团队精神。

自学成才

有时候所学的专业限制了个人的发展，但是优秀的人才可以在兴趣的引导下通过自学成才，从事某个领域的研究，并做出一番成绩来。如任正非学的是建筑，但最后还是自学成才，搞起了通信研究。

打好基础

万丈高楼平地起，优秀的人才是由无数个优秀的细节组成的，所以我们需要打好基础，一步一个脚印地增长自己的知识、才干、能力，再用自己所学的本领去实现自己的理想和目标。如任正非需要一大批科学家做基础研究，特别是做基础数学研究，最终实现 5G 通信技术的世界领先地位。

融入团队

独脚难行，孤掌难鸣，很多超越别人与行业的事情，并不是一两个人所能完成的，需要一个优秀的团队。所以，优秀的人才只有融入团队才能将自己的潜能发挥到极致。如华为汇聚数学、物理学、材料学等多个领域专家的智慧，最终研发出华为折叠屏手机。

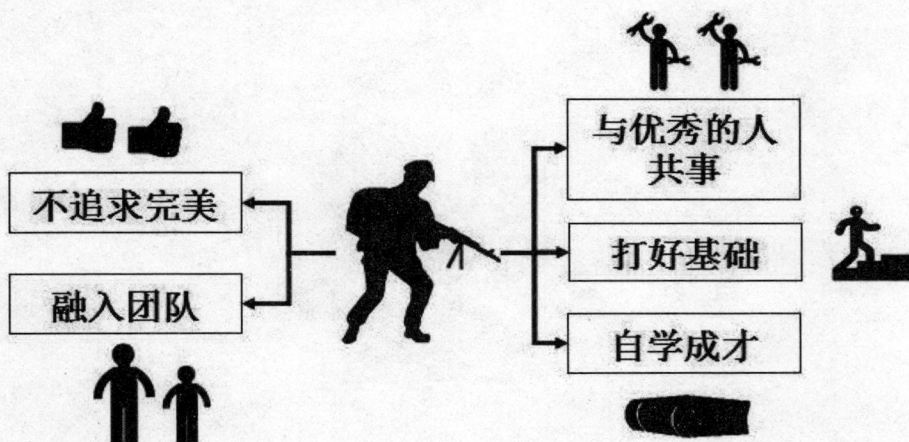

把自己培养成优秀的人才

第五章

团队哲学：高层干部最忌讳的一点，是习惯性地扎到事务性工作中去

高层干部最忌讳的一点，是习惯性地扎到事务性工作中去。因为他们最重要的工作，是指挥好团队作战，而不是自己卷着袖子和裤脚，下地埋头干活。

——任正非

一次付款的艰难旅程：财务要为业务服务、为作战服务

2015 年的一天，任正非像平常一样翻开华为《管理优化报》查看里面的文章内容，发现上面刊登着一篇名为《一次付款的艰难旅程》的文章。

业务向财务"宣战"

该文通过场景再现，揭露华为内部的财务审批流程太复杂，财务人员经常对一线人员设置种种阻力。文章指出：对一线而言，找不到流程入口，不知道全流程的所有要求和操作规范……公司呼吁各级主管要担责，但现实的流程、制度或监管组织却不信任主管担责。经常遇到的场景是："我是负责某个方面的，这个风险我愿意承担，流程能否走下去？"财务却经常回答："你担不起这个责任，请重新提交流程或升级到谁谁谁处理。"如此，原本很简单的一次付款，因为种种审批流程，却变成了艰难的旅程……

在此首先说明，华为有"两报一论坛"，两报分别是报纸《华为人》与《管理优化报》，一论坛就是心声社区，华为员工自动享有该社区账号，可实名或匿名发言。任正非不时地关注"两报一论坛"里面的文章和留言，以便了解公司的一些情况。

当天，任正非看到《一次付款的艰难旅程》这篇文章，心思缜密的他一下子就明白了，这分明是一线人员在向财务人员"宣战"。任正非需要紧急"救火"，那该怎么"救火"呢？

当天，任正非发信给华为财务团队，希望他们不要忘了自己的本职工作，并以总裁办电子邮件的形式，发给华为董事会、监事会和全体员工。

任正非在信中写道："据我所知，这不是一个偶然的事件，不知从何时起，财务忘了自己的本职是为业务服务、为作战服务，什么时候变成了颐指气使？

皮之不存，毛将焉附……财务管理团队怎么理解以客户为中心的文化？我常感到财务人员工资低，拼力为他们呼号，难道呼号是为了形成战斗的阻力吗？"

在华为，财务人员属于后勤部门，本职就是为业务服务、为作战服务，他们的工资相对于一线营销人员来说要低一些，但是不能因此而成为便捷付款的阻力。

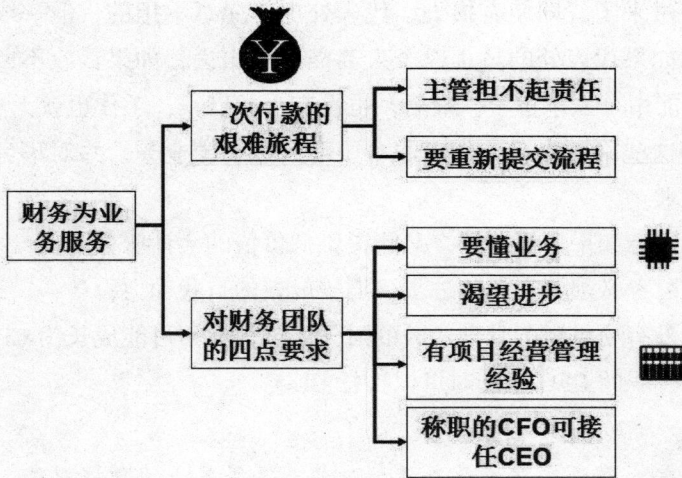

对财务团队的要求

对财务团队的要求

任正非发出电子邮件后不久，就有人在华为心声社区发言，指出财务团队在具体操作过程中确实存在管理不顺畅的地方。

案例一：例外付款不顺畅，被流程条文卡死。有一次例外付款，地区部CFO、地区部总裁都批了，可是财务共享服务中心却不付款。后来有人找到财务共享服务中心总监询问，该总监建议先付款，但最后财务共享服务中心的办事人员，却坚持不付款，而且还拿出来公司的相关条文，坚持要按流程走，不能例外付款。

案例二：本币代收业务，拖得太久会错失机会。公司审批需要经过账务、资金、税务、法务的审批，然后地区部层级过完，又要到机关，沟通加上电子流审批一个月下来，市场环境（外汇牌价）已经发生重大变化，结果实行不下去了。

案例三：提取备用金十分困难。有些经济落后、条件艰苦的国家消费水平反而非常高。有时候员工一个月的住宿费能到 4 万元人民币以上。而且代表处按照协议合作的员工又很多，代表处提不了备用金，所以没钱给员工们，员工们就不愿意干活。这个事情前前后后说了一年，资金、支付、人力资源走了一遍。最后建议的解决方案是个人借钱出去。其实有个 50 万元人民币左右就能周转过来了，即使有损失，代表处也是愿意承担的，但一线员工没有这个权限。如果代表处的员工以个人名义借钱出去，如果钱收不回来，借钱的损失就只能由个人承担了。最后，也没有人敢借钱，工作也就无法开展。

在了解这些问题之后，任正非希望财务也要懂业务，并对华为财务团队提出四点要求：

第一，财务如果不懂业务，只能提供低价值的会计服务；

第二，财务必须要有渴望进步、渴望成长的自我动力；

第三，没有项目经营管理经验的财务人员，就不可能成长为 CFO；

第四，称职的 CFO 应随时可以接任 CEO。

任正非要求财务要熟悉业务流程，为业务服务，为作战服务，而不是以各种审批流程和风险控制为由，阻挠业务的进展。在这里，我们不得不对比一下丰田汽车的三大财务攻略。

1933 年，丰田喜一郎在纺织机械制作所设立了汽车部，从而开始了丰田汽车公司制造汽车的历史。世界上曾经发生过三次公认的石油危机，分别发生在 1973 年、1979 年和 1990 年。当时高昂的油价让民众不敢买车，结果让很多汽车企业濒临破产。这时，丰田借机发展售价更低的小型车，并且提出了三大财务攻略，结果大获成功。第一，以按月分期付款的方式来销售汽车。第二，成立"丰田银行"为丰田客户提供多元化金融服务。第三，打破传统的供应商垄断联盟。例如丰田从中国寻找新的供应商，作为撕碎传统日本供应链的突破口。除了中国外，丰田还与其他国家的供应商合作，试图通过这样的手段来寻求更多的非日本供应商，以求找到最优惠的价格和最佳的服务及质量。

华为虽然营收很多，但是有时候有些付款（特别是例外付款）却遭遇了艰难的旅程。如果财务部门能像升级为类似"丰田银行"那样的公司，为客户提供多元化的金融服务，或许付款会变得更加便捷，业务也会更加顺畅。

华为已经 30 年了，团队已经有些懒散甚至是腐败

2017 年 12 月，冬天的深圳，寒意袭人，许多白领排队在写字楼外面"贪婪"地享受着阳光的暖照。他们交头接耳，议论纷纷。大家都在议论关于华为反腐的事情。当月，华为一名销售主管因涉嫌非国家工作人员受贿罪，被公安机关带走调查，一时间甚嚣尘上！

金钱的两面性

2017 年上半年，华为销售收入 2831 亿元，其中消费者业务销售收入 1054 亿元。销售人员每天面对大笔金钱进出流水的诱惑，有些人开始变得懒散甚至腐败起来。2017 年华为支付雇员费用为 900 多亿元，以 18 万华为员工来平均，每人的平均年薪为 50 多万元。员工年薪这么高，为什么还会腐败呢？

究其原因，一是管理覆盖不足，二是金钱的两面性。任正非不时提醒："公司发展得越快，管理覆盖就越不足，暂时的漏洞也会越多。"

多年来，华为一直以高薪激发员工的积极性与创造性，这是金钱有利的一面。任正非曾表示："什么是人才，我看最典型的华为人都不是人才，钱给多了，不是人才也变成了人才。"

当然金钱也有它的弊端，如果给员工越多钱，员工的欲望就越多，最终欲壑难填，会做出一些不轨的事情来。

任正非多次强调："没什么可以阻挡华为公司的前进，唯一能阻挡的，就是内部腐败。"所以，对于团队中的腐败干部，任正非的态度是："必须清除，绝不迁就！"

华为腐败的根源，就是华为产品的折扣体系十分复杂，正常折扣之外还有公司级折扣。华为内部腐败大多发生在申请产品折扣上，因为公司级折扣

和正常折扣之间有一定的区别。如果有人为经销商申请公司级折扣，那么经销商的获利空间就很大。所以为了多拿产品，获得更多产品折扣，有些经销商开始向华为员工行贿。甚至发展到最后，有的华为员工也开始伸手索要好处费。这就是腐败之源。

有一次，任正非在接受采访时表示："华为已经30多年了，我们的团队有些懒散甚至是腐败了，一些中高层干部也有钱了，不愿意努力工作了……"

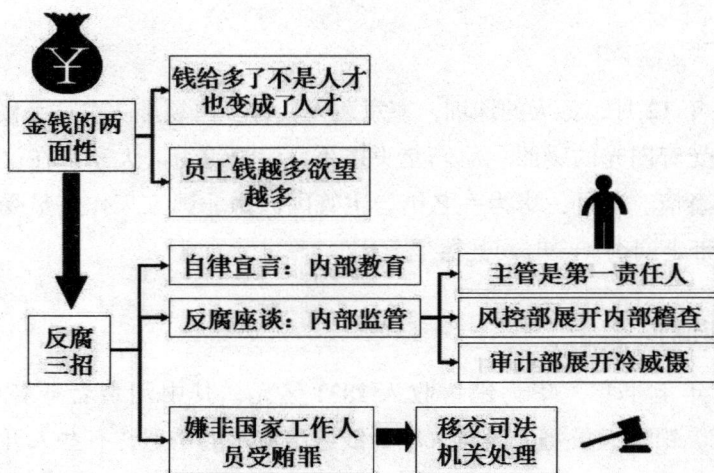

整治团队内的腐败问题

反腐三大招

那么，任正非如何整治团队内的腐败问题呢？

第一，召开"自律宣言"大会，做好内部教育。

2014年9月，华为首次召开企业业务的经销商反腐大会即"自律宣言"大会，通告了116名员工涉嫌腐败，涉及69家经销商，其中4名员工被移交司法处理。

在血淋淋的贪腐数据面前，经销商们纷纷宣誓："我绝不偷窃，绝不私费公报，绝不贪污受贿，绝不造假，我们也绝不允许我们当中任何人这样做，要爱护自身人格……"

第二，召开反腐座谈会，做好内部监管体系。

任正非说："一个组织要有铁的纪律，没有铁的纪律就没有持续发展的力量。华为最优秀的一点，就是将十几万名员工团结在一起，形成了这种力量。公司发展这么快，腐败这么少，得益于我们在管理和控制领域做出的努力。"

任正非在华为内部设置了三层反腐防线。

第一层防线，业务主管是内控的第一责任人，需要承担更多责任。华为的业务主管必须具备两个能力：一个能力是创造价值，另一个能力就是做好内控，以减少自己业务范围内的腐败问题。

第二层防线，公司内控及风险监管部门展开内部稽查。在稽查过程中，一旦发现问题，绝不姑息。

第三层防线，内部审计部是华为的司法部队，通过独立评估和事后调查建立冷威慑。审计时，只要抓住一个缝子，就会不依不饶地深查到底。华为内部审计的冷威慑，就是让大家都不要做坏事，也不敢做坏事。

第三，在任和离任员工都要审计，如果发现涉嫌非国家工作人员受贿罪将移交司法机关处理。

任正非谈及反腐时，曾表示："有的员工为了一点小小的利益去做不正确的事，不值得！华为 2016 年流水 1 万亿美元，2017 年流水达 1.5 万亿美元。每张单据的流水不可避免地会有猫腻，绝对的纯洁并不存在，因此华为只追求相对的纯洁。增加内部监管不是把管理越搞越复杂，也不是简单地增加审批点，华为一切以产粮食为中心，成不成功要看是否多产了粮食。以后华为的干部不仅离任的要审计，在任的也要审计，并告诫员工不要为了小利而损公肥私。员工不诚信伤害的不只是个人，还会影响到企业、社会的诚信度。"

内部腐败可以使参天大树瞬间倾颓，企业腐败可以使万亿帝国灰飞烟灭。由于很多事情终究是由人来做的，而人又有七情六欲，一旦管理有漏洞就容易滋生内部腐败问题，所以很多企业家都绞尽脑汁来解决内部腐败的问题。阿里巴巴为了反腐，在 2009 年成立了廉政合规部，2012 年设立了首席风险官，把内部腐败当成企业经营风险来认真对待。2018 年，阿里巴巴启动了最大的反腐稽查，阿里旗下优酷团队有多人被警方带走调查，十多人涉嫌经济问题。阿里反腐以内部稽查为主。相比之下，任正非反腐是多层次的，一层比一层严厉，如果第一层自律宣言没奏效，就进行第二层内部监管，如果内部监管也无效，最后只能执行第三层移交司法处理。

高层：确保战略方向准确，工作资源分配完善

公司所有员工是否考虑过，如果有一天，公司销售额下滑，利润下滑甚至会破产，我们怎么办？我们公司的太平时间太长了，在和平时期升的官太多了，这也许就是我们的灾难……

如果华为公司真的危机到来了，是不是员工工资减一半，大家靠一点白菜、南瓜过日子，就能行？或者我们裁掉一半人是否就能救公司。如果是这样就行的话，危险就不危险了。

华为的冬天

"如果两者同时都进行，都不能挽救公司，想过没有。十年来我天天思考的都是失败，对成功视而不见，也没有什么荣誉感、自豪感，而是危机感。也许是这样才存活了十年。我们大家要一起来想，怎样才能活下去，也许才能存活得久一些。失败这一天是一定会到来，大家要准备迎接，这是我从不动摇的看法，这是历史规律。"

以上内容摘自任正非的《华为的冬天》。2000年底，任正非在《华为人》发表了一篇在IT业界流传很广的"冬天论"文章。任正非居安思危，得知失败一定会到来，所以华为要活下去，就要时刻防范危机，特别是公司高层要有危机意识，确保战略方向准确，工作资源分配完善。

任正非对华为高层的要求是："高层干部最忌讳的一点，是习惯性地扎到事务性工作中去。因为他们最重要的工作，是指挥好团队作战，而不是自己卷着袖子和裤脚，下地埋头干活。所以，公司砍掉高层干部的手和脚，就是要他们头脑勤快，避免用手脚的勤快，掩盖思想上的懒惰。高层干部最主要的职责，就是确保公司的战略方向准确无误，工作节奏稳扎稳打，工作资源分配完善。"

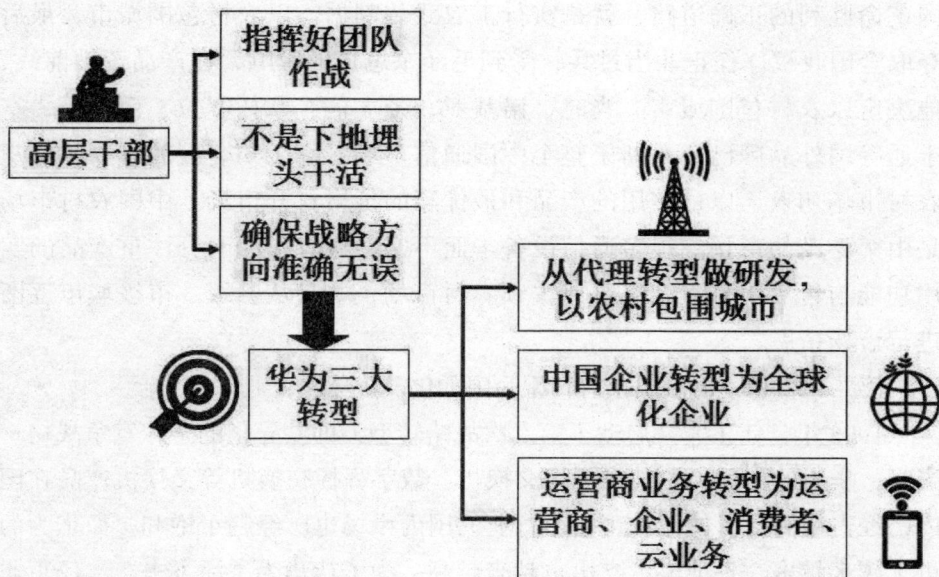

华为三大转型

华为三大转型

为了让华为"活下去",任正非主要进行了三次经营战略大转型。

第一次转型:从代理转型做研发,以农村包围城市。

创业初期,为了让华为公司活下去,任正非通过低买高卖倒卖过很多产品。后来,在一位朋友的介绍下,任正非开始做起了用户级交换机的代理。这种交换机,主要用于企业内部电话分机。当时,代理的是香港一家公司的产品。销售的主要对象,是国内一些企事业单位,并很快赚取了第一桶金。

后来,任正非发现越来越多的公司进入交换机代理市场,华为的利润越来越少,如果继续做代理、拼价格的话,肯定会失败。华为要想继续生存,必须有自己的产品,拥有自主研发能力。

1989 年,任正非开始带队研发交换机,先从一些小型交换机开始,慢慢地进入中型、大型交换机领域。

华为研发出来的产品销往何处?在革命年代,毛泽东通过研究中国国情,把马克思主义普遍真理同中国革命的具体实践相结合,提出了夺取中国革命胜利的正确道路，就是实行工农武装割据，以农村包围城市，最后夺取全国政权。任正非当过兵，受到毛泽东思想的影响，在产品营销前线，他决定以农村包围城市。当时，诺基亚、爱立信、摩托罗拉、西门子、富士通等国外品牌已经垄断了整个中国通信市场，毫无知名度的华为只能从农村市场切入，以最实用的产品和最优惠的价格打开市场。中国农村市场是山寨泛滥的市场，很多通信设备华而不实。这时华为十分注重产品的实用功能与售后服务，结果迅速占领农村市场，并且从县级、市级城市逐渐进行市场拓展。

第二次转型：由中国企业转型为国际化及全球化企业。

1996年，任正非又启动了第二次战略转型，即差异化的全球竞争战略。当时，华为的产品，尤其是模拟交换机、数字程控交换机等交换机产品在国内已经占据了主导的地位，整个行业的国内市场也已经趋于饱和。而华为的员工越来越多，各项成本支出也越来越高，为了让华为"活下去"，任正非将发展的眼光投向了海外市场。

1997年华为产品进入俄罗斯市场；1998年华为产品进入印度市场；2000年华为产品进入中东和非洲市场；2001年华为产品进入东南亚和欧洲等40多个国家和地区；2002年华为产品进入美国市场。

第三次转型：由运营商业务单元转型为运营商、企业、消费者、云等四大业务。

此前，华为的客户主要集中在国内运营商，包括中国电信、中国移动等，这些用户又分为各个市级、县级电信网络部门。华为员工与国有单位、政府客户打交道，销售通信设备，不仅需要一定的工作经验和客户资源，还需要与主管部门搞好关系，一旦官员发生变动对业务的影响也不小。

为了让华为"活下去"，任正非需要增加更为稳健的营收管道。于是任正非为华为设计了四大营收管道，即运营商、企业、消费者、云等四大业务单元。

2011年，华为企业BG（业务单元）成立，为企业提供各种通信服务。同年，华为云成立，为用户提供一站式云计算基础设施服务。2012年，华为消费者业务单元（华为终端）成立，产品全面覆盖手机、个人电脑和平板电脑、可穿戴设备、移动宽带终端、家庭终端和终端云等。

30多年过去了，任正非通过这三次转型，让华为蒸蒸日上，永葆生机，因为任正非以高瞻远瞩的眼界，通过适时转型，不断增加营收，稳健发展，让华为度过了一次又一次危机，并获得新的成长曲线。

　　企业高层是制定企业发展战略的，而不是从事具体工作的。在通信领域，市场瞬息万变，任正非在华为的发展方向上进行三次大转型，转危为机，野蛮成长。无独有偶，万达集团也进行过四次大转型。2015年，万达开始进行第四次转型：从空间上看，是从中国企业转型为跨国企业；从业务上看，是从以房地产为主的企业转型为以服务业为主的企业。具体目标是到2020年形成商业、文旅、金融、电商基本相当的四大模块，彻底实现转型升级。可见，千亿级房企万达正在谋求转型，而万亿级通信巨头华为也在谋求转型，转型虽然会带来一定的阵痛，但是也会带来更高的成就！

中层：眼睛盯着客户和市场，屁股对着老板

2016 年的一天，上海虹桥机场外，夜幕低垂，车灯闪烁，有一位 70 多岁的老者，穿着朴素的浅色衬衫，腰间扎着有些年代的针扣皮带。他一手拖行李箱，一手打电话，夹杂在人群中排队等出租车，显得十分从容。他就是万亿帝国华为的创始人任正非。多年来，任正非经常以如此朴素的装扮，简约的出行，执行走动式管理，到国内外的各地目标市场一线了解客户需求，部署相关生产与销售的计划。

老总亲自送来了皮鞋

有一次，任正非通过走访，发现有个下属公司的生产和销售两大部门主管，不喜欢下基层，也不愿意到一线去指挥，而是整天坐在办公室里面打打电话，听听汇报，看看材料。他们远离市场一线营销阵地，根本听不到竞争对手的炮火声。

任正非对此很不满意，但他却不露声色，而是展示了自己高超的管理艺术。任正非并没有直接揭他们的短处，而是买了两双昂贵的皮鞋，给生产和销售两大部门主管送去。

当任正非把装有皮鞋的盒子交到他们手上时，两大部门主管面面相觑，不知任老总是什么用意……

这时，任正非半开玩笑地对他们说："你们动的脑子很多，这很好，但可惜你们走的路真的是太少了！现在，我给你们每人买了一双新皮鞋，希望你们能穿着它，多到一线去走走，多到客户那里去聊聊，这样可以直接了解客户需求和市场信息，你们生产出来的产品才能最大限度地符合客户的消费需求，也能带动更多销量！等到年底，我还要回来检查你们的皮鞋，看谁的鞋底磨得快。"

听任正非这么说，两位主管感到十分愧疚。

后来，这两位主管纷纷改变了自己的工作方式，开始搞起移动办公、走动式管理。他们把"指挥所"设在市场营销第一线，客户在哪里，他们就跑去哪里沟通，及时了解客户需求，改进产品性能，按时交付，并为客户解决各种各样的疑难问题。

到了年底，他们检查各自的皮鞋，发现任正非送的皮鞋底果真磨掉了一大截，这回他们终于放心……再也不怕任正非回来检查验收了。

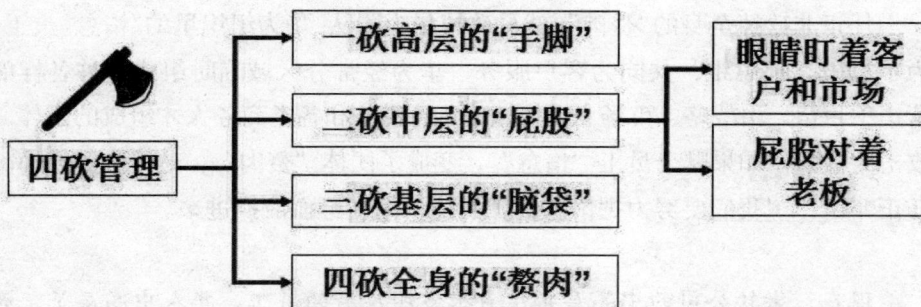

"砍式"团队管理

"砍式"团队管理

任正非对团队管理，就是"砍"出来的。在任正非看来，高层、中层、基层的工作，没有重点做这个，兼顾做那个的通才，而是只能做其中一样的专才。

一砍高层的"手脚"。

任正非砍掉高层的手和脚，就是让高层没有机会去做基层的具体事务；留下脑袋，就是让高层保持头脑勤快，多思考一些战略发展方向和营销的打法，而不要用手脚的勤快掩盖思想上懒惰。

二砍中层的"屁股"。

任正非砍掉中层的屁股，就是要让中层的眼睛盯着客户和市场，屁股对着老板，而不是天天围着老板转，揣摩老板的意图做事，而对客户不理不睬。

任正非说："称职的中层就是眼睛盯着客户，屁股对着老板。"

三砍基层的"脑袋"。

任正非砍掉基层的脑袋，就是让员工少说多做，不要好高骛远，指点江山，要认真做好自己的本职工作，不需要自作主张，随性发挥。曾经有个新员工是北大的高才生，刚到公司就给任正非写了一个万言书，对公司发展激昂陈词，提出了种种建议和发展意见。没想到任正非却这样批复："此人假若有神经病，建议送医院治疗；若是没病，建议辞退。"

四砍全身的"赘肉"。

任正非砍掉全身的"赘肉"，就是砍掉华为团队、华为组织里的"惰怠"员工。为了打破总部思维，共同为客户服务，华为经常分区域临时组建各种各样的营销项目组，由战略、市场、销售、法务、税务和各类商务人才组成的团体，攻击力极强。如果哪个员工"惰怠"，变成了团体"赘肉"，最终会被换掉。任正非说："我们要努力把惰怠员工换掉，把新鲜血液换进来。"

现在，微软公司的中高层充斥着很多印度裔的员工，华人中高层员工开始有些青黄不接。同样，Facebook里的印度裔员工比重也在不断提升。美国硅谷的IT公司越来越喜欢聘用印度裔员工，因为印度人似乎天生就是个推销者。他们善于推销自己，而且他们热爱跳舞，骨子里都有种活跃的因子，拥有不错的社交能力。

相比之下，华裔员工，经过五千年中国文化的熏陶，性格相对内敛。他们大多不喜欢竞争性和对抗性很强的营销工作，而是喜欢从事技术类的工作。由于他们的工作能力比较强，所以他们大多有种傲气，不屑于融入团队，也不太喜欢接触客户和市场。在华为，任正非之所以要砍掉中层的"屁股"，也是对中国员工进行深入研究的结果。任正非送他们"皮鞋"，砍掉他们的"屁股"，就是让他们多到基础层、一线去走动，融入团队，加入项目组去奋发图强，早日实现人生价值，而不是天天坐在办公室里闭门造车，直至终老。

基层：要服从组织纪律，建立业务规则

很多人表示，只要一去到华为上班，不论是中高层，还是基层员工都会不知不觉地变成人才，变成"狼"。这是为什么呢？我们以华为员工一天的工作情况来进行说明。

华为员工的一天

有一年，有华为的基层员工爆料称，自己在华为某研发部门上班，早上八点半就开始正式工作，中午的休息时长是两小时，这两小时还包括吃饭时间，而下班时间则是晚上八点半。如此算来，一天需要待在办公室的时长为12小时。并且，华为公司规定，员工午休不可以趴在桌子上睡，会影响睡眠，进而影响工作效率。所以华为员工在午休的时候是选择在自己办公桌下面拉出床垫躺着小憩。华为公司的"床垫文化"就是这么来的。

下班时间到了，华为的员工并不像别的企业一样高兴地喧哗，因为华为下班之后还要开会，或者进行各种各样的培训。就算是周末，华为员工也不能摆脱各种会议。一般来说，晚上八点半以后的华为各大办公楼的灯还亮着，甚至晚上十一点过后，还有华为的员工陆续叫出租车接送回家。

在华为工作时间特别长，类似公务员那样每天8小时的工作似乎是不可能的，而且各种培训和会议又占用很多时间，但还是有很多员工愿意在华为上班。因为华为企业的待遇非常好，国内的企业像BAT（百度、阿里巴巴、腾讯）这些上市的互联网公司的员工待遇也很难与没有上市的华为相匹敌。

有人测算过，在华为的18万名员工中，人均年薪超过50万，有上万人的年薪达到了百万，另外还有上千人的年薪达到了五百万。不过，华为企业每个星期都会有强制加班制度，在高薪面前有些人甚至放弃休年假而选择加班。

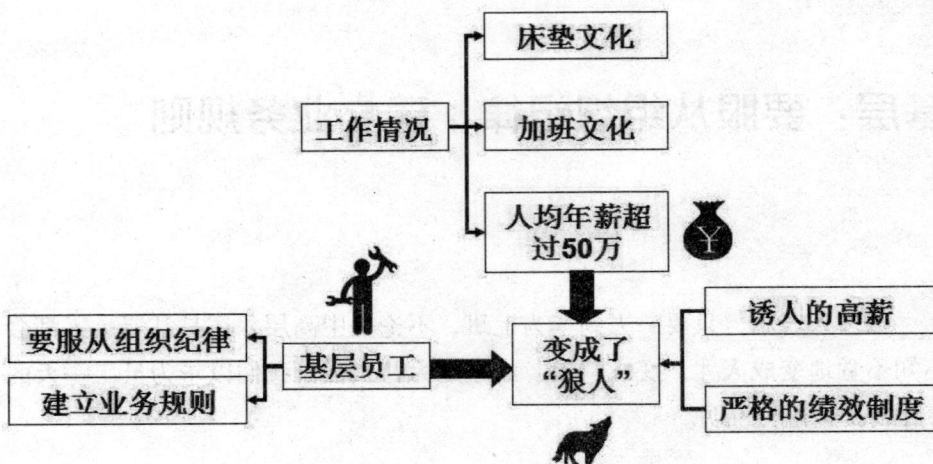

```
                    ┌──────────┐
              ┌────→│ 床垫文化 │
              │     └──────────┘
   ┌────────┐ │     ┌──────────┐
   │工作情况│─┼────→│ 加班文化 │
   └────────┘ │     └──────────┘
              │     ┌──────────┐
              └────→│人均年薪超│
                    │过50万    │
                    └──────────┘
                         │
                         ↓
┌──────────────┐  ┌──────────┐  ┌──────────┐
│要服从组织纪律│  │          │  │诱人的高薪│
├──────────────┤→ │基层员工  │→ │变成了    │← ├──────────┤
│建立业务规则  │  │          │  │"狼人"    │  │严格的绩效制度│
└──────────────┘  └──────────┘  └──────────┘  └──────────┘
```

让员工变成"狼人"

两招变成"狼人"

华为严格的考核制度可以留住优秀、有钻劲的人才，同时也会淘汰懒惰懈怠的员工。在人力资源设计上，可以说华为力争让两个人干四个人的活，而给两个人发三个人的工资。如此诱人的高薪和严格的绩效制度让无数的华为人变成了人才，变成了"狼人"。

对于基层员工，任正非要砍掉他们的"脑袋"，让他们不要多想而要多做。华为公司的员工都是高级优秀人才，任正非需要把这些清高的"秀才"改造成能征善战的"老兵"。所以，任正非通过《华为基本法》，建立各项业务流程规则，要求基层员工服从组织纪律，"高效地按制度流程办事"，不管你是硕士、博士，还是博士后，都必须遵守华为公司的流程制度和操作规则，否则就是整天东想西想、无所事事的"懈怠员工"，就要被换掉。

这里我们不得不对比一下甲骨文公司的员工管理。美国甲骨文公司是全球最大的企业级软件公司，1989年正式进入中国市场。2013年，甲骨文超越IBM，成为继微软之后的全球第二大软件公司。或许是甲骨文的员工们被这样辉煌的成绩蒙蔽了双眼，于是很多员工开始安于享受高薪资、高福利、低压力的工作状态，上班如同"混日子"，没有实际的成果产出，最终活成了那只被温水里煮的青蛙。

近十年来，甲骨文错误判断了云计算的趋势，而华为却大力发展华为云技术，最终在中国占有了一席之地，其他市场份额分别被亚马逊云、微软云和阿里云所占据。2019 年，不堪重负的甲骨文开始裁员：首批裁员 900 余人，其中超过 500 人来自北京研发中心，甲骨文撤出中国市场的消息也不胫而走。可见，无尽的享受、忘情的快乐和强烈的陶醉，是团队管理的大忌。

如果大批的基层员工只懂得享受生活，而不愿意艰苦奋斗，努力工作，那么最终会搬起石头砸自己的脚，员工的工作没了，收入也没了，生活质量也会急剧下降。甲骨文低压力的工作让员工变成了"青蛙"，而任正非却让员工变成了"狼人"，"狼人"转变的推进剂就是诱人的高薪和严格的绩效考核制度。任正非把无数的华为狼集中在一起，以项目组为单元发挥群狼战术，咬下大斑马，咬下目标市场，最终才能在弱肉强食的市场里活得更久一些。

成长规划 5：
如何建立一个团队

高层定方向

团队中要有高层来定战略，要不然团队就没有进攻的方向。如任正非在华为的发展过程中，进行了三次经营战略大转型，让华为公司转危为安，不断稳健成长。

中层盯市场

团队中需要有中层来盯住市场和客户，一切以客户为中心，为客户提供服务，因为只有客户才会给华为钱。如任正非给华为中层干部、产品和销售主管送去皮鞋，意思是让他们多下基层，去一线听炮火声，做现场指挥官。

基层来执行

团队需要大量的基层员工来执行具体事务，如果基层员工没有执行到位，上面高层定的方向，中层获得的市场订单，就无法按时完成。如任正非要砍掉基层的"脑袋"，要求他们按照华为的业务规则、组织纪律来办事，而不是"越俎代庖整天想着中高层的事情"。

防止懒散

懒惰像生锈一样，比操劳更能消耗身体，如果团队里有人懒散而不及时制止的话，那么整个团队很快都会变得懒散起来。如任正非以诱人的高薪和严格的绩效考核制度让华为员工变成"狼人"，就是防止团队懒散。

清除腐败

物必先腐也，而后虫生之，团队内有腐败不仅会影响战斗力，还会引发内部割据与纷争。如任正非利用反腐三大招（自律宣言、内部监管、移交司法机关处理）清除团队内的腐败问题。

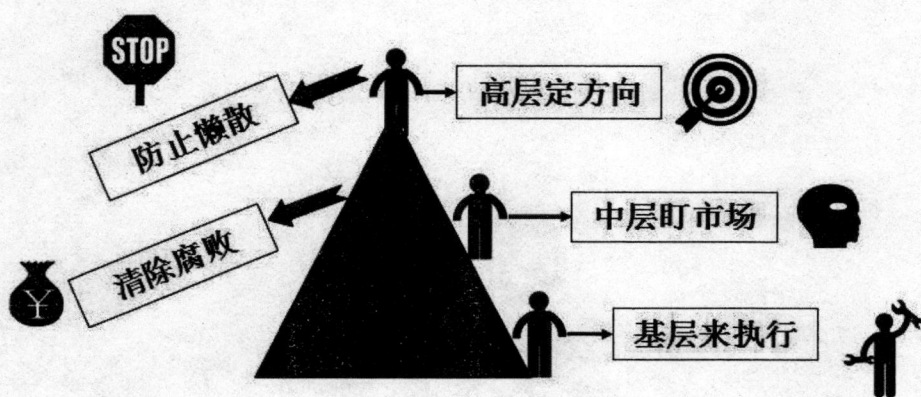

如何建立一个团队

第六章

奋斗哲学：一边飞一边修飞机，争取能够飞回来

　　一架二战中的飞机，被打得像筛子一样，仍然坚持飞行，并安全返回。很像我们公司，一边飞一边修飞机，争取能够飞回来。

——任正非

我们为理想而奋斗，不为金钱而奋斗

2004 年 12 月的一天，滔天巨浪打破了夜晚的宁静，席卷而来的印尼海啸以约 10 米的巨浪扫荡了沿海的各种楼宇设施，无数的居民无家可归。灾难在造成大量人员伤亡的同时，各种通信基站也遭受严重破坏。

这时，华为在印尼的办事处紧急召集仅有的 47 个员工组成抢险队，在 13 小时内就把海啸灾区 668 个基站全部抢修恢复了，保证了当地通信的顺畅，为抢险救灾提供通信支持。

为理想而奋斗

2010 年，智利发生了大地震，地震导致包括首都圣地亚哥在内的智利大部分地区水电、通信及交通中断。当时，华为在智利的办事处有 3 位员工在地震中心区失去联络，公司准备派抢险队去抢救这些员工。抢险队长询问任正非的意见。任正非表示："地震还在，如果派队伍进去，会蒙受更大的灾难，我们只有耐心等待他们的信息。"

在煎熬中等待了几天之后，那些失联的员工第一个电话打给他们的主管报平安。这时，主管随口说了一句："你平安无事就好，不过震区的几个微波站坏了。"

"我们正好在震区，可以去抢修微波站。"随后，他们三个人并没有回公司，而是继续背着工具包去抢修损坏的微波站。

2011 年 3 月，在一个风雨交加的夜晚，日本东北地区突然发生了地震。由地震引发的海啸，以摧枯拉朽之势冲向福岛核电站，第一核电站厂房发生了爆炸，烈焰冲天，有 3 座反应堆堆芯熔毁，导致严重的核泄漏，到处都是各种放射性污水、放射性气体。核泄漏出的放射性物质可增加人体癌症、畸变、遗传性病变发生率，会影响几代人的健康，所以附近的居民一听说核泄漏，就引发了大规模疯狂逃离……

就在这个时刻，有一群人与难民逆向前进。他们冒着生命危险在两周内恢复了福岛核电站附近 680 个基站，为抢险救灾做出了贡献，他们就是华为基站抢险队。

还有，华为人在非洲建设通信基站，也是以身犯险。这里不仅有战争，而且也是疾病频发的地区。华为在非洲的不少员工都得过疟疾，但是他们依然在这些疾病和贫穷地区穿越，为保障当地的稳定通信而努力。

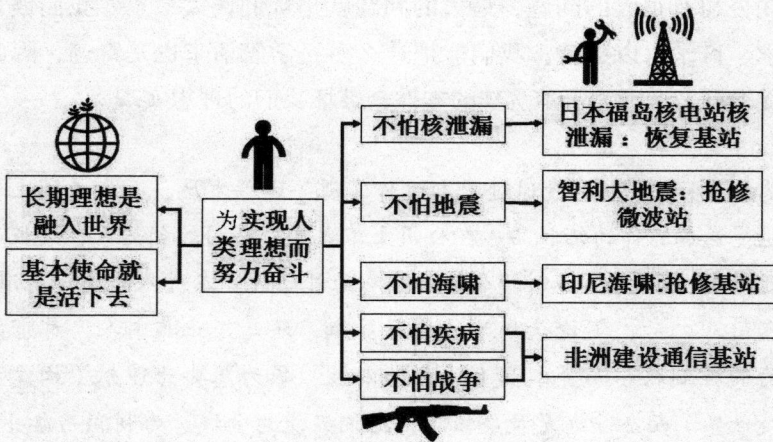

为理想而奋斗

要融入世界

多年来，华为人不怕核泄漏、不怕地震、不怕海啸、不怕战争、不怕疾病，在各种灾难发生后的第一时间就会派出抢险队抢修通信基站，以确保通信无阻。因为华为是为了理想而奋斗，不为是金钱而奋斗。任正非说："我们不是上市公司，不是为了财务报表，我们是为了实现人类理想而努力奋斗。不管条件多艰苦，我们都在努力。如果我们是一个资本至上的公司，我们不会有这个行为。华为过去 30 年，为世界偏远和贫困地区的进步做出了努力，甚至有些人献出了生命。我们不要忘记他们，不要忘记华为为人类社会做出的贡献。"

华为经过 30 多年的发展，如今已经成为全球领先的信息与通信技术（ICT）解决方案供应商，为运营商客户、企业客户和消费者提供有竞争力的 ICT 解决方案、产品和服务，并致力于实现未来信息社会，构建更美好的全连接世界。目前，华为有十几万名员工，华为的产品和解决方案已经应用于全球170多个国家，服务全球运营商50强中的45家及全球三分之一的人口。任正非说过："华为的长期理想是要融入世界，而华为最基本的使命就是活下去。"

华为要活下去，唯有艰苦奋斗，为理想而奋斗，而不是靠资本运作。在华为发展起来之后，世界上有很多资本机构一直很想投资华为，但是他们毫无例外地遭到了任正非的拒绝。任正非说："我们不会让外面的资本进入公司。我们现在公司有很大的问题，最大的问题就是赚的钱太多了。我们钱太多，就给大学、科学家以支持，我们能把这么多科学家请来也是奇迹，因此我们不需要资本进来，因为资本贪婪的本性会破坏我们的理想实现。"

我们知道，UT斯达康通过资本运作实现了迅猛发展，并在美国上市，但是他们也是资本运作的牺牲品。在公司上市之后，公司的创始人、老板吴鹰也被资本赶走了。可见，华为创始人任正非不让外面的资本进入公司是有道理的。如果资本进入之后，不论是华为的持股员工，还是任正非本人，都可能会失去对华为的控制权。而资本具有逐利的本性，华为想要为理想（构建更美好的全连接世界）而奋斗也是步履维艰，他们只能为金钱、为利润而奋斗了。

在中国通信史上，在固定电话向移动手机转型时存在一定的市场空白期。当时"小灵通"风起云涌，而操盘者正是UT斯达康公司创始人、"小灵通之父"吴鹰。1996年，中国移动和中国电信分家，中国电信决定开发小灵通产品。当时，浙江余杭电信局提出无线市话嫁接到固定电话网上，成了一个建立在固定网上的小手机，而UT斯达康则成了浙江余杭电信局的合作伙伴。

1998年，浙江余杭区正式开通了小灵通业务，实行单向收费，月租费20元，资费每分钟0.2元，从此低资费的小灵通（即无线市话手机）正式进入中国市场。随后，吴鹰通过资本运作，仅通过短短两年的时间，就在2000年让UT斯达康公司在美国上市。原本发展前景大好，但是在2007年以后，UT斯达康创始人吴鹰在与资本方的角逐中不断失利，并在董事会中被边缘化，失去了对公司的控制权。2007年6月，UT斯达康创始人吴鹰被迫离职，后来转做投资人。而小灵通产品也在3G移动手机的打击下荡然无存。可见，资本运作具有两面性。成也资本，败也资本，资本既可以迅速成就一家公司，也可以迅速搞垮一家公司。

华为没有成功，只是在成长

2007 年的一天，金字塔状的珠穆朗玛峰直插云霄，山峰上白雪皑皑，银光耀目，各种气流在山脊的冰川中相互碰撞，形成波诡云谲的云气团。山间还存有各种各样险象环生的冰陡崖、冰裂隙、冰崩区和雪崩区。这时，有一支队伍踩着滑溜溜的高山草甸，强忍着零下几十度的低温，呼吸着越来越稀薄的空气，每人背着沉重的通信基站设备，在弥漫天际的飞雪中不断向上攀登……

世界海拔最高的基站

这支队伍就是珠峰通信基站安装小组，而华为就是珠峰基站设备的提供商。这个安装小组由专业登山队员、华为工程师、基站设备安装人员、搬运民工、搬运牦牛等组成。中午时分，安装小组将相关设备和材料运送至珠穆朗玛峰海拔 6500 米基站施工地。随后，安装小组立即抓紧时间开展施工，要在天黑之前把全球海拔最高的移动通信基站测试开通，因为这个基站要为奥运圣火顺利跨越珠峰和人类登山事业提供通信保障服务。历史上，由于珠穆朗玛峰海拔较高，通信不畅，有很多登山者早已遇难山间。

经过一番努力，安装小组在世界海拔最高、海拔 6500 米的珠峰通信基站终于测试开通，该珠峰通信基站就像一把倚天剑一样直刺苍穹，功率可覆盖珠穆朗玛峰 8848 米的顶峰，为全世界的登山队员、气象测绘工作者以及媒体记者等提供通信服务。多年来，在暴雨频繁、云雾弥漫、强风吹拂、冰雪肆虐的恶劣气候下，珠峰通信基站始终提供稳定的通信保障，华为作为珠峰基站的设备提供商，其设备和技术水平也通过了极地环境的生死考验。

如今，华为的通信设备已经遍布世界各地，除了海拔最高的珠峰之外，在世界上最寒冷的南极和北极，在非洲的丛林和大沙漠，在世界人迹罕至、最蛮荒的地区，人们所享受的流畅稳定的通信网络，大都是由华为所提供的设备、华为人所提供的服务所支撑的。

虽然取得这么大的成绩，但是任正非依然说："华为没有成功，只是在成长。伟大都是熬出来的。"

在世界海拔最高的地方提供通信服务，没有艰苦奋斗是不行的。遥想当年，任正非带领技术人员搞研究，也是从艰苦奋斗中得来的。

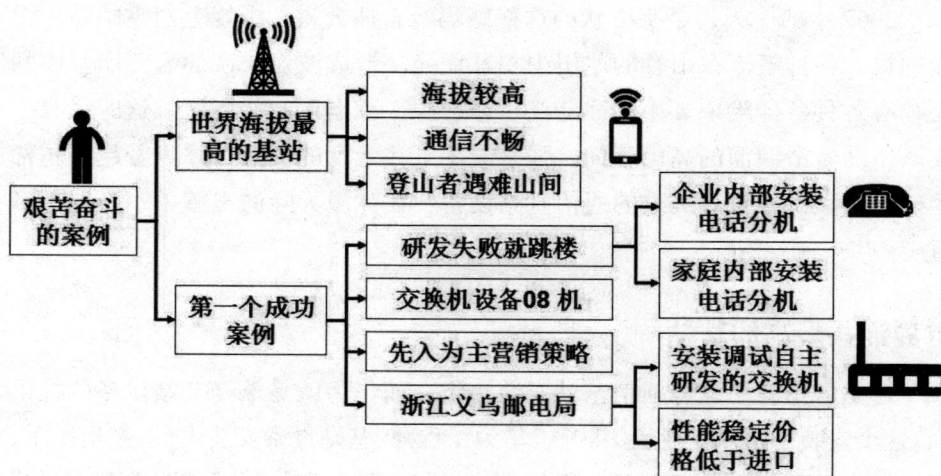

艰苦奋斗的案例

华为第一个成功案例

时间回到 1993 年的一天，任正非把所有技术人员召集到 5 楼办公室，他对大家进行慷慨激昂的动员。任正非说："如果这次研发失败了，我只有从楼上跳下去，而你们就另谋出路吧……"

当年，为了改变做代理低买高卖单一的营收模式，任正非决定自主研发交换机。可是，研发过程是艰难的，华为技术人员经过无数次的试验还是失败了。多次的研发失败导致华为损失了 6000 万至 1 亿元，公司深陷现金流枯竭的泥潭，快要被拖死了。任正非说："开发可不是一件容易的事，你要做好投入几十个亿，几年不冒泡的准备。"

最终，任正非决定投入所有的人力、物力来做最后一搏，再进行最后一次研发，而且只许成功不许失败，因为失败了他只能跳楼。在任正非的动员下，大家激愤昂扬，艰苦奋斗，没日没夜地投入到研发工作中，1994年终于推出了交换机设备C&C08机（简称08机），主要用于企业内部或家庭内部安装电话分机。

成功研发出了产品，应该如何销售？这时任正非提出一个先入为主的营销策略，先给客户安装通信设备，设备运行正常、客户满意后还可以分期付款。于是，华为的业务员开始在全国范围内找客户，以各个市县的邮电局作为重点攻克的客户目标。

当时，像朗讯电信、爱立信等外国公司研发的进口通信设备，产品成熟，性能稳定。而没有知名度，没有实力的华为根本不能跟他们直面竞争，只能静待机会，等着竞争对手犯错。

有一天，华为的业务员听说一个重要消息，浙江义乌邮电局采购了一家企业生产的08机，而且设备已经运到了义乌，就差最后的安装调试环节了。但是，这家企业生产的设备在另外一个城市出了事故，导致整个城市的通信系统瘫痪。这个事件还惊动了国家邮电局，国家邮电局迅速发文，建议全国邮电系统都不能使用这家企业的产品。

竞争对手犯错了，华为的机会来了！于是，华为的业务员马上前往浙江义乌邮电局展开公关活动。华为的业务员天天围着邮电局的领导游说，从华为的产品性能、性价比和支持中国制造等方面说了一通，磨了无数次嘴皮子。最后，义乌邮电局的相关领导将信将疑地说："那就换华为的试试吧。"

对于华为成交的第一笔订单，任正非十分重视。他马上做出指示："人在设备在！"

很快，负责安装08机的华为人扛着相关设备风风火火地抵达义乌邮电局。在安装调试的4个月里，华为员工终日与设备为伍，他们瞪大眼睛时刻监视着各个设备的运行状态和红黄绿的指示灯。他们整天提心吊胆，寝食不安，他们多么害怕自己的设备会在半路熄火呀。

因为他们是全体华为人的希望，背负着巨大的压力，他们从深圳来到千里之外的义乌安装调试自主研发的交换机08机，如果设备在运行中出现问题，那么创始人任正非就要跳楼了，华为公司也可能被国家邮电局发文封杀了。

当时，华为安装小组分为三班人马，24小时轮番监控08机的运行状态，一旦出现问题马上换上新的 08 机。经过多次调试与试运行，华为自主研发的交换机 08 机经受住了考验，它们像进口通信设备一样产品成熟，性能稳定，而且价格远远低于进口通信设备。

当年参与安装 08 机的华为工程师回忆说："如果那次真的出了什么差错，没有搞成，就没有了今天的华为。"从此，华为完成了自己的第一个成功案例，我们国家也打破了通信设备被外资巨头垄断的局面。

现在，虽然华为的通信设备已经走向全世界，并与其他通信设备巨头展开拳拳到肉的激烈竞争，但是任正非依然认为华为只是在成长，并没有成功，而且伟大都是熬出来的。一是熬时间，当竞争对手处于强势时，华为要懂得等待时机，伺机行动；二是熬心态，华为通过艰苦奋斗不断获得成长，在成长的过程中保持不骄不躁的精神，始终按照自己的研发与营销节奏，步步为营，直到发展巅峰。如果华为不能继续成长，那只能寻求转型，艰苦奋斗，重新再来，就像华为从代理转型做研发一样。

尼康公司因为转型不够快，所以在中国的市场迅速走向萎缩。2017 年 10 月，尼康公司突然宣布，停止江苏省无锡数码相机制造工厂的业务，关停尼康光学仪器（中国）有限公司 (NIC)。传统影像巨头尼康在中国市场的萎缩，让众多摄影迷们"惊惶失措"。行业人士分析说，尼康的萎缩并非来自同行的激烈竞争，而是自带拍摄功能的智能手机迅速崛起，小型数码相机已经成了一种累赘。可见，在产品迅速迭代的商业环境里，企业不转型，不成长，不艰苦奋斗，那就只有死路一条。

不能在温柔乡中葬送了几十年的奋斗

2012 年的一天，欧洲某机场，有一位西装革履、戴着黑框眼镜的中年人，钻出飞机舱门，就跟着众人去海关出口排队。当排到他的时候，他就把准备好的护照和签证递了上去。海关人员看了一眼，不禁询问："华为是谁？"

只见他不慌不忙地把手机翻过来，抠开电池盖板，向海关人员展示里面小小的华为 logo。海关人员看着那只燃烧的花骨朵，就点点头，然后把护照和签证还给了他，示意他可以进关了……

华为是谁？

这位中年人就是彭博，华为西欧地区部总裁。他主要负责华为西欧地区部的整体业务发展和区域管理，包括销售、营销和业务运营。现在他要前往欧洲，跟欧洲运营商一起召开年度会议，以了解欧洲运营商现阶段的需求与未来规划。

华为虽然没有能如期打入美国市场，但是在欧洲市场，华为人通过十几年的艰苦奋斗，最终让华为的手机业务落地生根。此前，华为没有什么知名度，不论是进出海关，还是参加欧洲运营商的各种会议，总是会遭到各种各样的防范式盘问。

2005 年，华为刚进入欧洲市场时并不是以整机的面貌出现，而是以数据卡产品作为打开市场的尖刀。

欧洲运营商采购的数据卡最早是由比利时的 Option 公司打造的，售价高达 1000 欧元，而华为的数据卡售价不到 100 欧元。欧洲运营商再也无法抗拒物美价廉、来自中国的华为数据卡，很快华为数据卡在欧洲就成了大规模商用的终端产品。当时，欧洲用户通过数据卡上面小小的 LOGO，认识了华为是谁，是来自中国的数据卡制造商。

为了改变欧洲用户对华为的认知，进一步开发欧洲市场，华为开始与欧洲运营商合作，研发贴牌手机。

2006 年，华为与英国跨国移动电话运营商沃达丰签订了第一款手机的贴牌生产合同，开始为沃达丰生产贴牌手机。当时华为生产出来的手机，基本都是以定制机的形式销售给运营商，而不是直接卖给消费者。手机产品只印有客户沃达丰的 LOGO，没有华为的 LOGO。

虽然华为贴牌手机没有自立品牌，但是华为手机已经以整机的形态进入欧洲市场，接受欧洲用户的检验。随后，华为跟欧洲许多运营商签了大量的手机贴牌生产合同。彭博说："这些合同让华为在欧洲的手机行业里生存了下来。"

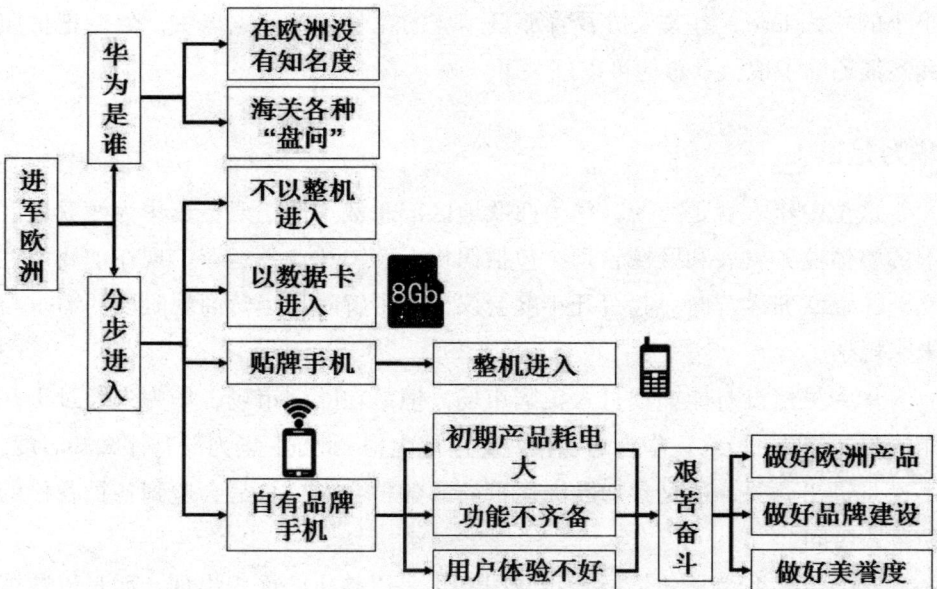

华为进军欧洲市场

2011 年，任正非牵头在华为内部组织终端业务开了一场会议。在这次会议上，任正非提出抛弃运营商定制机，建立自有品牌的决定。

会议后，华为不再为欧洲运营商做手机贴牌生产，而是自立手机品牌直接卖给消费者。2012 年，华为推出了华为 P1 手机，第二年推出了华为 P2 手机。

可是，这样的转变直接影响了华为的营收和利润，不论是数据卡业务，还是整机业务都出现了不同程度的下滑现象。因为欧洲消费者还没有完全认同华为这个新品牌，而且华为的初期产品耗电大，功能不齐备，用户体验也不好。

立足欧洲市场

华为整机业务在欧洲面临一系列问题，为此华为内部进行了长时间的争论，有的认为还是应当恢复手机贴牌业务，有的认为还是应当继续走自有品牌路线。最后，老板任正非还是坚持走自有品牌路线。任正非说："华为公司不能像部分西方公司一样，在温柔乡中葬送了我们几十年的奋斗。我们要看到这个世界的复杂性，要看到我们未来的艰难性，从这个出发我们要构建未来胜利的基础。一定要充分理解训战的意义。循环不能终止，训战也不能终止，超稳定状态一定是毁灭华为的重要问题，不是别人打垮了我们，是我们自己打垮了自己。"

为了让华为自有品牌立足欧洲市场，华为人只能艰苦奋斗，迎难而上。

首先，做好欧洲产品。为了理解欧洲市场，2015年华为成立了一个欧洲产品中心，来收集在欧洲市场产品和对手的差距，以及华为在哪方面还没有满足消费者的诉求，不断改进华为手机的性能。如欧洲用户喜欢户外运动与自拍，所以华为与德国照相机公司徕卡研发了领先的手机拍摄技术，并装载在手机上。

其次，做好品牌建设。华为通过户外广告和新媒体数字传播方式来增加品牌曝光和辨识度。如华为在意大利曾经组织年轻人按照新文艺复兴运动时候的文化和方式，拍摄一组新的照片放在网上，引发众多关注。

第三，做好知名度向美誉度的转变。为此，华为通过体育赞助来实现，先后与AC米兰、巴黎圣日耳曼、马德里竞技、多特蒙德等多家足球俱乐部建立合作关系，通过足球比赛、影视明星向亿万观众展示华为手机、华为LOGO。

经过这些铺垫之后，2016年底华为的单款爆品P9销量就突破了1000万台，成为华为首款出货量破千万的高端旗舰手机。2017年第一季度，华为在欧洲市场手机销量为360万部，市场占有率11.4%。2018年第二季度华为手机销量已经达到 670 万部，拿下 24.8% 的欧洲市场份额，一度超过了苹果手机，成为欧洲第二大手机商。欧洲主流社会终于认知并接受了华为品牌，此后彭博每次往返欧洲机场，不再被海关人员询问"华为是谁"，而是直接询问华为手机有哪些最新的配置。

　　华为在欧洲市场通过艰苦奋斗崛起，许多欧洲本地员工也受到华为员工艰苦奋斗文化的影响。他们也能够做到 24 小时开机，甚至在周末主动去办公室加班、出差。可以说，创业没有艰苦奋斗，就没有市场。企业在占领市场之后，如果不再艰苦奋斗，也会在温柔乡里自掘坟墓。美国世界通信公司（WorldCom，简称世通）宣告破产，就证明了这一点。

　　美国世界通信公司是一家美国通信公司，其在发展过程中，明显缺乏艰苦奋斗的基因。世通创始人伯尔尼·埃贝斯以牛仔自居，在操控公司发展过程中，尽情发挥牛仔放荡不羁的冒险精神，经过并购 70 家中小型通信公司，一举发展成为美国第二大长途电话公司。随后，世通公司不是专注主业，艰苦奋斗，而是继续通过一系列的资本运作（兼并与收购）迅速膨胀。然而，世通的业务非理性膨胀越多，亏损就越大。2003 年，公司采用虚假记账手段掩盖不断恶化的财务状况，并以虚构盈利增长的方式操纵股价，最终因会计丑闻事件而破产。

艰苦奋斗，占领图像技术高地

2016 年 10 月的一天晚上，深圳华为总部灯火辉煌、争辉星月……

此时，华为正召开一场声势浩大的研发将士出征大会。台下 2000 多名高级专家及干部热血沸腾、摩拳擦掌，台上的任正非气充志定、慷慨陈词："我们错过了语音时代、数据时代，世界的战略高地我们没有占据，我们再不能错过图像时代。我们不能像过去一样，以招聘新员工培训后扑入战场，等 3~5 年他们成熟的时候，这个机会窗口已经半开半掩了，我们又失去了一次占领图像高地、云化时代的机会。因此，我们短时间直接选拔了有 15~20 年研发经验的高级专家及高级干部投入战场。他们对技术深刻的理解能力，与前线将士的战场掌控能力结合在一起，一定会胜利的。"

从实验室到海外市场一线

为了抓紧时机，快速占领图像时代的相关技术，任正非把 2000 多名高级专家及干部从实验室彻底解放出来，让他们走向海外市场一线，依据当地客户的需求，抓紧研发、艰苦奋斗、按时交付，在图像技术方面实现全面领先。任正非深谙，抢占图像时代的领先技术必定是一场硬仗，华为也无路可退，因为英特尔和谷歌已经先走一步。

为了发展图像技术，英特尔收购了视觉处理芯片初创公司 Movidius，通过研究先在移动设备上实现 PC 级的图像处理能力，随后还要进入 VR 设备、无人驾驶等新兴人工智能市场。与此同时，谷歌的 Tango 手机已被美国国家航空航天局（NASA）送入国际空间站，用于处理各种传感器反馈的数据并绘制图片。

美国公司在积极行动，华为也不能落后。任正非如同一位战略思想家，他通过分析图像时代的形势，不断激励华为人奔赴全球各地 100 多个分支机构，以客户为中心，以奋斗为本，通过长期艰苦奋斗，实现自我价值。华为人建功立业不是在实验室倒腾仪器，而是在全球一线市场攻城略地。

商场如战场，退一步可能兵败如山倒，进一步坚守抵抗可能还有一线生机。写到此，我们不禁想起了苏军小队的故事。

1941 年秋，德军向莫斯科发动进攻，苏联军民顽强抵抗，卫国战争进入最艰难的岁月。有一支苏军小队奉命在离莫斯科不远的涅里杜沃村附近防守。当时某阵地上仅有 28 个士兵防守，除了步机枪、手榴弹、燃烧瓶外没有别的武器。可是他们面对的是德军几十辆坦克以及大量步兵的突袭。

在战斗中，苏军政委瓦西里·柯罗楚科夫身上绑满手榴弹，高呼："俄罗斯虽大，但已无路可退，我们身后就是莫斯科。"他利用地形掩护冲到一辆坦克底下，拉响手榴弹，以身殉国。其他苏军士兵见状，也像他一样奋不顾身采取自爆攻击。战后，虽然苏军小队 28 人中只有 5 人幸存，但是他们却彻底打乱了德军进攻莫斯科的节奏。

苏军 28 人的战斗排面对强大的德军，都能多次守住自己的阵地；如今华为有 2000 多名高级专家干部组成的突击团，理应发扬艰苦奋斗、视死如归的精神，守住图像领域的市场份额。

任正非说："有的员工讲从实验室走向海外一线是从胜利走向胜利，我看胜利是不确定的。在新的机会领域，我们要努力成长。云化是我们不熟悉的领域，亚马逊未来可能成为电信设备企业的最大竞争者，我们还非常小，未来是否有做小弟的资格还不知道。图像技术虽然我们领先，但海外除德国大规模实践的经验外，在其他国家还没有规模化的成功，还没有建立一支成熟的队伍。特别是面对大视频带来的流量洪水和更低的时延要求，我们还没能驾驭。"

如果不能驾驭图像视频相关技术，华为只能选择与人合作。为了抢占图像技术高地，华为与徕卡（德国知名照相机公司）共同设立麦克斯·别雷克创新实验室，联合研发手机摄像头，并且对新光学系统、计算成像、虚拟现实（VR）和增强现实(AR)等领域开展研究。当时，任正非亲自前往签署协议，并表示："未来的信息社会将有 90% 以上的流量来自图像和视频。"

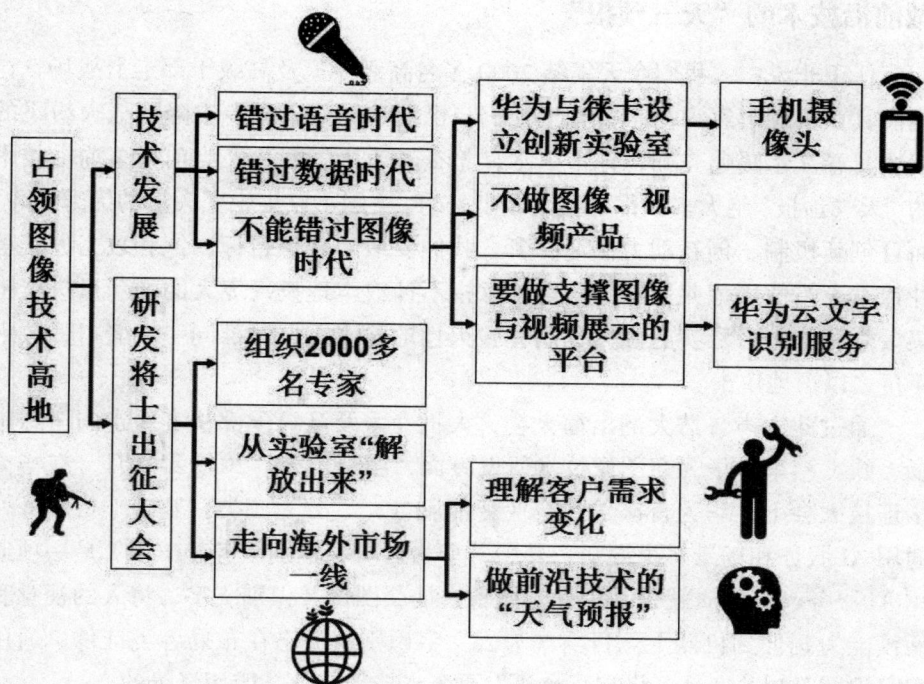

占领图像技术高地

占领图像技术高地
├─ 技术发展
│   ├─ 错过语音时代
│   ├─ 错过数据时代
│   └─ 不能错过图像时代
│   ├─ 华为与徕卡设立创新实验室 → 手机摄像头
│   ├─ 不做图像、视频产品
│   └─ 要做支撑图像与视频展示的平台 → 华为云文字识别服务
└─ 研发将士出征大会
    ├─ 组织2000多名专家
    ├─ 从实验室"解放出来"
    └─ 走向海外市场一线
        ├─ 理解客户需求变化
        └─ 做前沿技术的"天气预报"

占领图像技术高地

需要注意的是，任正非不是要做图像、视频产品，而是要做支撑图像与视频展示的平台。在一封给全体员工的邮件中，任正非指出："我们是有可能在图像技术上领先世界的，当然我们不是要去做电视机等图像产品，我们做的平台是要能支撑传送未来的图像，我们要解决视频类的算法问题。"

遥想大唐时代，著名边塞诗人王昌龄曾经奔赴西北边塞写下著名的边塞诗《从军行七首·其四》："青海长云暗雪山，孤城遥望玉门关。黄沙百战穿金甲，不破楼兰终不还。"意思是守边将士们身着铠甲出没于滚滚黄沙中，不打败进犯之敌，誓不返回家乡。在出征大会上，任正非发出"春江水暖鸭先知，不破楼兰终不还"的口号，以此激励2000多名专家及干部们，此次去海外一线不研究出成果来、不多产出粮食来就不要想着回来了。

做前沿技术的"天气预报"

任正非说："我们今天集结 2000 多名高级专家及高级干部走上战场，让他们真正去理解客户需求，背上他们自己制造的降落伞，空降到战火纷飞的战场。春江水暖鸭先知，你不下水，怎么知道天气变化。当前很多前沿技术的'天气预报'绝大多数都是美国做出来的。美国不仅集中了大量的优秀人才，而且创新机制、创新动力汹涌澎湃。我们要敢于聚焦目标，饱和攻击，英勇冲锋。不惜使用范弗里特弹药量（意指不计成本地投入庞大的弹药量进行密集轰炸和炮击对敌实施强力压制和毁灭性的打击），对准同一城墙口，数十年持之以恒地攻击。"

通过此次声势浩大的出征大会，大批专家及高级干部从实验走向全球市场一线。结果，华为在图像技术研发方面，屡获捷报。2017 年 9 月，在华为全连接大会上，华为首次发布企业智能服务，共分为三类：基础平台服务、通用 AI 服务和场景解决方案。其中，华为云文字识别服务（OCR）是一项通用 AI 服务，其本质就是利用光学设备去捕获图像并识别文字，将人的视觉和阅读能力延伸到机器上。目前华为云文字识别服务已在布局各类证件、通用文字识别等相关产品，将来还会研发更多支持人工智能应用场景的产品。

2018 年，华为公布了 PU Turbo（软硬协同的图形加速技术），它可以让手机的图像处理速度变得更快，好比汽车装上了涡轮增压发动机以获得超高时速。PU Turbo 可将图像性能提升 60%，而功耗则下降 30%，千元级别手机只要装载 PU Turbo 图像技术也能流畅地玩转各类大型手游。

就在任正非激励高级专家及干部从实验室奔赴全球一线市场，按照客户需求搞研发时，美国信息存储资讯科技公司 EMC（易安信）的表现却让人感到很惊讶。EMC 一般到下午 6 点的时候就要赶人下班了，因为在他们看来，没有获得批准的加班等于浪费公司资源，基本晚上 7 点整个园区就一片黑暗，有些员工想加班都不行。而华为员工晚上加班、灯火通明的办公楼是深圳的一道风景线。

2016 年 9 月，戴尔公司花 600 亿美元完成了对数据存储公司 EMC 的收购。可见，如果员工不艰苦奋斗，企业可能会被别的公司收购，更多员工的饭碗也保不住。所以，华为研发团队只能像苏军小队那样，像守边的将士那样，艰苦奋斗，攻坚克难，迅速占领图像技术高地，才能击退强敌，实现长远发展。

破格提拔是基于：贡献、责任和牺牲精神

2018 年 3 月，深圳的春天如期而至，洋红色的簕杜鹃惊艳绽放，生机盎然的木棉树上缀满跳跃着的火花。一年之计在于春，企业之计在于人，人定胜天，事在人为，所以在这个春天的早晨，任正非要破格提拔 6000 人，同时实行干部 10% 的末位淘汰制度。当月，华为《心声社区》发布了《任总关于人力资源管理纲要 2.0 修订与研讨的讲话纪要》。

奋斗的两个驱动力

在讲话纪要中，任正非指出，人力资源管理纲要 2.0 的思考主要从过去的不信任管理体系，向信任体系转变。在内、外合规的情况下多产粮食，减少不必要的汇报、报表，这样管理层级会缩小。让作战的力量多用在产粮食上。可见，华为人力资源管理还是要为"多产粮食"这个总目标服务。

正如动车需要电力，奋斗也需要驱动力。任正非指出："人力资源管理要用好精神与物质两个驱动力，精神激励要导向持续奋斗，物质激励要基于价值创造。在精神激励方面，强调坚持核心价值观，将公司的愿景使命与员工个人工作动机相结合，这就是集体主义下面的个人主义。在物质激励方面，我们还是强调物质回报的理念是多劳多得。我们现在试点在低职级员工里面从总收入中提取 20% 去买股，你干得好，多拿钱多拿奖金，你还可以多购股。"

在人员提拔方面，任正非指出："华为 2018 年持续进行破格提拔，在 15、16 级破格提拔 3 千人，17、18、19 级 2 千人，其他层级 1 千人，就是要拉开人才的差距，让这些负熵因子（熵函数的负向变化量，熵函数就是能量与其温度的比值）激活组织。让火车头加满油，与'全营一杆枪'的目标实现一致，目的是打下'飞机'。"

任正非破格提拔大批华为员工，目的是让他们继续艰苦奋斗。如果员工

不艰苦奋斗，要么申请提前退休，要么执行 10% 的末位淘汰制度。

至于破格提拔的条件，任正非说："破格提拔是基于：贡献、责任和牺牲精神。外界有一种说法，华为股票之所以值钱，是因为华为员工的奋斗，如果大家都不努力工作，华为股票就会是废纸。华为确保奋斗者利益，若你奋斗不动了，想申请退休，也要确保退休者有利益。"

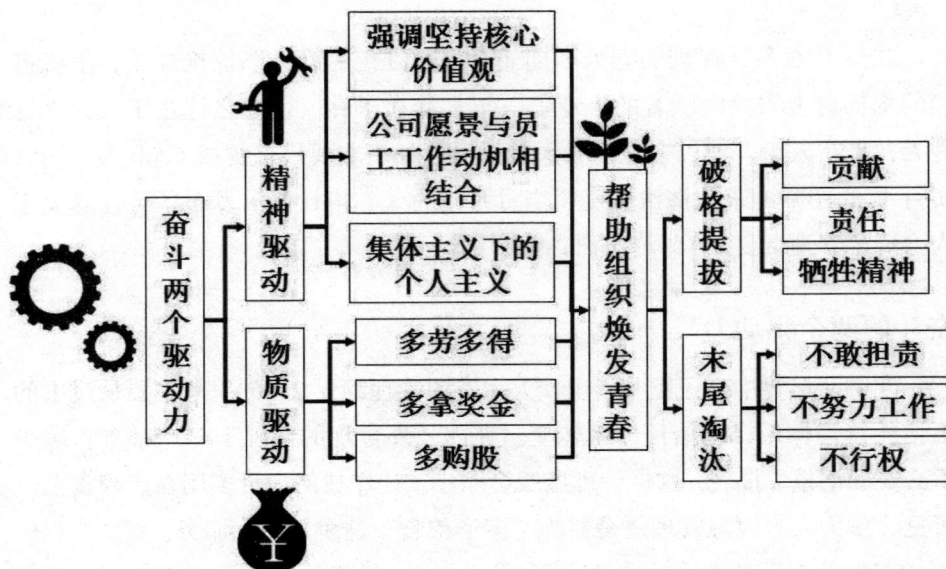

奋斗的两个驱动力

组织重新焕发青春

在末位淘汰制度方面，任正非指出："每个干部都要敢于担责，不敢担责、不行权的干部要问责、撤换。干部行权其实就是自己最大的机会，放弃使用就放弃了机会。干部要嗷嗷叫，公司才有希望。干部也不能拿公司做人情，对于做不出成绩，对于不敢淘汰和降级不合格员工的主官，要坚持每年 10% 的末位淘汰。不努力工作，我们与患了富贵病的王朝有何区别？干部撤换下来不是直接辞退，先到战略预备队或内部人才市场，让他们重新去寻找岗位，和年轻人竞赛！要让不作为的干部知道重新上岗这条路很艰难，他们才知道在岗行权担责，这才是最大的机会。主官的淘汰率高，但他们升职也快。人力资源纲领2.0的一个重要目的就是要祛除30年积淀的问题，帮助组织重新焕发青春。"

　　任正非为了多产粮食，通过精神与物质两个驱动力不断激发员工艰苦奋斗，如果他们不艰苦奋斗，要么被提前退休，要么被淘汰。在此我们不禁联想到苹果公司招聘规则，他们似乎不在乎文凭，但对人才挑选有自己独特的判定。

　　苹果公司更注重的是员工的工作经验，只要你拥有相关岗位的技能，就有机会进入苹果公司。实际上，苹果创始人乔布斯也没有大学毕业，只是后来在苹果取得巨大的成功后才获得了电子工程的学位。他曾经说过："我原以为一个人才可以顶两个庸才，但是我发现错了，实际上一个人才可以等于50个庸才。"乔布斯对人才的要求，要有创新思维、团队协作能力和专业领域的潜力等，而任正非对人才的要求就是要具备贡献、责任、牺牲精神，谁做到这几点就有机会获得提拔。所以任正非喜欢通过精神考量来批量提拔干部，而乔布斯喜欢通过技能考量来提拔个别人才。

成长规划 6:
如何开展艰苦奋斗

确定为谁而奋斗

没有方向的帆永远是逆风行驶,奋斗前要确定为谁而奋斗,为国、为家、为公司、为理想,还是为了另一半、为了 TA。如任正非明确指出,华为就是为理想而奋斗,不为金钱而奋斗,华为为了构建更美好的全连接世界,发扬艰苦奋斗精神,而不需要外来资本的援助。

伟大都是熬出来的

艰苦奋斗也需要熬出来,一是熬时间,二是熬心态。如华为的第一个成功案例,通过熬时间等竞争对手犯错,然后熬心态,成功后仍保持不骄不躁、艰苦奋斗的作风。

防范温柔乡

温柔乡是艰苦奋斗的天敌,它让无数的公司在功成名就之后迅速走向衰落。任正非曾经告诫华为员工说:"华为公司不能像部分西方公司一样,在温柔乡中葬送了我们几十年的奋斗。"

亲临一线作战

实践出真知,要想艰苦奋斗,磨炼技能与心智,只有亲临一线作战。如任正非为了占领图像技术高地,就将 2000 多名高级专家从实验室解放出来,直接拉到海外市场一线去练兵。

要有驱动力

　　艰苦奋斗需要好的驱动力，只有精神、物质激励机制双管齐下才见疗效。如任正非在人力资源管理方面提出精神激励要导向持续奋斗，而物质激励要基于价值创造。

如何开展艰苦奋斗

第七章

研究哲学：快速赶上人类时代的进步，抢占更重要的制高点

100 多位物理学家、120 多位化学家、6000 多位专门做基础研究的专家、6 万多名工程师所构建的研发系统，使我们快速赶上人类时代的进步，抢占更重要的制高点！

——任正非

创造了一个技术驱动的公司

2019 年 2 月的除夕夜，深圳高楼大厦高耸挺立，万家灯光点亮了夜空，无数的居民正悠闲地躺在沙发上，盯着 4K 电视观看中央台在深圳举办的（5G）直播春节联欢晚会。在 2019 央视春晚的深圳分会场，不但实现了转播、虚拟制作等环节的全 4K 制作，同时还创新使用了华为的 5G 传输系统参与节目制作。借助华为 5G 技术，中央广播电视总台技术系统一夜之间就实现了"4K+5G"的综合运用。

5G 直播春晚

对于华为 5G 技术在电视传播中的应用，任正非说："5G 现在暂时还没有充分发挥出用处，因为速度太快了。这次中央台用来在深圳（5G）直播春节联欢晚会，也只是个演示性作用，这种演示还不足以变成大规模的商业行为。"

现阶段，虽然华为 5G 技术处于领先地位，但是并没有变成大规模的商业用途。究其原因，世界各国 5G 技术的发展是缓慢而不平衡的，因为我们整个国家的网络结构性问题没有解决，所以 5G 用上来和 4G 差不多。就像你花重金买了一个 8K 电视想要做到身临其境的感觉，可是因为网速老是提不上去，它也只能播放 4K 电视，最多能看清画面的细小部分，但无法做到身临其境的感觉。

任正非说："5G 的发展一定是缓慢的。日本和韩国还是 4G，日本、韩国把 4G 运用到非常好，就足够满足使用。我们的 4G 没有用好，打开我的手机只有 20~30 兆，实际上我们提供的 4G 是可以到 300~400 兆，足够看 8K 电视。但是我们的网络，白天打开就只有二三十兆，只能看 4K，没法看 8K 电视。为什么？网络结构不好。网络结构不好是啥？还是没有数学家在研究运营商的网络结构。所以网络结构性的问题没有解决，5G用上来和4G差不多。就好比我嘴巴很大，但是喉咙很小，我吃一大块肉还是一口吞不进去。因此，5G的基站不是万能的，大家别那么着急。"

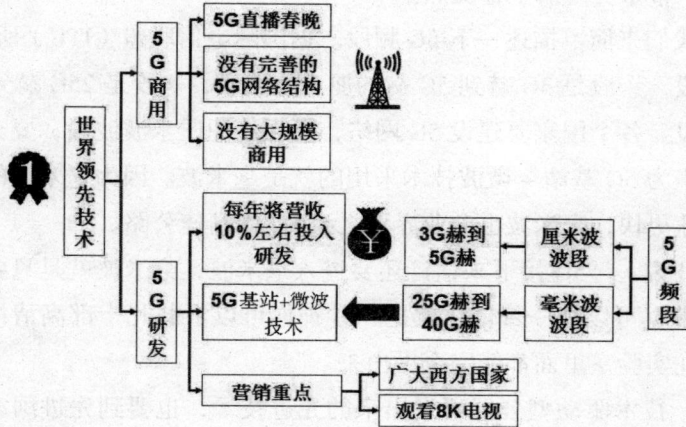

世界领先的 5G 技术

5G 基站 + 微波技术

中国大部分企业靠营销驱动，正所谓"做得好不如卖得好"，相比之下，华为特立独行，发展成为一家技术驱动型企业。华为每年在研发方面的投入占公司营收 10% 左右，由于有源源不断的资金投入到 5G 技术的研发，所以华为的 5G 技术在不知不觉间就成了最先进的技术。任正非自信地说："全世界能做 5G 的厂家很少，华为做得最好；全世界能做微波的厂家也不多，华为做到最先进。能够把 5G 基站和最先进的微波技术结合起来成为一个基站的，世界上只有一家公司能做到，就是华为。"

华为将 5G 基站和最先进的微波技术结合起来，因为网速太快了、太先进了，而在中国好像还没有完善的 5G 网络结构，所以任正非只能把销售的重点放到广大西方国家，因为西方国家已经普及 8K 电视，而我国只发展到 4K 电视。在中国 4K 电视已经是居民财富与地位的象征，而 8K 电视的普及时间仍是个未知数。

任正非表示："5G 是超宽带，微波也是超宽带，这适合广大西方国家。

因为广大西方国家遍地都是分散的别墅，他们要看8K电视，进行高速的信息消费，那就需要买我们的设备。当然，他们可以不买，那就要付出非常昂贵的成本来建设另外的网络。我们在技术上的突破，也为我们的市场创造了更多的机会，带来更多的生存支点。"

下面我们来简单描述一下5G频段。据国际电信联盟（ITU）所发布的5G频段有两段，一段是3G赫到5G赫的厘米波波段，一段是25G赫到40G赫的毫米波波段。各个国家要建设5G网络，要么使用厘米波波段，要么使用毫米波波段。华为5G基站＋微波技术采用的就是毫米波。因为毫米波的网速比厘米波的网速更快，毫米波也被业界称之为5G的高速公路。

任正非说："5G接下来估计还要进入毫米波，毫米波就是只要你多加一倍的钱，带宽可以加一百倍，就是一秒钟你可以下载几十部高清视频，这个我们已经在实验室里面都能完全做出来。"

可见，技术驱动型公司研发出来的先进技术，也要到先进国家和地区进行营销，这样公司才有生存的支点。如果公司研究出来的技术太先进，而没有变成大规模的商业行为，直接影响企业营收与存活，可以说是一种"无效的研发"。如同维珍银河开发的太空旅行项目一样，一张票的签约价格为25万美元，沦为了有钱人的娱乐，普通民众根本享受不了。

人们把现存的公司简单分为三类，一是运营驱动型（如阿里巴巴和新浪）；二是产品驱动型（如百度和腾讯）；三是技术驱动型（如华为和美国唐纳森公司）。技术驱动型公司有两个特点，要么是自己的研发能力很强，要么就是通过收购与兼并把"众多行业的技术"进行收编，如万向集团曾经发起的多起跨国并购，以实现在汽车零部件产业的领先地位。

与华为公司一样，成立于1915年的美国唐纳森公司也是一家技术驱动型企业。他们自己的研发能力很强，多年来致力于产品的开发和技术的创新，一直保持着过滤器行业技术的领跑地位。他们的产品技术广泛应用在除尘器、发电机、电脑硬磁盘、压缩空气纯化、建造设备、采矿、压缩机和卡车等领域。华为5G技术不会像太空项目那样服务少数富人，而是服务广大普通人，也没有像万向集团那样频繁地发起跨国并购，而是通过坚持不懈的自主研发，以技术驱动，以保持多年较高的增长率。

华为获得了其首笔最大的 5G 订单

2019 年 2 月，全国各地都在加紧铺设 5G 网络，5G 网络最大的设施就是 5G 基站。5G 技术虽然没有大规模商用，但是在我国的上海、深圳、杭州等地，中国移动已经"捷足先登"开始小规模部署 5G 基站，提供 5G 通信传输服务。

第一笔最大的 5G 订单

2019 年 2 月，中国移动公布了 2019 年 5G 规模组网建设的首批 5G 基站采购单，中国移动采购 500 个 5G 基站。其中，华为以 250 个 5G 基站的份额高居第一名，这显示出华为在 5G 技术上的领先性。这是华为获得的第一笔最大的 5G 订单。

除了华为之外，还有爱立信、中兴、诺基亚和大唐获得了订单，它们分别向中国移动供应 110 个、80 个、30 个、30 个 5G 基站。

华为之所以获得第一笔最大的 5G 订单，是因为华为长期投入巨资研究 5G 技术，并处于领先地位。截至 2018 年，华为投入 5G 研发费用累计超过 4000 亿，同时积极派出技术人员参与国际 5G 标准的制定，成功推动 polar 码成为 5G Embb（增强移动宽带）场景控制信道编码方案，这也是中国企业提出的编码方案首次成为国际标准的编码方案。

如今，虽然华为基站不含有任何美国生产的零部件，但是性能却不比使用美国零部件的基站差。任正非表示："从 2019 年 10 月起，华为 5G 基站的出货量将达到每月 5000 台。"

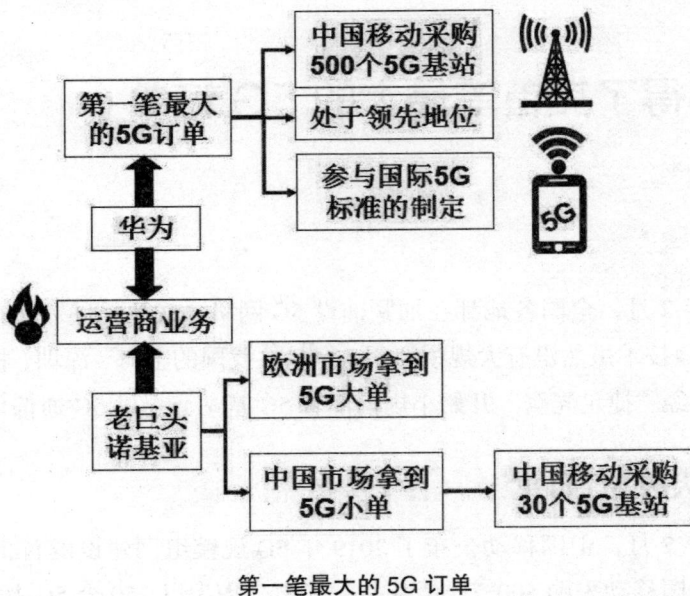

第一笔最大的 5G 订单

老巨头诺基亚杀回来了

不过，值得警惕的是，曾经的手机巨头诺基亚又杀回来了！成立于芬兰的诺基亚公司曾经是全球手机行业第一的巨头，它的 2G 网络按键手机曾经畅销全球无敌手。不过，从 3G 时代开始，苹果安卓手机迅速取代了诺基亚的地位。后来，诺基亚公司被微软收购来开发 Windows Phone 手机。合约到期后，诺基亚开始在 5G 通信领域继续发力。

2019 年 7 月，诺基亚拿到了德国 T-Mobile 公司 35 亿美元的 5G 订单，为其提供 5G 基站，这是 5G 领域最大的设备订单。

诺基亚和华为一样，它的核心不是手机业务，而是通信设备制造。如今在欧洲市场，诺基亚拿到了 5G 大单；在中国市场，诺基亚又从中国移动手中拿到了 5G 小单。这说明，诺基亚在通信领域依然保持着非常强大的竞争优势，可谓是大小单通吃。

虽然诺基亚的手机业务没落了，但是其在通信业务上又杀回来了，华为不得不防！

下面我们分析一下，华为 5G 基站与诺基亚 5G 基站的区别。

在抗干扰方面，诺基亚的 5G 基站在数据传输上更容易受到干扰。如果软件升级的话，可能会导致在数据处理和 4G、5G 频段的传输上出现延迟或者滞留。

在安装方面，华为 5G 基站比诺基亚的 5G 基站安装更为简单、成本更低。任正非说："5G 的容量是 4G 的 20 倍，是 2G 的 1 万倍，耗电比 4G 下降了 10 倍。5G 基站只有一点点大，20 公斤，就像装文件的手提箱那么大，不需要铁塔了，可以随意装在杆子上或者挂在墙上。我们还有耐腐蚀材料，几十年不会腐蚀，这样就可以把 5G 装在下水道里。这样对欧洲最适合，因为欧洲有非常老的城区，不能像中国这样安装大铁塔。

"当然，中国现有的大铁塔也不浪费，可以把 5G 基站挂在上面，但是不需要新建铁塔了。每个站点不需要吊车等，在工程费用上在欧洲还可以降低 1 万欧元。不仅是铁塔，以前的基站大，需要吊车，把吊车开进去还需要封路。现在 5G 基站用人手提就上去了，很简单。"

当前，全球多个国家和地区都在积极争夺 5G 的控制权，美国、欧盟、韩国、日本、中国均提出计划展开 5G 网络商用部署。全球顶尖的通信企业也加入 5G 业务的争夺战，包括美国电话电报公司（AT&T）、英国电信、中国移动、中国电信、中国联通、德国电信（Deutsche Telekom）、爱立信、富士通、华为、英特尔、韩国电信公司、LG 电子、联发科技、诺基亚、三星电子、SK 电讯、西班牙电信、沃达丰和中兴通讯等等。华为在众多竞争对手虎狼环伺的环境中要想保持领先地位，唯有不断加大投入，持续研发，输出更多优于对手的 5G 产品和服务，才能赢到最后。

华为海思自研芯片，备胎计划一夜转正

2019 年 5 月，中美贸易战愈演愈烈，美方对中国进口商品加征关税，而中方则对自美进口商品加征关税进行反制。当月 15 日，商人出身的特朗普大笔一挥，果断签署了紧急国家安全行政命令，禁止美国企业使用对国家构成安全风险的电讯设备商所制造的设备，以保护受威胁的美国通信行业。

虽然美国总统特朗普未点名，但各界都知道目标就是指向中国华为。与此同时，美国商务部也宣布将华为列入黑名单，禁止美商再出售美国制造的高科技产品给华为。

芯片断供

美国政府部门突然发威，美国公司不得不唯命是从。多家美国晶片制造商包括英特尔、高通、赛灵思和博通迅速通知下游厂商及员工，不再向华为供货。

英特尔是华为主要的服务器晶片供应商，高通为华为许多智能手机提供芯片，赛灵思向华为发售用于网络的晶片，博通是华为交换晶片的供应商。这么多美国供应商一夜之间给华为断货，但是华为并没有惧怕，并对外界表示多年前就预见了这样的情况，所以早已做好了准备。

在芯片的采购上，任正非说："我们不会轻易狭隘地排除美国芯片，要共同成长，但是如果出现供应困难的时候，我们有备份。和平时期，华为产品一半采用美国芯片，一半用中国芯片，华为现在有能力做和美国同样的芯片。"

手机芯片是手机的关键核心技术，它相当于手机的大脑，如果没有芯片，再高的配置也只能成为摆设。

要搞自主创新，就要在关键核心技术方面进行创新。任正非说："我们从来不支持自主创新这个词，科学技术是人类共同的财富，我们应该站在巨人的肩膀上前进，这样才能缩短我们进入世界领先的进程，什么都自己做，除了农民，其他人不应该有这种想法。"

我们知道，一台手机里面的零部件多达几百个，零部件包括屏幕、外壳、芯片、存储、摄像头、指纹模块、电池、CPU、蓝牙、基带等。假如每个零件，每个过程都要自主研发创新，企业哪有那么多人力与物力，所以只要掌握了关键核心技术——芯片就可以了。

任正非所说的中国芯片，就是华为自主研发的——华为麒麟芯片。在高通"断供"之后，华为的麒麟芯片"一夜转正"正式取代高通生产的骁龙芯片。

华为旗下的海思半导体公司就是研发芯片的主体公司。海思半导体公司成立于 2004 年 10 月，前身是华为集成电路设计中心。早在十年前，任正非就预测到美国公司的"变卦"，所以任正非高瞻远瞩、深谋远虑、未雨绸缪，一边与高通合作购买他们的芯片，一边自主研发麒麟芯片，并搭载在华为手机上。

华为海思公司在给内部员工的一封信中透露："二十多年的心血终于成功了，曾经的备胎一夕转正。"

下面简述华为芯片产品的研发历程：

2009 年，华为推出了一款 K3 处理器试水智能手机，这也是国内第一款智能手机处理器。

2014 年 6 月，海思发布八核海思麒麟 920 芯片，并搭载于华为荣耀 6。

2015 年，海思发布海思麒麟 930，搭载于荣耀 X2、华为 P8（部分版本）。

2016 年 2 月，华为麒麟 950 荣获 2016 世界移动通信大会 GTI 创新技术产品大奖。

2016 年 10 月，海思发布麒麟 960，GPU 较上一代提升 180%，主要搭载于华为 Mate 9。

2017 年 1 月，麒麟 960 被评选为"2016 年度最佳安卓手机处理器"。

2016 年 10 月，根据华为提供的数据显示，搭载麒麟 950 的华为 Mate8 全球累计销售了 680 万台，华为 P9、P9Plus 销售六个月超过了 800 万台的销量；华为麒麟芯片的出货量已经超过了 1 亿套 。

2019 年 9 月，华为全球首款第二代 5G 手机 Mate 3，搭载了华为自主研发的麒麟990系列芯片。

可见，华为手机并没有完全依赖美国高通生产的芯片，华为麒麟芯片一直是自产自销，所以高通断供骁龙芯片，对华为影响并不大。

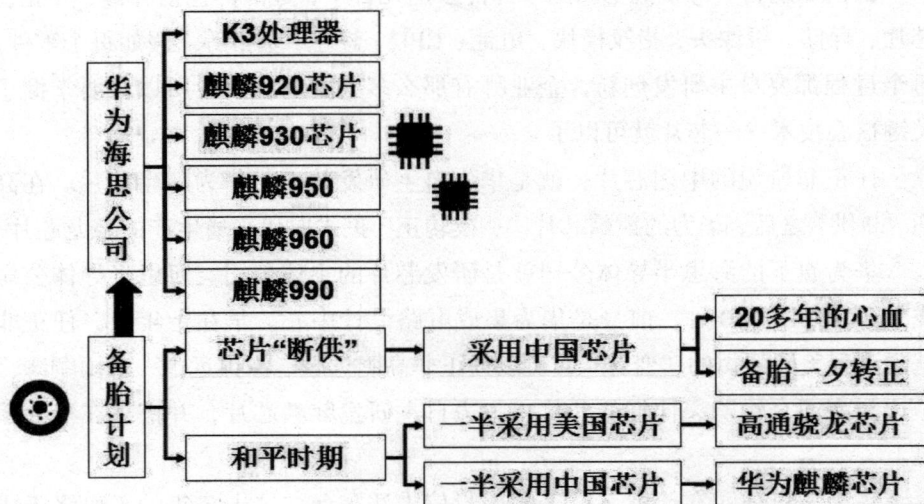

备胎计划一夜转正

麒麟与骁龙

麒麟是中国传统的瑞兽，它性情温和，传说能活两千年；骁龙则是西方传说里的神圣生物，它会飞、也会喷火。那么，华为的麒麟芯片和高通骁龙芯片的差距有多大?

首先在制造工艺来说，两个芯片都是采用了7nm（纳米）的工艺，都支持5G手机网络，二者是没有什么区别的。一般来说，7nm比10nm更先进，10nm比14nm更先进。

其次，在架构上，这两款芯片采用的都是ARM的公版架构。ARM处理器是由英国Acorn有限公司设计的低功耗成本的手机微型处理器。华为和高通都在这个基础上进行了大幅度的自主研发。

最后，在性能方面，麒麟芯片搭载了双核人工智能芯片，AI处理能力更强，在人工智能以及神经网络方面会有优势，在智能拍照、识物等方面性能更优秀。

华为麒麟980芯片以上产品在降低能耗和减少发热方面与高通骁龙芯片已经不相上下。

所以，任正非可以大胆地说："华为现在有能力做和美国同样的芯片。"

在给华为断货几个月之后，高通损失巨大，因为他们很难在全球范围内找到像华为这样的大客户，所以高通只能对美国政府阳奉阴违了。2019年9月，高通CEO史蒂夫·莫伦科普夫表示，高通已经向华为重启供货，并一直想办法未来能持续供货。任正非也表示："在麒麟已经有完整芯片解决方案的前提下，华为依然采购了5000万颗高通芯片。在目前供应商恢复供货的情况下，华为可以采购足量的高通芯片，同时也会继续向英特尔等美国厂商大量采购产品。"

虽然美国公司作恶在先，但是任正非却要以德报怨。任正非的这番表态，不仅说明华为与高通之间合作紧密，也体现了华为开放合作的态度。

自主研发是至理名言，中国公司与外国公司合作，除了交高昂的专利使用费之外，外国的核心技术是永远买不来的。所以，任正非在十年前就做好了准备，自主研发手机芯片，在华为产品中一半采用美国芯片，一半用中国芯片，避免了美国芯片断货带来的风险。

在中国彩电面板的产业史上，有一些企业就是因为太信任外国公司而亏损累累。2002年4月，上海广电集团与日本电气股份有限公司（NEC）签订液晶项目合作意向书，投资近100亿元从NEC引进一条5代线，用于生产电视液晶面板，走的是用合资方式换取技术使用的传统模式。结果，合资公司整合失败，内部管理混乱，外方公司趁机拿走高额的技术费用，结果中方企业没有学到核心技术，还亏损累累。所以，企业卧薪尝胆搞自主研发，要比一步到位的合资合作方式，要安全得多，靠谱得多。

华为鸿蒙系统：未来或超越安卓系统

2019 年 5 月 15 日，华为被美国商务部列入出口管制实体清单（实体清单就是一份黑名单，一旦进入此榜单实际上是剥夺了相关企业在美国的贸易机会），由于害怕得罪美国政府，美国企业纷纷停止向华为供货。此时，谷歌也要令行禁止，宣布暂停与华为的部分业务往来，包括停止对华为技术支持和协作（主要包括安卓系统和谷歌服务）。

谷歌停止技术支持

安卓（Android）系统是谷歌公司开发的手机操作系统，是用户更多的操作系统。华为很多手机都装有安卓系统，现在谷歌不再提供技术支持了，华为该怎么办？华为只能强推自主研发的华为鸿蒙系统。

在谷歌停止对华为技术支持的 3 个月后，2019 年 8 月，华为鸿蒙操作系统正式发布，英文名叫 Harmony OS，寓意和谐。

任正非表示："鸿蒙系统从七年前开发设计，是为了解决物联网的问题、解决将来人工智能对社会的贡献问题而设计的。如果要转移到智能手机上，需要一个过程。如果美国封锁不让谷歌提供安卓系统，才会在智能手机上使用鸿蒙系统。我们还是等待看美国政府是不是给谷歌支持，让谷歌更多为人类服务。"

华为鸿蒙具有全场景使用功能。在华为的战略中，全场景有一个关键词，叫"1+8+N"。1 是手机，8 是指 8 个品类的智能设备，包括 PC、平板、智慧屏、车机、耳机、音箱、手表、眼镜等。N 则是更广泛的物联网设备，包括移动互联网、自动驾驶、远程医疗、工业控制等各类场景。

可见，华为鸿蒙系统是面向众多设备的系统，而不仅仅面向手机。谷歌研发的安卓系统，主要使用于移动设备，如智能手机和平板电脑，在使用场景上少于华为鸿蒙系统。

说白了，华为鸿蒙系统兼容功能更加强大。华为鸿蒙系统不仅兼容了安卓所有的应用和web所有应用，也兼容各类硬件如手机、平板、电脑以及电视、汽车等各种终端产品。这正是安卓系统所欠缺的，也是鸿蒙系统的突破点。

任正非说："我们正在研发的操作系统（华为鸿蒙）能够与印刷电路板、交换机、路由器、智能手机以及数据中心等兼容。该系统的处理延迟小于5毫秒。它将完美地适应物联网，还能够应用于自动驾驶。我们构建这个系统，为的是能够同步连接所有对象。这就是我们走向智能社会的方式。"

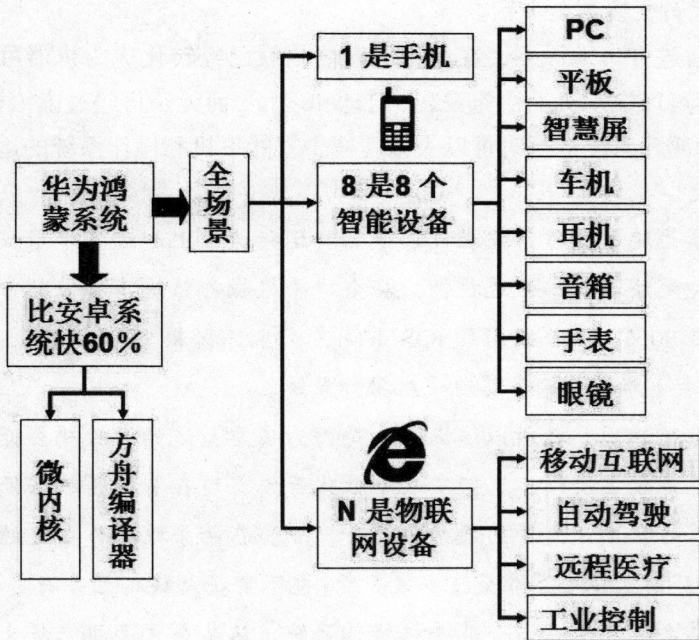

华为鸿蒙系统

鸿蒙快于安卓

在处理速度上，华为鸿蒙操作系统比谷歌的安卓系统要快60%。因为华为鸿蒙系统有两大核心技术：微内核和方舟编译器。

先说微内核。

要理解微内核，首先要明确什么是宏内核，宏内核是把所有系统服务都放到内核里，包括文件系统、设备驱动等。安卓系统就是宏内核。

微内核的核心思想是简化内核，使内核成为一个只提供最基础的系统服务的东西，其他统统都放在内核之外。比如内核中只保留多进程调度、多进程通信（IPC)等服务。其他系统服务例如文件系统、可移植操作系统接口服务等都放在了内核之外。华为鸿蒙系统采用的是微内核，所以运行速度更快。

再说方舟编译器。

安卓系统是使用 Java 语言写的，但 CPU 只能理解汇编指令，因此需要一个虚拟机来把 Java 高级语言转换成机器能懂的语言。但是，虚拟机的存在会导致程序运行变慢甚至卡顿。

华为通过方舟编译器，在应用下载之前就已经转化成为机器可以识别的代码，因而可以在手机上快速安装、启动和运行，而无须再经过虚拟机的编译。所以，华为鸿蒙系统运行时可以大幅度减少智能手机和操作系统的运行负担。

虽然华为鸿蒙操作系统在硬件兼容和运行速度上超过安卓系统，但是在用户量上却无法与安卓系统抗衡。在全球手机操作系统市场份额中，谷歌的安卓系统占 80%，苹果公司的 iOS 系统占 13%，微软公司的 Windows phone 占 3.6%，余下市场份额是其他手机操作系统。

安卓系统的用户之所以这么多，是因为安卓系统的源代码公开，无论是谁都可以免费拿去使用、进行二次个性化开发，现在智能手机必须要有操作系统，而恰好安卓是免费随便用。还有，一套新的手机操作系统的开发成本很高，很多厂商宁愿给谷歌交技术服务费,也不会花大钱自己去研发手机系统。因此，安卓系统可以独霸全球手机操作系统。从某个方面讲，华为鸿蒙操作系统要在用户量上超过安卓系统简直是一个新的万里长征。

华为持续研发，从 5G 到 6G

2019 年 9 月的一天，德国慕尼黑会展中心彩旗飘扬，人头攒动，华为正在举办新闻发布会，重磅发布了华为 2019 年的旗舰手机——Mate 30 系列智能手机。该系列的 5G 版本是华为全球首款第二代 5G 手机（华为第一代 5G 手机为华为 Mate 20）。至此，华为 5G 技术通过华为 5G 手机，真正进入商用阶段。

5G 商用：先网络后手机

华为率先研发，并在全球发布 5G 手机，已经把苹果手机甩开一段距离。华为 Mate 30 是一种 5G 手机，而苹果发布新手机 iPhone 11 仍然是 4G 手机。华为 Mate 30 系列手机搭载了华为自主研发的麒麟 990 系列芯片，使用了基于安卓的 EMUI 10 操作系统，还配备了超感光徕卡电影四摄和超曲面环幕屏。

华为第二代 5G 手机，将处理器和 5G 芯片合二为一，使芯片集成度大幅提升，功耗和发热大幅降低。这款 5G 手机可实现 2G、3G、4G、5G 全网通、5G+4G 双卡双待。这种"全网通 + 双卡双待"的 5G 手机完全符合中国人的"用机习惯"。这是苹果单卡 4G 手机无法做到的超级用户体验。

华为 Mate 30 系列智能手机，售价约为 5900 元人民币；iPhone 11 的售价约为 5300 元人民币。在售价上，华为 Mate 30 手机与苹果 iPhone 11 差不多，但是华为是 5G 手机，在网速与性能方面完全碾压苹果手机。苹果发布新手机 iPhone 11 系列后，市场反响度并不理想，销售数据也比以往还要差，因为除了硬件升级和摄像功能提升外，苹果手机并没有多少亮点吸引用户。在 5G 技术即将商用的时代，苹果仍然推出 4G 手机，就像当年摩托罗拉在 3G 时代还要推出 2G 手机一样，苹果在 5G 技术上显然已经落后于华为。

下面我们简单说一下，华为研究 5G 的过程。2009 年华为启动了 5G 研究，任正非将全球各地数学家、工程师集中起来进行 5G 编码技术的"攻坚克难"。2012 年，华为完成关键技术验证样机，2013 年任正非为 5G 投入 6 亿美元，2015 年华为拿出系统测试原型机。2015–2017 年华为参与 5G 第一阶段商用标准 R15 标准的制定，2018 年华为投入 50 亿元继续进行 5G 技术研发，研发 5G 商用产品。2019 年华为推出华为第二代 5G 手机，5G 商用变成了可能。

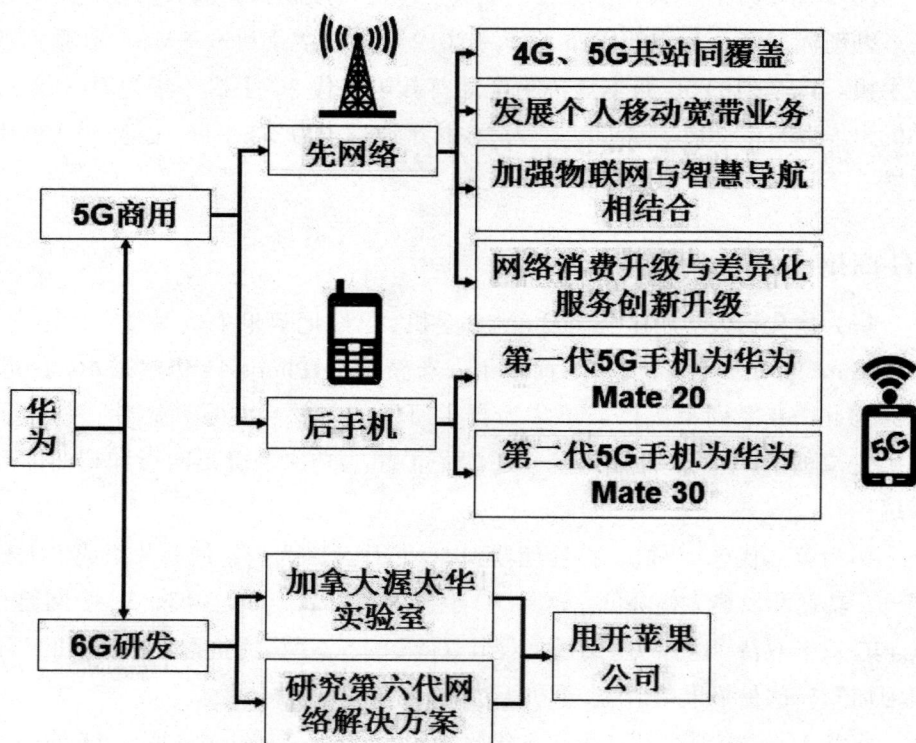

从 5G 到 6G

在 5G 商用方面，华为提出了四大主张：第一，在网络部署上采用 4G、5G 共站同覆盖解决方案；第二，在业务上优先发展个人移动宽带业务（MBB）；第三，在生态上从 4G 入手，加强物联网与智慧导航相结合；第四，在商业模式上实现网络消费升级与差异化服务创新升级。

现在，国内有不少民众已经更换使用华为 5G 手机，但是中国有很多地方还没有覆盖 5G 网络。为了解决这个问题，早在 2019 年 3 月华为就推出了基于独立组网（SA）的 5G 商用系统。这个 5G 商用系统，不仅有助于中国移动、中国电信、中国联通等国内运营商的 5G 网络建设，也有助于华为不断提升自己在全球通信设备制造市场的份额。华为先帮助运营商搭建 5G 网络，再推出 5G 手机，可谓是步步为营，稳操胜券。

6G 研发：足以甩开苹果

苹果公司在 5G 手机方面之所以落后于华为，是因为苹果与高通公司展开了一场专利大战。在 2017 年年初，苹果公司以高通公司收取不合理的高昂专利费用为由，将高通公司告上法庭，自此这场旷日持久的专利纠纷拉开序幕。苹果公司要告发的对象高通公司是全球最大的无线芯片制造商，其芯片几乎用于美国市场上的所有 5G 手机。

苹具公司与高通公司交恶之后，根本无法获得高通公司生产的 5G 芯片，所以在华为自主研发出 5G 芯片、推出 5G 手机华为 Mate 30 的时候，苹果 iPhone 11 还是 4G 手机。为了推出 5G 手机，苹果公司转而与英特尔公司展开了技术合作，希望采用英特尔公司的 5G 芯片技术。然而，对于即将到来的 5G 时代，英特尔公司居然宣布放弃了 5G 芯片技术的研发，这让苹果公司恐慌万状。如果没有掌握 5G 芯片技术，苹果手机在 5G 市场中将会十分被动，因为同样的售价苹果 4G 手机根本无法与华为 5G 手机抗衡。

为了尽快推出 5G 手机，苹果公司迫不及待地与高通公司握手言和，双方在 2019 年 4 月签订了一份为期六年的专利许可协议，高通公司对苹果进行 5G 芯片专利技术的授权，而苹果公司则需要向高通公司一次性支付大笔专利费用。经过这些波折，苹果公司估计在 2020 年才推出 5G 版本的 iPhone 手机。

正所谓"一步慢，步步慢"，就在苹果公司迟迟没有推出 5G 手机的时候，华为又开始研发 6G 手机了，2019 年 8 月，华为已经在加拿大渥太华实验室开始了研究其第六代网络解决方案，也就是 6G。看来在 5G 手机、6G 手机研发方面，苹果只能追着华为跑了。

从华为与苹果 5G 手机的发展史上，可以得出这样一个结论，硬件合作是多么的脆弱，唯有自主研发才能稳健胜出。有人或许会问，像苹果公司这样强大的科技公司为什么不自己研发5G芯片？因为苹果公司被"全球共享经济"所麻痹，才导致5G手机落后的结局。

在全球共享经济的大环境下，高通一直为苹果公司提供大量手机芯片，所以苹果始终把营销和营收放在第一位，放松了对手机芯片这一核心技术的研发。没想到，高通公司与苹果公司因为专利费问题突然交恶，双方对簿公堂。此时，苹果公司并非醒悟，还指望英特尔能代替高通来提供5G芯片，没想到英特尔也无心研发5G芯片。情急之下，苹果公司只能硬着头皮跑回来与高通继续合作。这回吃了哑巴亏的苹果公司终于醒悟了，开始在自主研发5G芯片方面加大了投入，投入了超过一千名工程师研发用于iPhone上的5G芯片。

苹果公司在与高通合作之后，一直没有自主研发5G芯片，从而将5G手机的命运拱手让人；相比之下，华为一边与高通合作，一边自主研发5G芯片，最终在5G手机上搭载了自主研发的麒麟990系列芯片，将公司的命运牢牢掌控在自己手里。

成长规划 7：
技术研究应从何处入手

研究关键核心技术

什么设备都有一个核心技术，要搞自主创新，需要集中力量在关键核心技术方面进行创新。如手机的零部件有很多个，但是任正非只研究手机的核心技术——华为麒麟芯片，一旦其他芯片公司断货，马上可以换上自己研发的芯片。

打造技术驱动公司

研发需要经费，没有经费支持很多研究都沦为空谈。如华为每年在研发方面的投入占公司营收 10% 左右，这样就有源源不断的资金投入到各项研发中去。

产品优于对手

研发产品要做到"人无我有，人有我优"。如华为研发的 5G 基站在抗干扰、安装方面都优于诺基亚的 5G 基站。

技术要设法商用

技术无法商用就无法变现，无法变现就无法再继续投入研究。如华为 5G 手机的商用过程就是，先帮助运营商铺设网络，然后才发布 5G 手机。

执行备胎计划

　　所有技术产品都要留有备胎计划，一旦合作伙伴变卦，也不会惊慌失措。如华为自主研发手机芯片华为麒麟芯片、手机操作系统华为鸿蒙系统，就是做好备胎计划，留有备份，自己的产品随时可以换上自己的零部件和系统。

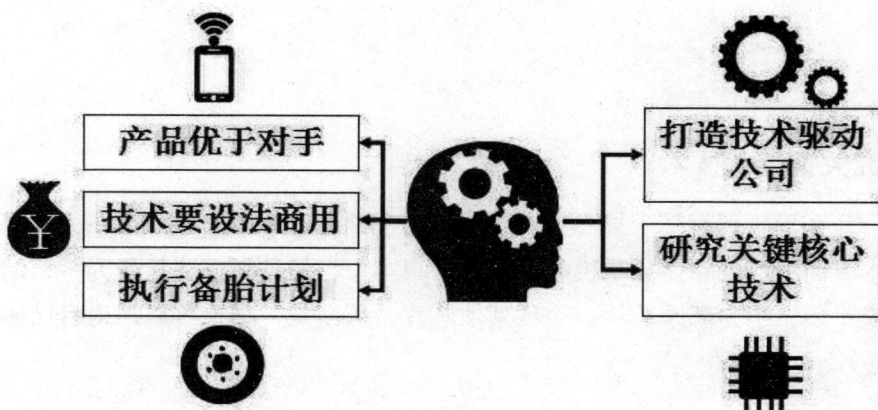

技术研究应从何处入手

第八章

营销哲学：要坚持有利润的增长、有现金流的利润

如果销售额 120 个亿，而货款回收只有 50 个亿，这样现金流会不会中断，我们还敢不敢再发展？如果再发展，当现金流一旦中断，我们公司会不会全军覆没？如果卖了 120 个亿收不回货款把我们拖得半死，还不如只卖七八十个亿。

——任正非

中国式的营销方案：买苹果手机免费送华为充电宝

2018年9月的一天，狮城新加坡秋高气爽，云淡风轻，一切似乎都风平浪静。然而，一场手机大战已经拉开了序幕。苹果公司在当月发布了新一代iPhone，并在新加坡各大专卖店销售。一时间，新加坡的"果粉"们蜂拥而来，在专卖店前排起长龙。有的年轻人站累了，干脆盘腿而坐，一边打游戏一边等待。

饥饿营销被撞一下腰

没过多久，就出现了一个戴着眼镜的斯文男，他穿着黑色T恤和牛仔裤，慢慢摸索着靠近果粉们。"果粉们"一开始十分害怕，以为这个斯文男是个小偷，大家都提高了警惕，有的抓紧钱包，有的把背包转翻到前胸去。没想到，这个斯文男居然做出让"果粉们"惊讶的举动，只见他拿出一堆华为的充电宝，说一声"免费送"就直接给"果粉们"递过去。

这回"果粉们"清楚地知道，在专卖店附近转悠的无数个斯文男原来是华为派来送东西的，顺便做点儿推广。当然，有免费送的东西，不要白不要。"果粉们"开始抢拿华为的充电宝，还引起了一阵骚动。只要是排队买苹果手机的，华为的营销人员就每个人免费送上华为的充电宝。

这就是任正非带领的华为团队，正在展开中国式营销活动，买苹果手机免费送华为充电宝，也就是所谓"傍大款先免费后收费"。据说这种营销方案让苹果公司CEO库克很恼火，但是也无可奈何，因为"果粉们"要排长队、要花几千元买新一代iPhone，而且苹果手机电池续航能力较弱，一两天就耗尽电量。当有人给"果粉们"免费送上华为充电宝时，他们的"魂魄似乎全被勾走了"。

苹果公司为了在全球发售新一代iPhone，大搞"饥饿营销"，有意调低产量，以调控供求关系，制造供不应求的"假象"，然后让用户先预定、再苦等、再排队、再抢购，"把用户折磨一轮"才让他们拿到期待已久的苹果手机。没想到，苹果的饥饿营销居然碰上了华为的中国式营销，他们发挥"狼群作战"，跟苹果公司打游击战。当苹果公司在某个专卖店发售新一代iPhone时，刚汇聚众多果粉，华为就派营销人员去发放有针对性的小礼品。这样，华为不仅不需用花大成本去"抠客"，还可以蹭苹果发布新机的社会热点达到良好的宣传效果。

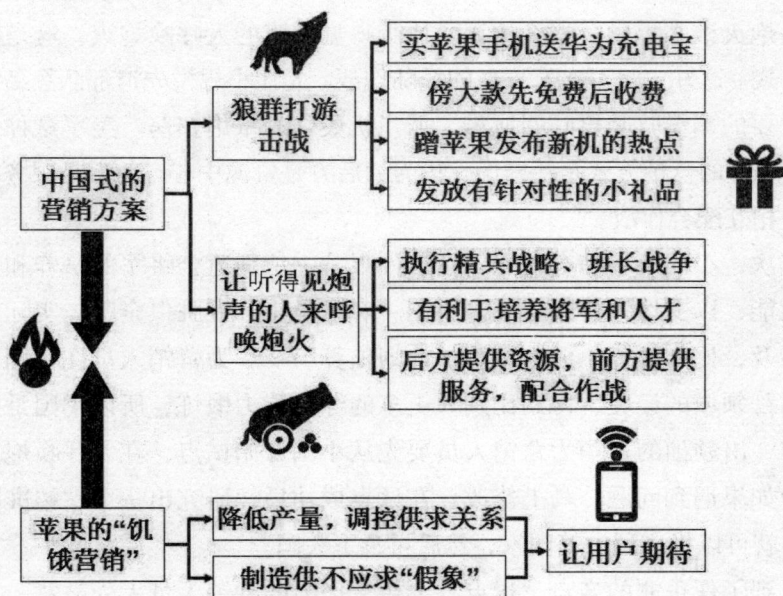

中国式的营销方案

让听得见炮声的人来呼唤炮火

其实，华为的营销策略不全是搞这种"不上台面""蹭热度送东西"的中国式营销，而是有自己的打法，那就是"让听得见炮声的人来呼唤炮火"。这种营销策略在北非地区（包括苏丹、埃及、利比亚、突尼斯、阿尔及利亚、摩洛哥6国）就得到了很好的应用。

2017 年，任正非要进军北非市场，可是华为的营销人员意见很大，因为北非的市场较小，产品卖不上价，可能是赔本的生意。不过，任正非撂下一句狠话：“小国就是可做可不做，想做就做，不想做就不做。”

华为的营销人员听后，都惧怕三分，得到军令之后，他们现在不想做也得做，因为不想做就要丢饭碗了。

随后，任正非跟他们谈如何做小国市场的营销。

首先，执行精兵战略和“班长的战争”，先派精兵小队去小国试探市场，让听得见炮声的人来呼唤炮火。小国要率先实行精兵战略，因为小国不可能屯兵，所有的炮弹、炮火都在后方供应，所以很容易实现呼唤炮火的流程，关键是炮火谁来提供，怎么核算。让听得见炮声的人呼唤炮火，这是美军的作战方式。这好比美军在塞班岛的登陆作战，先让小规模先遣部队登岛探路，发现重要的碉堡暗哨再呼叫航母，派飞机轰炸、重炮扫荡。美军这种作战方式，跟华为的营销方式是一样的。华为的后方是资源中心，前方是服务中心，前后方相互配合作战。

其次，小国市场综合性强，且条件艰苦，特别适合将军的培养和人才的循环赋能，以支撑大作战体系。小国“麻雀虽小，五脏俱全”，实际上什么都能涉及，比如预算、成本核算、计划核算……华为营销人员在小国作战，就有了跨领域的经验，得到比别人更多的综合能力锻炼，所以小国是很容易出英雄、出领袖的。华为营销人员要先从小国开始试点，在“呼唤炮火”的过程中如果遇到问题，马上修改。在试点成功后，研究出一个“精准打击”模式，就可以推广到中等国家，然后再拿下大国。

得到了任正非的亲自“指点”之后，华为的营销人员大受鼓舞，马上派出精兵小队去北非开展营销活动，结果成绩斐然。

2017 年，华为在埃及启动了北非开放实验室，与北非地区的产业联盟和合作伙伴共同应对行业数字化转型。2018 年 5 月，华为手机在埃及市场份额增至 14.8%，超越苹果手机位居第二（三星手机位居第一）。

随后，华为的营销战场由北非市场扩展到整个非洲大陆。2011 年第二季度华为在非洲市场的营收超过了西欧市场，第三季度超过了北美市场。现在，非洲已经成为全球第二大移动通信市场，移动用户数已超过 10 亿，仅次于亚太，这也是华为营销策略的“伟大胜利”。

苹果手机之所以火爆，那是"产品＋营销"的胜利，苹果手机有一个优点，就是敏感度极高，运行速度快，极易操作，既适合业务繁多的商业人士，也适合爱玩手机的年轻人群。再加上苹果公司玩得很溜的"饥饿营销"，总是少量供货，让市场供不应求，以打造"物以稀为贵"的局面，营造"千呼万唤始出来"的感觉。相比之下，任正非的营销策略却是因地制宜，针对不同的市场采用不同的打法。在成熟市场当华为直面苹果的竞争时，他们就采用中国式的营销方案，展开"免费礼品战"。而在远方小国市场，华为则采用"让听得见炮声的人来呼唤炮火"的方案，让前方小队"试探、练兵"，而后方总部配合做"全程援助、精准打击"。

当现金流一旦中断，我们公司会不会全军覆没

2019 年 3 月的一天，华为再次"刷屏"了朋友圈，因为他们公布了《华为 2018 年财报》。华为作为一家非上市的民营企业，为什么要向外界发布一份非常透明的财报？这引起了众人的好奇与关注。

一份透明的财报

先看财报公布了哪些内容。

首先，华为是有利润的。据财报显示，华为 2018 年销售额 7212 亿元，同比增长 19.5%，净利润达到了 593 亿人民币，同比增长了 25.1%。

其次，华为的财务风险仍可控。2018 年华为应收账款周转天数为 70 天，较 2017 年增加了 7 天，存货周期为 77 天，较 2017 年增加了 6 天，应付账款周转周期为 77 天，较 2017 年增加了 5 天，虽然都有所增加但都控制在较低水平上。

再次，华为有四大主要营收市场。欧洲、中东、非洲和美洲的增幅都超过了平均水平，这四个区域都是消费者业务的主要增长地。

最后，华为是 100% 的民营企业。财报还指出华为是一家独立的 100% 由员工持有股份的民营企业，没有任何政府部门以及其他第三方机构持有公司的股权，干涉公司经营与决策。

根据有关规定，上市公司必须披露定期报告，包括年度报告、中期报告、季度报告等。华为作为一家民营企业，根本不用像上市公司那样每年都要出年报以披露相关信息。但是，任正非还是公布了这样一份透明的年报，把华为的净利润、应收账款周转天数、主要营收市场、员工持有股情况全部说明了一遍。

这样做的目的是让更多的国家和人员认识华为，了解华为，不再认为华为的设备存在任何信息安全隐患。

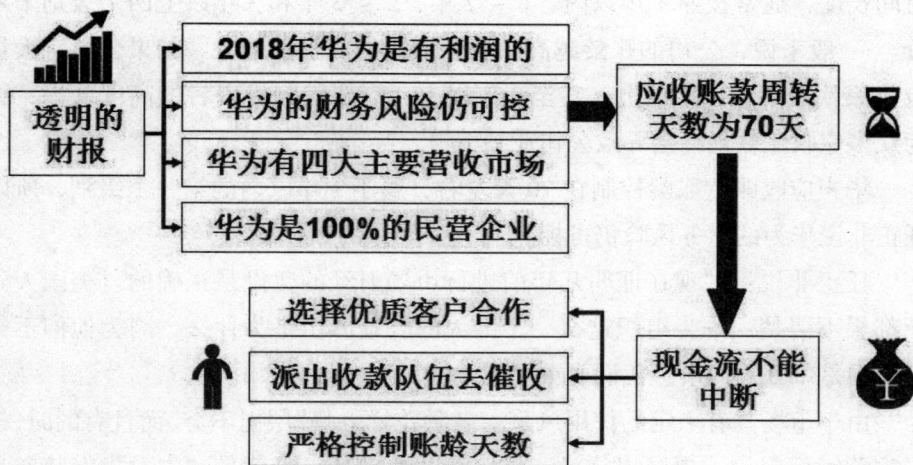

现金流不能中断

现金流不能中断

在年报中，任正非首先强调华为是有利润的，2018 年的净利润超过 500 亿人民币，也就是说华为可供支配的现金流超过 500 亿，不论是给 18 万员工发放工资福利、扩大生产规模，还是拿出 10% 左右的利润投入研发，建立海外研发机构，都是"绰绰有余"的。

在企业经营过程中，资金链断裂、现金流中断，是一件非常危险的事情。以两万多元起家、"整天思考失败"的任正非深谙现金流的重要作用。2000 年，任正非在《凤凰展翅再创辉煌》的讲话中说："去年销售额 120 个亿，而货款回收只有 50 个亿，这样现金流会不会中断，我们还敢不敢再发展？如果再发展，当现金流一旦中断，我们公司会不会全军覆没？如果卖了 120 个亿收不回货款把我们拖得半死，还不如只卖七八十个亿。"

2018 年华为应收账款周转天数为 70 天，也就是说卖出一批华为的设备，平均要过 2 个月的时间才能把钱拿回来，所以任正非组织了庞大的收款队伍，他们每天的任务就是收款。因为公司的应收账款拖得越久，现金流就会越少，一旦公司现金流枯竭，势必引发其他一系列的问题。

这里涉及一个应收账款账龄的问题，它是指公司尚未收回的应收账款的时间长度，通常按照 1 年以内、1 ~ 2 年、2 ~ 3 年和 3 年以上四个级别来划分。一般来说，公司的账龄越高，发生坏账的风险就越大。如果公司有大量应收账款账龄在 1 年以上，甚至 3 年以上，需要引起投资者的高度警惕，因为众多应收账款最终会导致公司业绩下滑，甚至破产。

华为应收账款账龄控制在 70 天左右，属于 1 年以内的第一个级别，所以任正非说华为的财务风险仍可控。

任正非说："现在证明几年前进行市场财经的建设是正确的。美国人到死都想不清楚，华为组织这么一个庞大的收款队伍是为什么，因为他们不知道中国是怎么一回事，我们要重视现金流。"

由于市场具有一定的信用风险，"各种花样老赖"层出不穷，而且有的时候，华为营销部门为了提高出货量，也搞起"赊销"，也就是"先发货安装产品客户满意后再付款"。这就要求华为要选择讲诚信、有支付能力的优质客户合作，一旦客户不能按约付款，只能派出收款队伍去催收，把应收账款账龄控制在一定天数以内。

华为（搞赊销）的应收账款账龄为 70 天，苹果（搞预定）的应收账款账龄为 17 天，微软（搞授权）的应收账款账龄为 52 天。可见，华为收账款账龄还是高于苹果和微软的。为了降低应收账款账龄、提高回款速度，华为主要采用了以下三招。

一是提高产品质量与服务质量，提升客户满意度，为快速回款打下基础。如果华为 5G 基站、5G 手机世界领先，具有话语权，完全可以要求客户"先付款后发货"，回款没有问题。二是开发优质客户，即加强对客户的资信调查。比如华为开发的全球各大运营商客户、各级政府电信部门用户，这些都是优质的客户，虽然付款会走一些流程、花一点时间，但最终的回款没有问题。三是组织庞大的财务收款队伍，通过收款队伍尽可能在合同约定的时间内回收货款。如果不能如期回收账款，也要知道如何处理吊账、坏账。

每个经营单元都要改善经营质量，踏踏实实稳步增长

"当兼职超过主业收入，你怎么选？"这个问题困扰着无数职场人士，也同样困扰着任正非。在 2018 年度财报中，大家看到华为有 500 多亿的利润、充沛的现金流，还有安全可控的财务风险，"前景一片大好"。不过，任正非却注意到这样的一个问题，消费者业务收入第一次超过运营商业务，原来认为"不务正业"的兼职——消费者业务，居然超过了华为的主业运营商业务的收入。这该咋整？

主营业务下滑

2019 年 3 月，华为公布了《华为 2018 年财报》，上面显示华为 2018 年销售额 7212 亿元，收入主要来源于华为四大业务群，包括消费者业务、运营商业务、企业业务和华为云业务。其中，运营商业务收入 2940 亿元，同比负增长 –1.3%；消费者业务收入 3489 亿元，同比增长了 45.1%；企业业务收入 744 亿元，同比增长了 23.8%，其他为云业务收入。

华为以主营业务运营商业务起家，现在消费者业务的营收居然超过了主业。任正非一直在强调，每个业务单元都要改善经营质量，踏踏实实稳步增长，现在运营商业务下滑，可能是经营质量出了问题。

任正非说："我们坚持改善经营质量，提高贡献利润。供应体系、监管体系也要贴近业务，帮助业务部门多产粮食和增加土壤肥力。华为公司每个经营单元都要改善经营质量，踏踏实实稳步增长。我们要坚持有利润的增长、有现金流的利润，如果利润很多，可以拿出一部分来作战略投入。"

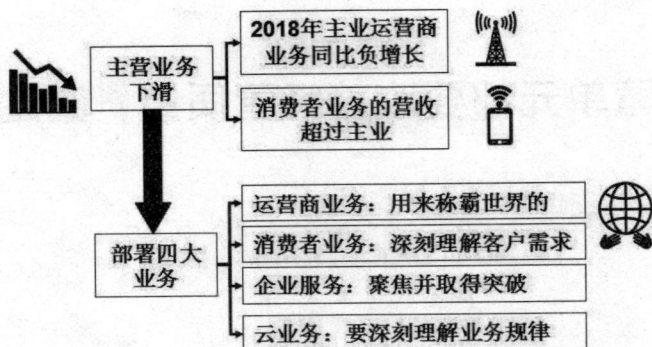

部署四大业务

部署四大业务

为了让华为四大业务稳步增长，平衡发展，任正非做出了重要部署。

首先，运营商业务是用来"称霸世界的"。在运营商业务方面，华为不断加大投入，研发 5G 基站、铺设 5G 网络，形成信号覆盖面积广、基站小型化、模块化、安装便捷、智能维护等优势。目前，华为已经和全球多家电信运营商签订 30 份合同，有 4000 多个 5G 基站已发往全球各地使用。在专利方面，华为已经拥有国际 5G 专利 2500 多项，占据国际 5G 专利 30% 的比例。

任正非说："不是哪个部门赚钱哪个部门就重要。华为最重要的是运营商业务部门（CNBG），这个部门最重要的是以技术称霸世界。"

其次，消费者业务要深刻理解客户需求。华为 2018 年手机销售量排名世界第二，国内手机市场占比第一，其中华为 P20 系列、华为 Mate 20 系列智能手机已经将人工智能和拍照技术完美结合。

任正非说："我们的目标要远大，就专心致志地盯着客户需求，不要总去对标别人，否则最后可能把自己的先进，也变成了落后。比如，手机哪些功能需求最典型？上网快、拍照效果好、音响好，其他功能可能是小众需求，小众指只有少数高端人的需要，高端人群也不一定是小众。我们要明白客户需求是什么，对于客户需求，只有一线的人最清楚，将来欢迎一批'二等兵'升到将领来。"

再次，企业服务要聚焦并取得突破。多年来，华为公司依靠其在人工智能、大数据、云计算等领域的技术实力，持续为政府、交通、能源、金融、制造等多个行业企业用户服务。

任正非说："我认为企业业务不需要追求立刻做大做强，还是要做扎实，赚到钱，谁活到最后，谁活得最好。华为在这个世界上并不是什么了不起的公司，其实就是我们坚持活下来，别人死了，我们就强大了。所以现在我还是认为不要盲目做大，盲目铺开，要聚焦在少量有价值的客户，少量有竞争力的产品上，在这几个点上形成突破。好比战争中我这个师是担任主攻任务，就是要炸开城墙，那么我打进城也就是前进四百米左右，这个师已经消耗得差不多了，接着后面还有两个师，然后就突进去了，从四百米突到一公里、两公里左右，接下来再进去三个师，攻城是这么攻的。所以我们在作战面上不需要展开的那么宽，还是要聚焦，取得突破。"

最后，云业务要深刻理解业务的规律。多年来，华为云致力于为企业和政府提供安全可靠、性能稳定、可持续发展的云服务（包括云计算、云存储等服务）。

任正非说："华为云是华为的根。不要去简单地抄袭外界云业务的表面做法，要深刻理解业务的规律，更要结合我们的实际。而且，华为云业务坚持不走重资产化的路。"

让华为四大业务获得稳步增长、平衡发展，关键还是做好战略投入资金的分配。至于如何分配战略投入资金，任正非表示，只有多产粮食的业务，才能获得更多投入。

任正非说："有代表处说目前做不到那么多利润，还希望增大投入，那你应该去和艰苦地区的兄弟们商量，让他们多赚点钱赞助给你，让你成为'拿破仑'，看看他们是否愿意？也有代表处说他们的流程变革做得很好，那为什么不产粮食？其实，变革的目的就是为了多产粮食。"

任正非提到的拿破仑，就是19世纪法国伟大的军事家、政治家，法兰西第一帝国的缔造者，不过他之所以走向失败，是因为他只会打战不会赚钱。1804年，35岁的拿破仑在称帝后，实施全民征兵制，使得战争规模庞大、史无前例，但是他在赚军费方面却差强人意，国内督政府的分裂和腐败，导致战争缺乏资金，他还要领兵跨国奔袭，到远方作战。相比之下，隔着大西洋的敌国英国却以源源不断的资金多次资助反法同盟，联合多国力量攻打势单力薄的法国，最后拿破仑屡战屡败。所以，任正非希望华为分布在世界各地的代表处，既要诞生会打仗的将才拿破仑，也要诞生会赚钱的鬼才，这样才会立于不败之地。

华为产品要集中解决用户痛点

一天晚上，在湿漉漉的浴室里，浑身是泡沫的帅哥突然听到女友的来电，可是手上沾满沐浴液，根本无法用湿手解锁。短短几分钟，手机那头的女友就气炸了，发短信过来，求分手，理由是感觉到没有安全感，要找男友的时候，他根本不接电话。感情破裂居然是手机的错！

谁能湿手解锁

周末时分，妈妈要加班，"奶爸"要自己带着孩子，由于"业务不熟"，搞得手忙脚乱，孩子"哇哇大哭"。"奶爸"黔驴技穷，想让孩子与妈妈视频通话，可是情急之下，打翻了水杯，把桌上的手机浸湿了，根本无法用湿手解锁。"妈妈不见了"，孩子也哭个不停……

室外雷雨交加，室内一个外卖小哥，全身都是汗水和雨水，正挤电梯上楼送外卖。眼看就要超过最后的送餐时间了，他想跟客户沟通一下表示歉意，但因为手湿根本无法给手机解锁。由于没有及时沟通，外卖小哥很快就收到了"退单通知"，半天的忙活全让该死的手机给搅黄了……

这就是华为在2018年推出的华为荣耀10GT的视频广告片《湿手也能解锁，生活不必紧张》。视频通过以上三个故事，把大部分手机不能湿手解锁这一痛点集中放大，然后强势推出华为荣耀10GT。因为华为荣耀10 GT的隐形指纹可瞬间湿手解锁，真正解决手机用户在特殊使用场景下的"尴尬与麻烦"。

现在，很多用户为了保护自己的"信息安全和隐私"都给手机上了指纹锁，于是指纹解锁成了智能手机最常用的解锁方式。不过，大部分手机不能湿手解锁，不论是手机湿了，还是手湿了，都无法通过指纹解锁，只有等上一段时间，等到手机和手指同时干了才能解锁！

这是为什么？因为现在智能手机主流的解锁方案是"电容式解锁"，它是利用指纹传感器与导电的皮下电解液形成电场，指纹的高低起伏会导致二者之间的压差出现不同的变化，这样就可以形成不同的指纹密码了。不过，当用户手指湿的时候，由于水滴、汗液等也具有导电性，就影响了感应的准确性，这时候形成的压差也就不能解开密码锁了。这就出现了像沐浴哥、奶爸、外卖小哥，在视频广告片中出现的尴尬场景。

为了解决湿手不能解锁问题，华为荣耀10GT采用了新一代的解锁技术，即超声波指纹解锁。它的指纹识别传感器发射出超声波，通过反射回来的波形判断指纹轮廓，所以能够穿透汗液和水滴，做到湿手也能瞬间解锁！

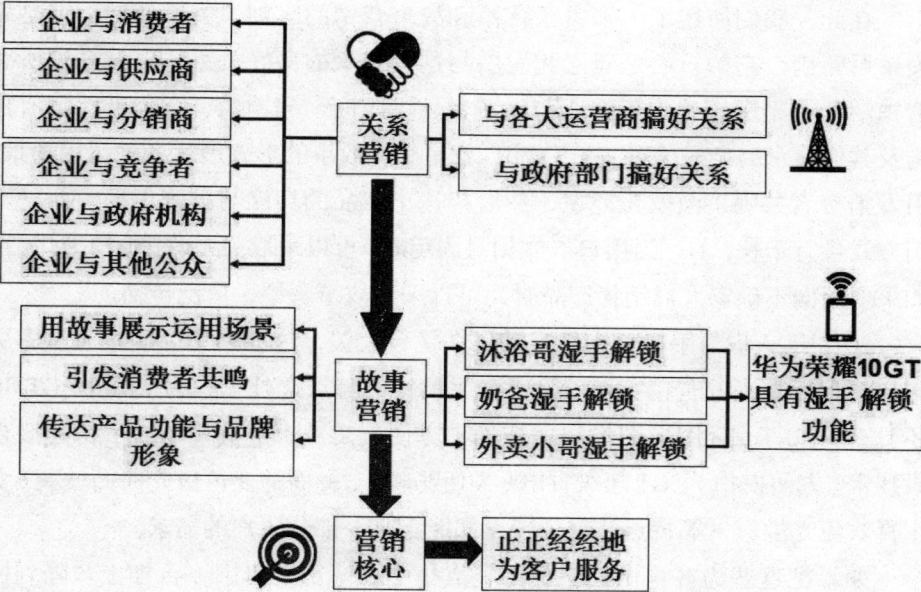

从关系营销到故事营销

华为通过不断的技术研发，制造出优秀品质的手机华为荣耀10GT，让普通的智能手机具备了AI功能，其中超声波指纹解锁（即隐形指纹解锁）成为用户最喜爱的功能之一。

从关系营销到故事营销

有了好的产品，还需要有一个好的营销方式。华为通过故事营销，以短视频的方式在朋友圈传播，与消费者进行深度沟通，引发消费者的情感共鸣，让用户感到还是华为荣耀 10 GT 智能手机的 AI 功能"更懂我"！

以前华为做运营商业务，主要搞"关系营销"，华为的业务员跑各大运营商、政府部门（电信部门、邮电局、科信部等），与其搞好关系、了解需求，并提供解决方案，数轮公关下来基本都会有订单。如今在自媒体时代，华为要做消费者业务，就要面向全国各地的消费者，通过科技研发，解决他们共同的痛点，通过故事营销，引发广泛共鸣，才能实现产品的快速传播。

在此，我们简述了一下关系营销和故事营销的区别。关系营销，就是先关系后营销，它的核心是建立和发展与这些公众的良好关系，也就是说所有营销活动都是围绕着构建企业与消费者、供应商、分销商、竞争者、政府机构及其他公众的良好关系。故事营销，就是采用故事的形式展示各种运用场景，引发消费者共鸣，激发正能量，然后传达出产品的功能与品牌形象。两种营销方式各有千秋，不过当用户群体相对固定时，可以采取关系营销，精准打击；如果要面向不确定人群销售产品时，可以采用故事营销，广泛传播。

2018 年，华为手机总销量突破了 2 亿台大关，这就是华为手机通过解决用户痛点所带来的营销突破。除了湿手解锁等亮点之外，华为荣耀 10 GT 8G 还具有 GPU Turbo 图形图像加速技术（方便玩游戏）、支持 AIS 手持超级夜景技术（方便夜拍）、GT 超级省电（方便畅聊）、背面的变色极光曲面玻璃（女生喜欢流光溢彩）等特点，每个特点都能满足一部分用户的需求。

如果把这些为客户做好服务的亮点集中在一部手机上，再加上"降到白菜价"的营销活动，还有引发广泛共鸣的"故事营销"，那么华为手机就成了市场上的"必抢爆品"。

对于华为的营销，任正非认为，其实也没有什么高深的方法论，只是"正正经经地为客户服务"。任正非说："我们认为还是要踏踏实实地为客户做好服务，这样我们就会赢得我们的成功。其实华为的成功很简单，没有什么复杂的道理，我们就是正正经经地为客户服务，我们眼睛就是看到客户口袋里面的钱。你能不能给我点钱？你能不能再给我点钱？你能不能多给我点钱？你看客户都不给我钱，就说明我们对客户不够好。所以我们真心为客户服务，客户就把口袋里面的钱掏出来给我们。"

多年来，任正非为了更好地为客户服务，搞起了关系营销、故事营销，而联想却搞起了"体育营销"。2004 年，联想集团在北京与国际奥委会签署合作协议，宣布其正式成为第六期国际奥委会全球合作伙伴，这是奥运历史上首次获此资格的中国企业。随后几年时间，联想一直走奥运营销之路，其品牌的知名度、美誉度、价值也不断提高。其实，华为也有钱搞"体育营销"，如从 2011 ～ 2015 年，华为先后赞助了 AC 米兰、阿森纳、多特蒙德、本菲卡等欧洲豪门球队，用以提升品牌的曝光率和知名度。目前，华为有四大业务，各类产品也很多，所以只能在不同的时期，根据不同的产品特点，制定不同的营销方式。

全球化营销："1+N"文化营销战略

一天清晨，阳光透过窗户照进欧洲音乐家庭的房间，有一位满头银发的爷爷坐在钢琴旁，陶醉地弹奏一曲音乐。女孩安娜被优美的琴声唤醒了，她跑到钢琴边驻足观看，于是爷爷开始教她练琴……

让梦想成为可能

时光就在悠扬的琴声中流淌，钢琴女孩安娜渐渐长大了，她开始梦想成为一位出色的钢琴家，要在"世界音乐之都"维也纳的金色音乐厅里演奏。她的梦想是否变成可能呢？

后来，安娜与家人离别，外出求学。为了继续鼓励她学习钢琴、永不放弃，爷爷想出了一个办法，送给她一部华为手机。当她给爷爷打电话时，爷爷就可以亲自演奏给她听。

在学习音乐的过程中，钢琴女孩安娜克服了种种困难，包括记不了曲谱被老师责骂，勤工俭学做餐厅服务员，谈恋爱也不忘练琴等。经过十几年不断地练琴，安娜经受住了人生的考验，当她成功地迈进维也纳音乐厅演奏并大获成功，实现了当初的梦想时，爷爷却去世了……

这是 2016 年华为海外宣传片《Dream It Possible（梦想成为可能）》所描述的故事。它是华为联手好莱坞影视制作公司 Wondros 共同打造的"励志短片"，生动讲述了钢琴女孩安娜从 5 岁到 20 岁追梦的温情故事。

正所谓"异曲同工"，华为走向全球化之路也是一个不断追求梦想的过程，正如《Dream It Possible》歌词所描述的那样：我奔跑，我攀爬，我会飞翔。永不言败。跳出我的皮肤，拨弄琴弦。哦，我相信。往昔，逝去的光阴不会决定现在。所以我们梦想，直到变成真，看到满天星光……

1997 年，华为在俄罗斯成立了一个合资公司，开始进行全球化初步探索，在实现"第一单 38 美元"的突破后，开始"大规模走出去"。20 多年过去了，如今华为除了深圳总部之外，在海外有 15 个研发中心、45 个培训中心、20 多个能力及共享中心，业务遍及 100 多个国家。如果任正非当初没有全球化的梦想，就不可能有这样的成绩。

华为虽然是以科技驱动的商业公司，但在营销上还是更愿意从消费者的内心出发，为消费者提供真正喜欢的产品和服务，并通过恰当的温情故事诠释品牌。面对全球不同的地区和文化、面对不同的肤色与民族，音乐是最好的表达方式，因为音乐是一种通用的语言。

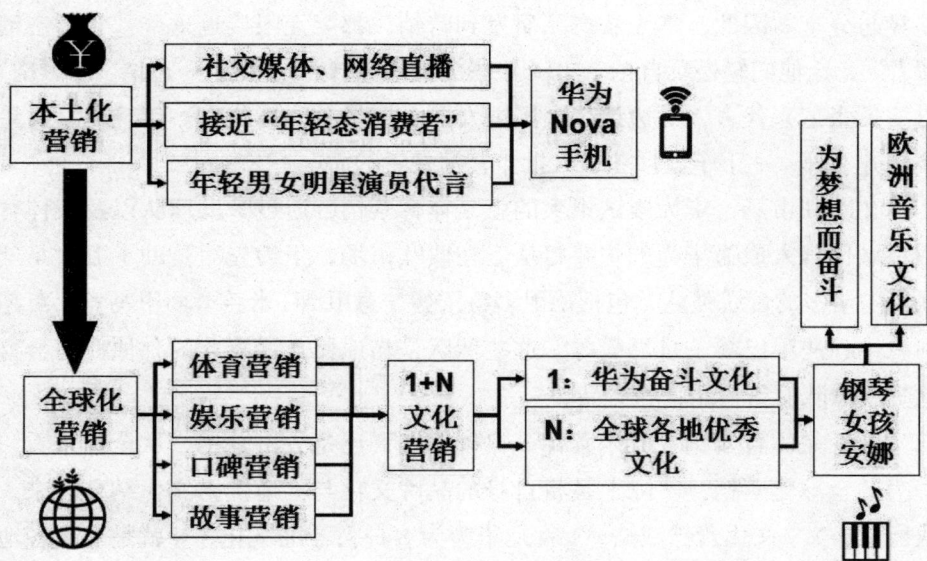

全球化营销

因此华为决定通过音乐宣传品牌的亲和力，影片对追梦者钢琴安娜鼓励与支持，融入了家庭支持、亲人关爱、音乐学习等温情因素，让华为品牌和产品走近消费者的内心世界，与他们进行精神层面的交流，潜移默化地传达华为的品牌形象，华为就是支持这种奋斗文化。

在"柔美的音乐"中，华为慢慢拉近与消费者的距离，华为手机伴随着钢琴女孩安娜十几年的成长，同样也能伴随全球用户的成长。通过这个励志而又正能量的温情故事，很多外国朋友了解了华为的品牌形象，了解了华为的产品性能。

从本土化到全球化

世界上共有 200 多个国家和地区，不同的地域文化、种族肤色和发展历史造就了不同的消费文化，因此华为的品牌形象塑造和全球化营销，都要考虑不同地区的"特殊性"。

在中国本土市场，由于互联网的高速发展，社交媒体、网络直播风起云涌。新一代年轻人成为主力消费人群，他们的消费心理和消费习惯不断追求个性、差异与分享。因此，华为从产品研发到营销，都要无限接近这些"年轻态消费者"，让他们轻松玩自拍。2016 年华为推出的 Nova 手机，一边请"小鲜肉"男演员张艺兴代言，一边请"国民闺女"女演员关晓彤代言，年轻男女明星演员齐上阵，一下子就俘获了大批年轻消费者的心。

在欧洲市场，华为屡试不爽的就是体育营销，通过赞助球队以及找体育明星做代言人成为华为的主要打法。在西欧市场，华为先后赞助了五大足球联赛中诸多的传统强队，包括德甲多特蒙德、意甲 AC 米兰、西甲马竞、英超阿森纳、法甲巴黎圣日耳曼等，这些球队是当地民众最喜欢的，他们也会喜欢赞助球队的华为品牌和产品。

不论是体育营销、娱乐营销、口碑营销，还是故事营销，从全球来看，华为的全球化营销，实际上是将自身的品牌文化与本地优秀文化结合起来，执行"1+N"文化营销战略，1 就是华为为客户奋斗的文化，N 就是全球各地优秀的本地文化，如足球文化、音乐文化等。

华为对奋斗的理解是："为客户创造价值的任何微小活动，以及在劳动的准备过程中，为充实提高自己而做的努力，均叫奋斗，否则，再苦再累也不叫奋斗。企业的目的十分明确，是使自己具有竞争力，能赢得客户的信任，在市场上能存活下来。"

在华为海外宣传片《Dream It Possible（梦想成为可能）》中，钢琴女孩安娜为自己的梦想而奋斗，为音乐世家的声誉而奋斗，要在维也纳音乐厅演奏，要为公众提供音乐享受，这吻合华为的奋斗文化，再加上当地浓郁的音乐文化，奋斗文化＋音乐文化，就成了一个很好的营销案例。

　　企业失败的原因很多，营销战略失败也是屡见不鲜。如"共享宝马"盛极而衰，就是营销战略失败所致。2017年，辽宁沈阳出现了首批全新蓝色的共享宝马车。宣传上是这么说的，用户只要交付999元的押金，每公里资费1.5元，每天200元封顶无须自己加油，听起来好像用户只要花点小钱就可以开宝马了。不过，有些用户担心共享宝马出事故了，最终谁会负责？是共享宝马的司机，还是共享宝马的提供商？共享宝马的运营公司还没有来得及解决用户的疑问，自己就经营不下去了，因为宝马汽车出现故障之后维修费高昂，收取那点微薄的租车费用，根本不够交维修费。不久，共享宝马公司就宣布解散了！

　　共享宝马的营销战略没有考虑到维修成本，所以很快失败了。华为搞的全球化文化营销，是在华为的文化和产品都十分成熟的条件下才做的营销，如果产品刚上市，身上的毛病也不少，华为是不敢花大价钱向外面推广的。

成长规划 8：
怎么销售一个产品

借势营销

在信息时代，人们可以通过顺势、造势、借势等方式，达到低成本销售产品的目的。例如华为营销团队借助苹果公司发布新机的"势头"，免费给"果粉们"送华为充电宝，当他们觉得好用时，他们会进行复购。

不要赊销

先发货再收款的赊销模式，虽然可以增加发货量，但是也增加应收账款的风险，一旦收不回钱就会影响现金流。如华为2018年销售额高达7000多亿元，他们能把应收账款的周转天数控制在70天左右，已经很厉害了，因为有些搞赊销的企业没有一年半载别想收回钱。

解决痛点

销售之前要做好产品，产品要真正能解决用户的痛点问题，才能引发用户共鸣，才有助于销售与回款。如2018年华为推出的华为荣耀10GT，增加了隐形指纹解锁功能，就是要解决用户手湿不能解锁的问题。

故事营销

可以通过一些励志、温情、正能量的故事，拉近产品与消费者的距离，并获得广泛传播。如2016年华为制作的海外宣传片《Dream It Possible（梦想成为可能）》就是讲述一个钢琴女孩成长的励志故事。

为客户做好服务

不论是在产品销售之前、之中，还是之后，都要为客户做好服务。任正非认为，营销没有什么高深的方法论，只要是"正正经经地为客户服务"，客户就会把口袋里面的钱掏出来给我们。

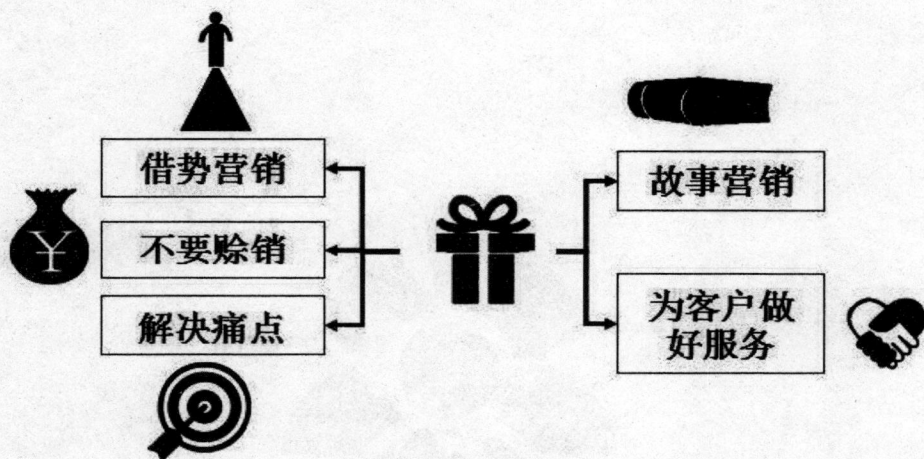

怎么销售一个产品

第九章

客户哲学：客户是唯一给我们钱的人，要服务好他们

我认为华为所有的哲学就是以客户为中心，就是为客户创造价值。

——任正非

把电路板当奖金发给员工

　　有一年，华为的交换机刚出货不久，任正非就紧急召开大会。很多员工还以为"老板"要开会表扬他们，给他们发奖金呢。没想到，当他们如约到达会场之后，却发现是另一番景象。当时，桌面上摆放着很多拆得七零八落的华为交换机的电路板，任正非望着员工们。很快，员工们也感到"莫名其妙"，为什么桌面上会出现这么多电路板……

飞过去为客户排查故障

　　就在大家面面相觑、议论纷纷的时候，任正非开始说道："这些电路板都是客户退回来的，现在东西卖不出去，没有钱发奖金，我只好把电路板当奖金发给你们。"一时间，员工们都低头不说话，整个会场鸦雀无声。

　　"我们的电路板出现了故障，客户给退回来，我们就要解决到底。"任正非做出了指示。

　　随后，任正非组织了一支华为的质量管理团队，给每人发机票，然后飞到客户那里给客户解决产品质量问题。华为的质量管理团队到了客户那里，根本来不及休息，马上把出现故障的交换机电路板集中起来进行排查。他们从电源故障、端口故障、模块故障、背板故障、配置不当、外部因素等多个方面找原因，找解决办法，对于那些问题电路板一个个地进行修复或者更换。

　　几天之内，华为团队快速、精准地排除了电路板的故障，为客户解决了问题，维系好了客户关系。不久，华为又获得了该客户的新订单。任正非说："以顾客为导向是公司的基本方针，为了满足用户的要求，我们还会做出我们更大的努力。"

　　还有一次，华为荣耀手机在运输过程中，运输车辆突然发生轮胎起火，导致集装箱内部分手机受到烟熏、高温炙烤等影响。华为马上派人对集装箱内所有手机重新进行检测，以保证发到客户手中的手机全部是合格的优良品。

当时检测出来的不良率仅有 1.4%，良品率达到 98.6%。集装箱里有 1.4%的不良手机，该如何处置？其实，这些不良手机还可以正常使用，只要降低售价还是可以卖出去的，只是有些手机有可能用过一两年后会出现问题。

"全部换掉！"任正非做出指示。

随后，华为果断地将价值 2000 万元、整个集装箱的手机全部销毁，不留质量安全隐患，真正做到为客户负责，为消费者负责。

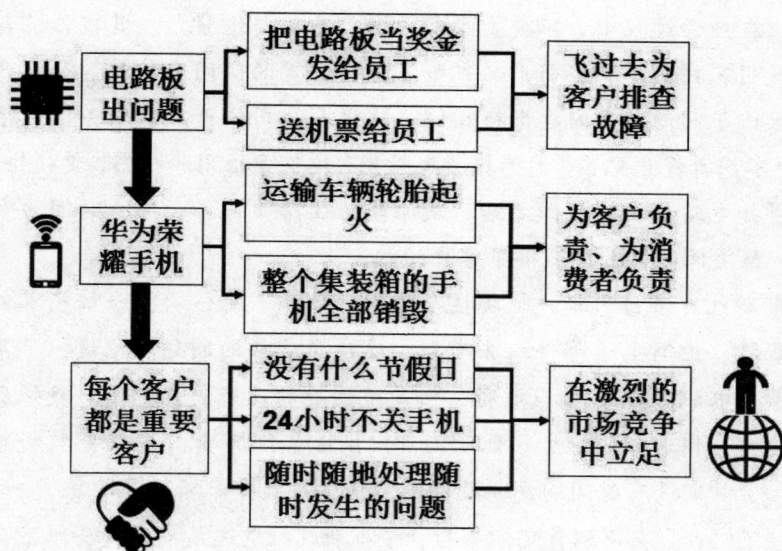

每个客户都是重要客户

每个客户都是重要客户

只有虔诚地对待客户，为客户创造价值，急客户之所急，想客户之所想，华为才能获得源源不断的订单。任正非说："多年来，公司高层管理团队夜以继日地工作，有许多高级干部几乎没有什么节假日，24 小时不能关手机，随时随地都在处理随时发生的问题。现在，更因为全球化后的时差问题，总是夜里开会。我们没有国际大公司积累了几十年的市场地位、人脉和品牌，没有什么可以依赖，只有比别人更多一点奋斗，只有在别人喝咖啡和休闲的时间努力工作，只有更虔诚地对待客户，否则我们怎么能拿到订单？"

华为具有四大业务，包括运营商业务、消费者业务、企业服务、云业务，每个业务针对的客户群体都不同。总体来说，华为的用户包括国内外各大电信运营商、国内外政府部门、全球各行业企业用户和广大消费者。任正非一直认为华为一直在成长，并没有成功，所以每个客户都是VIP。任正非说："对于创业者来说，更应该把每个客户都当作重要客户来对待。只有这样，企业才能在激烈的市场竞争中立足，才会有更长远的发展。"

企业在经营过程中，不要害怕客户的"责难与退货"。其实，"责难与退货"说明客户还是对公司产品或服务保持一定的认同和信赖。如果产品在客户那里出了问题，客户也懒得反馈，这说明公司的产品和服务已经很糟糕了，客户不愿再提意见了。因为提了也没用，他们索性用脚投票，更换供应商。任正非得知电路板出现故障之后，就派华为团队飞过去，第一时间为客户排查故障、解决问题，最终赢得了客户的心。

乔布斯也有亲自为客户解决技术难题的故事。有一次，一位艺术创作者名叫安基特，他写电子邮件给乔布斯，反映了这样的问题。他说："苹果推出新的苹果电脑iMac，相当漂亮，但是镜面屏的反光太严重了。我强烈建议苹果向客户提供选择的机会，让他们可以挑选其他屏幕。"安基特料想乔布斯这么忙，肯定没有时间回复，没想到，过了几天乔布斯还是回复了一句话："你试过了吗？"在得到肯定回答后，乔布斯就抽空邀请安基特去跟他会面，详谈关于改进苹果电脑iMac的问题。乔布斯提出了采用防炫光的屏幕贴膜或者换雾面防眩光屏幕的解决方案，这让安基特感到很满意。

不论是苹果联合创始人乔布斯还是华为创始人任正非，他们都知道，客户的事不是小事，只要虔诚地对待客户，倾听客户的意见，为客户排忧解难，就能获得改进自我、升华自我的机会。正所谓"良药苦口利于病，忠言逆耳利于行"。

用优良的服务去争取客户的信任，才能创造资源

1999 年的一天，50 多岁的任正非，看着库房里摆放着越来越多自主研发的设备，心中激动不已，华为从代理到研发，"从小到大、从无到有"走过布满荆棘之路。这些自主研发的设备包括用于安装电话分机的 C&C08 数字程控交换机，可以对接光纤将通话信号传输 60 公里的光端机，可以上网也可以收发短信的 2G 移动电话系统等。

进军四川市场

这么多自主研发产品，到底要卖给谁？任正非出生于贵州，在深圳创办了华为，他决定到自己家乡贵州的邻省四川去试水，因为在自己的家乡打胜仗也不算什么本事。正所谓"蜀道之难，难于上青天"，如果能在四川市场打开局面，就可以将成功的模式很快复制到全国。

1999 年，在任正非的带领下，华为业务团队进军四川市场，在重点城市寻找目标客户。当时，上海贝尔公司在四川的市场份额是 90%，占据绝对的垄断地位。他们在数字程控交换系统、移动通信、数据通信、接入网和多媒体终端等领域也有很强的竞争能力。

面对垄断的市场和强大的竞争对手，有一些人"愁容满面"开始打退堂鼓，"还是回农村市场算了"。因为在 1995 年，华为销售额达 15 亿人民币，主要来自中国农村市场。

"铁军是打出来的，胜则举杯相庆，败则拼死相救！"任正非展示了雷厉风行的军人作风。

面对困难，任正非毫不退缩，他计划将四川的农村市场与城市市场一并拿下，于是制订了一项秘密计划：免费布网服务，为客户免费布设接入网（包括线路设备和传输设施）。

一开始，很多客户对华为并不信任，但是面对其他企业提出的高昂设备采购费、安装费，免费的诱惑实在难以抵挡。于是，四川很多政府电信部门和大企业开始悄悄更换成了华为的"免费设备"。

为了做好保密措施，防止竞争对手突然反击，任正非要求安装人员在半夜或凌晨去给客户安装，这样做既不影响客户白天正常上班，也让竞争对手"无迹可寻"。

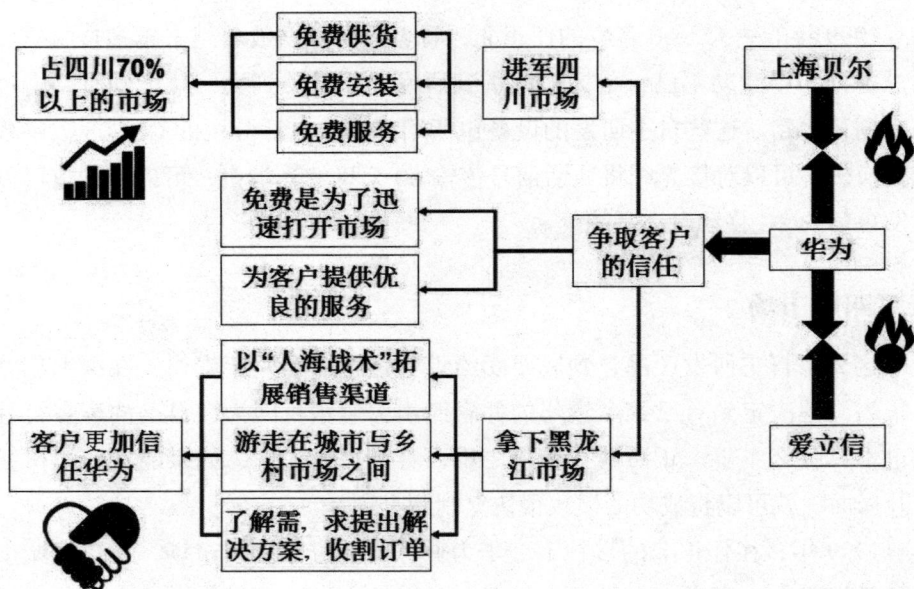

用优良的服务去争取客户的信任

由于任正非的保密工作做得非常到位，直到华为彻底完成大部分的接入网布设，上海贝尔公司才发现原先自己的市场份额已经被一家来自深圳的华为公司给蚕食了，想要反击已经没有机会了，因为客户那里到处都是华为免费的通信设备。就这样，华为用为客户免费供货、免费安装、免费服务的打法迅速抢占了四川 70% 以上的市场份额。

免费是为了迅速打开市场，而华为始终如一地为客户提供优良的服务才能获得客户的信任。任正非说："我们只有用优良的服务去争取客户的信任，才能创造资源，这种信任的力量是无穷的，是我们取之不尽、用之不竭的源泉。因此，服务贯穿于我们公司及个人生命的始终。"

接下来的时间，客户经过一段时间的免费使用和服务，开始慢慢信任华为产品，当他们要升级、维修、更换设备的时候，华为的营收就上来了。

拿下黑龙江市场

不久，任正非挥师北上，进军黑龙江市场，在那里遇到了更加强大的竞争对手爱立信。1876 年，爱立信成立于瑞典，早期生产电话机、程控交换机，发展到今天已经成为全球最大的移动通信设备商，业务遍布全球100 多个国家和地区。他们好比来自北欧的"北极狐"，聪明、敏锐，善于打全球市场。

不过，爱立信对中国黑龙江市场并不重视，他们认为在"白山黑水"经济相对落后的地方，客户没有什么购买能力，于是就只安排了三四名业务员负责。得知这个消息后，任正非决定以"人海战术"在渠道网络拓展方面彻底碾压爱立信。

当时，任正非派出了 200 多名业务骨干常年驻守黑龙江。他们游走在城市与乡村市场之间，不断地拜访客户、了解需求、提出解决方案、收割订单。不久后，华为几乎包揽了黑龙江省每个县的电信局本地网改造项目，而爱立信根本派不出这么多业务员到下面"走动与渗透"，他们平时只能在哈尔滨市、齐齐哈尔市、佳木斯市等大城市"公关"。

最后，爱立信的业务员发现，他们在黑龙江恐怕是待不下去了，因为不论是黑龙江的农村市场、县域市场，还是城市市场都被华为占领了。显然，越来越多的客户更加信任华为，更加喜欢跟华为人打交道，因为他们人更多，服务更好，更到位。

以免费打开市场，以服务获得信任，这就是任正非摸索出来的在中国城市的打法，这跟农村市场拼价格、拼性价比有所不同。接下来，华为团队如法炮制，用免费试用、服务全包的策略高歌猛进、陆续拿下全国其他城市市场，一举打退众多的竞争对手，发展成为领先的信息与通信技术（ICT）解决方案供应商。1999 年，华为员工达到 15000 人，销售额首次突破百亿，达 120 亿元，主要来自中国农村市场和各级城市市场。

马云在卸任阿里 CEO 演讲时大声疾呼"因为信任，所以简单"。马云说："我在想，是什么东西让我们有了今天，让马云有了今天，我没有理由成功，阿里和淘宝没有理由成功，我们居然走了这么多年，依旧对未来充满理想，其实这是一种信任。在所有人不相信这个世界、不相信未来的时候，我们选择了相信，我们选择了信任，选择了十年之后的中国更好，选择相信同事做得更好，相信中国年轻人比我们更好。"

　　信任有两层含义，一是自己相信自己可以做得更好；二是因为自己服务好所以客户信任我们。这就是为什么现在有数亿人信任支付宝，并且心甘情愿地把财富交给支付宝进行手机支付、资产管理，这就是一种信任。马云当年研发支付宝也是免费下载，免费使用，然后以优质的手机支付服务获得用户信任。华为通过免费打开市场，让用户有使用华为产品的机会，然后通过优质的服务（如 24 小时不能关手机，随时随地都在处理随时发生的问题）获得客户信任，最终获得了长期的合作与订单。

以客户为中心，只要你诚信就可以活下去

2001 年的一天，深南大道上的深圳五洲宾馆张灯结彩，宾客如织。这时，华为创始人任正非正在组织召开华为第一次海外出征誓师大会，并提出了一个悲壮的口号："青山处处埋忠骨，何须马革裹尸还。"

任正非说："我们连马革也没有，但为了身份的证明，我们需要在世界市场的成功。我们在完全不了解世界的情况下，要勇于踏入茫茫的'五洲四洋'，尽管非洲还在战乱中，但也要坚持下去……"

真诚与外国客户交流

悲壮豪迈的演讲结束后，台下 1000 多名"出征将士"挥别亲人，挥别同事，被大巴车拉到机场，登上飞机，"雄赳赳、气昂昂"奔赴海外市场。华为队伍风驰电掣，势不可挡，就像当年"志愿军跨过鸭绿江"一样。

很快，这 1000 人就被"空运"到海外市场，包括俄罗斯、非洲、亚太、中东、拉美、北美、欧洲和东太平洋等地方。他们在海外地区纷纷设立办事处，根据不同市场的特点，积极开发客户线和产品线。

在海外，华为的客户主要是外国人，所以华为规定这些"出征的将士"不允许跟太多的中方人员接触。有的华为人英语不太好，为了让他们迅速锻炼英语口语能力，华为规定他们不能跟中国人居住在一块儿，一定要多跟外国客户交流，不能只待在中国使馆里写报告，而是要多走出去跟客户去介绍华为产品的性能与优势。

在这里，我们讲一个华为员工随队出征海外的故事。当年，22 岁的甘颖昆刚加盟华为不久，在华为实习五个月后，他主动要求去非洲开展业务。于是，他就随着 1000 多名"出征将士"一起出征，自己来到非洲中西部的喀麦隆。这里的官方语言是法语、英语，于是甘颖昆一边学习当地语言，一边拓展客户。

三个月后，他又被调到中非共和国办事处做代表。当时的中非正处于战乱，街上随时都会有流弹和爆炸。白天，甘颖昆冒着生命危险出去跟客户介绍华为产品；晚上他只能睡在地板上而不能睡到床上，因为要防止流弹飞进来打中自己。

虽然华为在中非共和国首都班吉的市中心租了一栋最安全的办公场所，但是街上暴徒的子弹仍然从窗户打了进来，把所有玻璃都打碎了。

可见，当时在海外做业务的压力有多大，不仅有营收的压力，而且还有生存的压力。但是，他们历经万难坚持了下来，坚持为客户提供服务，为当地改进他们的通信设备和通信网络。

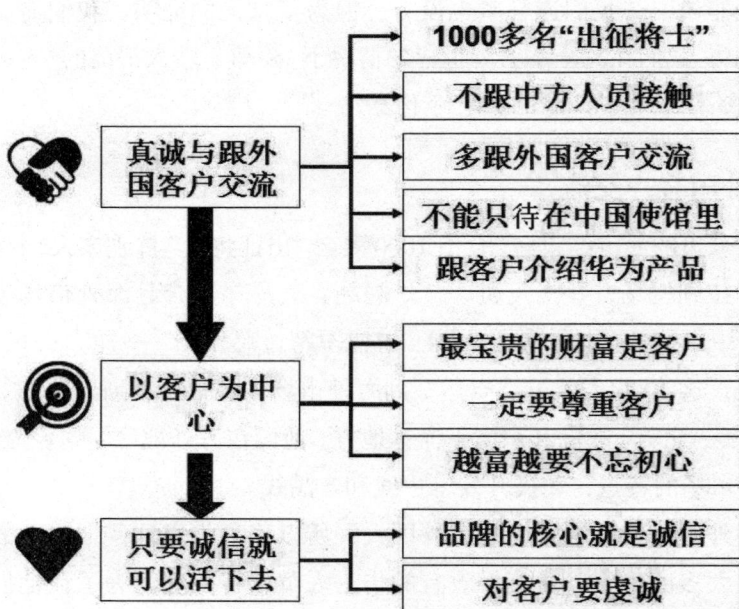

```
真诚与跟外          1000多名"出征将士"
国客户交流          不跟中方人员接触
                    多跟外国客户交流
                    不能只待在中国使馆里
                    跟客户介绍华为产品

以客户为中          最宝贵的财富是客户
心                  一定要尊重客户
                    越富越要不忘初心

只要诚信就          品牌的核心就是诚信
可以活下去          对客户要虔诚
```

只要诚信就可以活下去

只要诚信就可以活下去

有一年，美国联合航空公司（简称美联航）在一架班机上"对乘客动粗"，让世人震惊。当时，由于航空公司超额预售机票，导致4名机组人员无法登机，又没有乘客愿意放弃座位，于是航空公司随机从电脑里挑选了4名乘客，要求他们放弃登机。其中有一位华裔医生，但是他表示无法配合这样的调动，结果被美联航的工作人员连拖带拽的"拔出"座位、"拉出"了舱门。

鉴于这件事，任正非召开一个战略预备队的座谈会，强烈抨击华为一些主管"不以客户为中心，而是以领导为中心"。任正非说："美联航不以客户为中心，而以员工为中心，导致他们对客户这样恶劣的经营作风。华为会不会是下一个美联航？我们认为最宝贵的财富是客户，一定要尊重客户。我们以客户为中心的文化，要坚持下去，越富越要不忘初心。"

如今在全球范围之内，使用华为手机的用户已经超过了4亿人。这些用户就是华为最宝贵的财富，因为这些用户可以影响身边更多的人消费华为产品，有了更多用户和消费，华为就有更多的营收、更多的粮食。

多年来，华为代表处的客户经理负责开发客户线是参战部队，产品经理负责开发产品线是支持部队。任正非对这两支部队提出了"粘住客户"的要求。任正非说："产品经理与客户经理的主责，要与客户有黏性，没有这种热情及成功渴望的人，不能担任主官。华为每个代表处都要明确'如何以客户为中心'，干部、专家要考核与客户交流的数量与质量。考核是全流程，从机会、获得、交付、服务……"缺失这个热情的要改正，以后的考核要量化、要公开。

"公司机关既然不愿意好好为客户服务，为什么机关要建立这么庞大的机构。每年管理者的末位淘汰比为10%，但淘汰不是辞退，他可以进入战略预备队重新去竞争其他岗位。通过淘汰主官，将压力传递下去。在这个时代，每个人都要进步，时代不会保护任何人。不要认为华为公司是五彩光环，我们已处于风口浪尖，未来将走向何方？没人知道。因此，我们各项工作都要导向多产粮食、增加土地肥力。"

对客户服务最关键就是履行合约、诚信交付。任正非说："中国实体经济最紧要的就是一句话：诚信。对客户要虔诚。如果中小企业还提什么商道、模式，那就错了。品牌的根本核心就是诚信、真诚。只要你诚信，你就可以活下去。我们的经验说到底，就是一个诚信。"

任正非派出了1000余名"出征将士"奔赴海外开拓市场，与客户面对面交流，就是一种"真诚"。在服务中，华为人提出解决方案、研发功能产品、履行合约、诚信交付，就是一种诚信。"靠各种巧技"都不能长久营生，企业要诚信经营才能获得订单，才能活下去。李嘉诚也是靠诚信而获得了"订单"。

李嘉诚刚创业的时候，主要生产制作塑料花。有一天，一位外商找到了李嘉诚，说要谈一笔大订单。不过，对方提出了两个条件：一是需要有一家实力强大的公司做担保，二是要实地考察李嘉诚的工厂。李嘉诚看着自己简陋的厂房和陈旧的设备，一时犯难了。这时，有人说："不如先租用一间大工厂装装门面。"李嘉诚反对说："绝不能糊弄别人。"

李嘉诚连夜赶出了9款样品，每3款一组：一组花朵，一组水果，一组草木，外商看后爱不释手。随后，李嘉诚把外商请到了工厂里参观，如实说明了工厂的生产条件。李嘉诚真诚地说："对不起，先生，我的工厂太小，没有公司愿意为我做担保！"外商笑着说："你的诚信，就是最好的担保。"就这样，李嘉诚拿到了外商的"塑料花大单"，赚到了第一桶金。

客户是衣食父母，沟通了解需求，分步满足需求

一天，一架飞机缓缓降落在新疆乌鲁木齐地窝堡国际机场，任正非拉着行李箱独自一人从机舱里走出来。这次，任正非出差新疆办事，顺便要去视察一下华为新疆办事处。当时，华为新疆办事处的主任刚走马上任没多久，对任正非并不是很了解。在任正非来之前，有人曾经给他打了声招呼，他就"明白怎么做了"。

多付钱买东西的叫优质客户

当天，新疆办事处主任破天荒地租了一辆加长版林肯商务车开去机场，要亲自迎接任正非。这个主任认为只有这部豪华高端、具有美式风范的皇家座驾，才能配得上任正非这个掌控着万亿帝国的商业领袖。

没想到，任正非一看到来接他的车是加长版林肯商务车，就大发雷霆。任正非指着新疆办事处主任责骂起来："你们这样做，简直浪费，太浪费，这真的是纯属浪费！而且为什么你还要亲自过来迎接？"

新疆办事处主任听"老板"任正非这么说，知道自己"犯错误了"，只好低头挨训。

任正非接着说："你应该待的地方是客户的办公室，不是跑来在机场陪我坐在车里浪费时间。客户才是你真正的衣食父母，你应该把自己的时间用心地放在客户身上。"

"是的，我明白了……"新疆办事处主任知道应该怎么做了。

当天，新疆办事处主任就把加长版林肯商务车给退了，然后陪同任正非一路轻车简行，前去各大客户那里"聊天喝咖啡"，考察市场。

在考察中任正非发现，虽然新疆的通信网络不如沿海城市那么发达，但是也不能轻易放弃，只要这里的客户能付款买需要的东西，那么华为新疆办事处就要一直坚持下去。

至于，谁才是华为的客户？任正非说："每个区域都很重要，但对客户要有所选择。并非有需求就是客户，有需求但是不付钱，怎么能叫客户呢？付款买需要的东西，还能赚到钱，这才叫客户；付多钱买东西的叫优质客户。我们对客户的认识要做适当改变。世界那么大，我们不能什么市场都做，如果为了服务几个低价值客户，把优质客户的价格都拉下来了，那就不值得了。"

自从华为实现 5G 技术领先之后，为了多产粮食、扩大营收，华为在开发国内客户的同时，也加紧开发海外客户。

华为在 5G 技术处于领先地位，让美国认为"国家安全"受到了威胁。于是，美国联合澳大利亚、新西兰、加拿大等国封锁华为通信产品，英国也加入了"封锁华为产品的阵营"。

2018 年 12 月，英国最大的移动电信运营商英国电信集团（BT）宣布，不再使用中国通信设备商华为的 4G 和 5G 通信设备，转而与爱立信合作。

没想到，在转用爱立信的通信设备之后，英国的网络就"瘫痪"了，有数百万用户无法正常上网。这时，英国第二大移动电信运营商 O2 公司"抢先行动"宣布与华为合作，这让英国最大的移动电信运营商英国电信集团"如芒在背"。

英国运营商 O2 公司在 2018 年 12 月就与华为签署了合同，2019 年 1 月在伦敦 200 多个地方开始对华为的 5G 设备进行测试。这是英国首次部署华为 5G 设备。

此前，华为相继与葡萄牙、芬兰、印度签署了 5G 合同，再加上与英国达成 5G 合作，华为已经获得 20 多个 5G 订单。美国联合多国想要封锁华为产品的图谋也因此"土崩瓦解"。

对于一些先是中止与华为合作，又反过来寻求合作的客户，任正非也是"来者不拒"，因为"能多付钱买东西的都叫优质客户"。

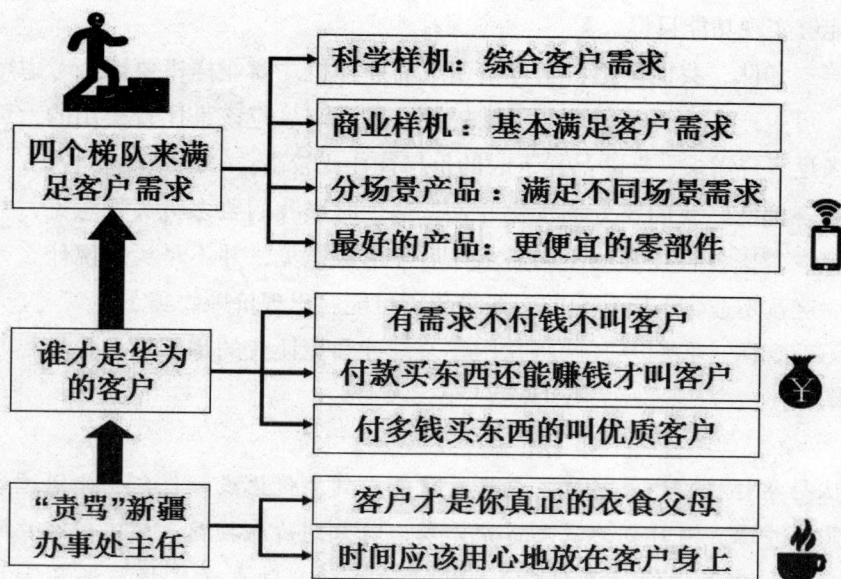

四个梯队来满足客户需求

四个梯队来满足客户需求

在 5G 技术领域，华为不仅要开发欧洲大国客户，还要开发亚非拉小国客户。任正非说："如果能放弃第一个小国，我们就会放弃第二个小国，又可以放弃第三个小国……就会把全世界小国都放弃掉。'防线'就往后退，退到哪里呢？退到中国。在中国可以退掉西藏、云南、贵州，再退掉新疆、青海……那就剩北京、上海了。北京、上海最赚钱，但能守得住吗？别人一围，我们就死掉了。所以为了活下去，每个'阵地'对公司来说都很重要。"

有时候，有些客户的需求太碎片化，有时候华为刚满足了客户这个需求，客户又产生出另外一个新需求，让华为的工程师束手无策。这时候，任正非用四个梯队来满足客户需求，而不是让客户牵着鼻子走。

任正非表示，客户需求是一个哲学问题，而不是与客户沟通的问题，不是客户提到的就是需求。

第一梯队，我们要瞄准综合后的客户需求理解，做出科学样机。科学样机可能是理想化的，它用的零件可能非常昂贵，它的设计可能非常尖端，但是它能够实现功能目标。

第二梯队，我们要把科学样机变成商业样机。商业样机要综合考虑可实用性、可生产性、可交付性、可维护性，这个产品应该是比较实用的，可以基本满足客户需求，新产品投入时的价格往往比较高。

第三梯队，我们要分场景化开发。这个时候我们要多听买方意见，并且要综合性考虑各种场景的不同需求以后才形成意见，并不是买方说什么就是意见。这就是适合不同客户的多场景化，可能就出现价廉物美了。

第四梯队，我们要开始研究用容差设计和更便宜的零部件，做出最好的产品来。

从科学样机、商业样机、分场景化开发到廉价化设计，任正非通过这四个梯队有步骤、有计划地满足客户需求，既做到价廉物美，又实现客户的功能目标。联想高性能计算机群（HPC）的成功秘诀也是发掘与满足客户的真正需求。在2018年国际高性能计算机大会（ISC）上，联想以117套高性能计算系统拿下榜首。在航天领域，联想HPC为"神舟十一号"载人航天发射任务提供强大的技术保障；在科研领域，联想携手北大搭建了中国首个45℃温水水冷的超算中心；在能源领域，联想为国家海洋局搭建一套高效的海洋环境监测预警高性能平台。客户是衣食父母，只有科学有序地满足客户需求，客户才会买单。

行业领先，客户选择华为云

2019 年 9 月，天空中飞来一朵红色"云"。这朵云，正是华为云，它被誉为"智能世界"的黑土地，正帮助无数客户快速成长。在当月召开的 2019 全连接大会上，世界 500 强企业、瑞士 ABB 集团宣布与华为展开战略合作，他们基于华为云服务不断推进中国工业数字化的进程。

你需要一块"黑土地"

ABB 是电力和自动化技术领域的领导企业，多年来 ABB 致力于帮助电力、工业、交通和基础设施等领域客户提高业绩，同时降低对环境的影响。在会上，ABB 集团首席数字官乔瑞表示："ABB 致力于满足各行业客户在数字化转型中的需求，并为中国客户提供更加便捷的服务。中国是 ABB 全球第二大市场，与华为合作使我们能在中国市场上进一步拓展工业数字化解决方案。"

可见，越来越多行业领先客户正在寻求与华为云展开合作的机会，因为华为云可以为他们提供效率更高、成本更低、更安全的云服务及数字化解决方案。

这些客户为什么选择与华为合作，任正非说："绝大部分客户的需求通常表现为实惠的价格、过硬的质量、及时完善的服务水平，客户通常都是以这三点为标准选择合作对象。"

2011 年，华为云成立，它隶属于华为公司，同时在北京、深圳、南京等多地设立有研发和运营机构，专注于云计算中公有云领域的技术研究与生态拓展，目标是成为中国最大的公有云服务与解决方案供应商。2017 年 3 月，华为还专门成立了华为云业务单元，目标是全球市场。

华为云如同"智能世界"里的黑土地，始终坚持开放、合作、共赢的云生态，为客户发展、为万物成长提供良好的环境。很多客户要想进入中国市场，都需要一块"黑土地"，进行耕耘、播种、浇水与收获。如同 ABB 要想推动中国企业走向数字化，不可能自己招兵买马，组建研发团队研发各种各样的云设施，华为云为其提供的云存储、云计算等服务正好解决他们"一系列的网络配套问题"。

"黑土地"，是任正非在 2017 年描述华为未来的使命与愿景时提出来的"新概念"。任正非说："我们实质上是通过聚焦信息和通信技术（ICT）基础设施和智能终端，提供一块信息化、自动化、智能化的'黑土地'，在这块'黑土地'上，可以种玉米、大豆、高粱、花生、土豆……可以让各个伙伴的内容、应用、云在上面生长，以形成共同的力量面向客户。"

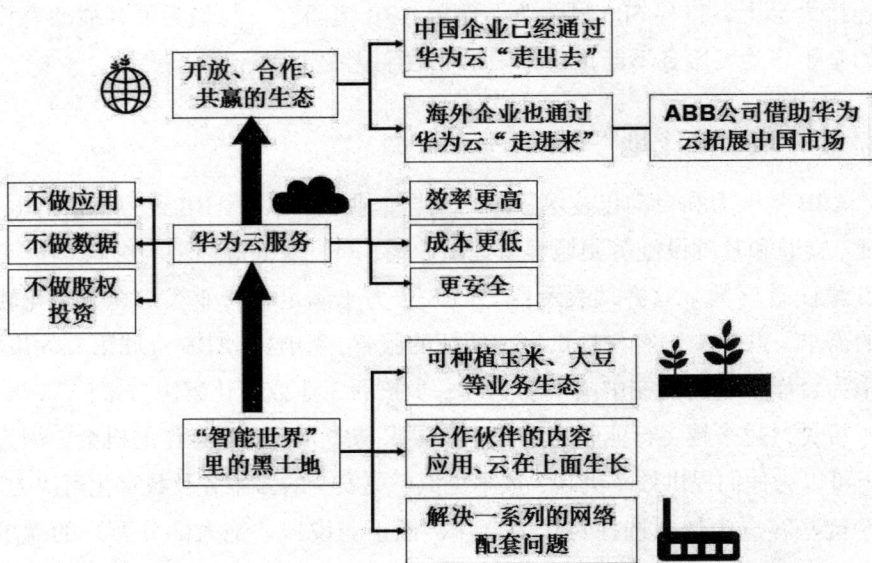

开放、合作、共赢的华为云生态

开放、合作、共赢

为了做成开放、合作、共赢的云生态，华为云曾经提出了"三不"理念。第一，华为云不做应用。华为云还是老老实实地提供基础服务。第二，华为云不做数据。数据是企业的生命线，华为云守护企业数据安全但不"觊觎"数据。第三，华为云不做股权投资。华为云还是专注做好基础服务，服务好客户，不做资本运作。

如今，华为在全球20多个地区为1000多家用户提供安全可靠的云服务，在国内与华为云合作的行业包括互联网、点播直播、视频监控、基因、汽车制造等，与华为云合作的用户包括新浪、网易、秒拍、华大基因、金域医学、未来组、诺禾致源等。在国外，华为给德国电信、法国电信等公有云提供产品和技术支持，同时华为云在俄罗斯、泰国、南非、新加坡等地区也开放相关服务。

很多中国企业已经通过华为云"走出去"，很多海外企业也通过华为云"走进来"。全球数字化智能世界，正因为华为云的加入而变得"五彩缤纷"。

任正非说："数字世界更有想象空间，可以有技术、内容和服务，可以是我们直接提供的，也可以是我们使用的。更多的技术、内容和服务，可以围绕客户的需求和体验全面地展开。也许我们会种一棵'高粱'，但万物的生长是千万个伙伴形成的。"

在闪电交加的"云战争"中，国外市场，被亚马逊AWS、微软Azure、阿里云、谷歌云、IBM"五朵云"所覆盖；国内市场，被阿里云、腾讯云、亚马逊AWS、中国电信天翼云、金山云"五朵云"所笼罩。华为云这朵"红云"要想胜出，也需要进行一时段时间的艰苦奋斗，虔诚地为客户服务，不断提高云服务水平，同时降低客户的运营成本。华为曾经提出要打造"一云两翼双引擎"的战略，"一云"是指华为云，两翼是指华为的智能计算业务和智能数据与存储业务，双引擎则是指华为围绕"鲲鹏"与"升腾"打造的两个基础芯片族。华为这一系列动作，一方面为了提高华为产品的性能与运算速度，另一方面则要降低各类云服务的价格，以提高市场竞争优势。

成长规划 9:
怎样服务好客户

为客户排忧解难

快速响应并解决客户质量异议，为客户排忧解难，才有更多进步的机会。如任正非把电路板当奖金发给员工，就是要他们牢记每个客户都是重要客户、谁搞出来问题谁就去解决。

争取客户的信任

从陌生到熟悉，再到信任，需要一个过程，只有提供优质服务才能加速客户对你的信任。如任正非在进军四川、黑龙江市场时，摸索出在中国城市市场的打法，那就是以免费打开市场，以服务获得信任。

科学分步满足客户需求

客户也是人，而人的需求是千变万化的。所以，任正非通过这四个梯队，从科学样机、商业样机、分场景化开发到廉价化设计，有步骤、有计划地满足客户需求。

诚信服务

对客户要虔诚、服务要真诚，才会赢得客户的"投票与钞票"。如任正非通过誓师大会，派 1000 多名"出征将士"奔赴海外市场，要求他们要多走出去跟外国客户直接交流，而不是待在大使馆里写报告。

为客户降低成本

为客户创造价值，为客户降低成本，让客户赚得更多，那么客户将会把你当成"座上宾"。华为云为越来越多的客户提供更高效率、更低成本、更安全的云服务，所以他们愿意与华为云共同创建"开放、合作、共生"的云生态。

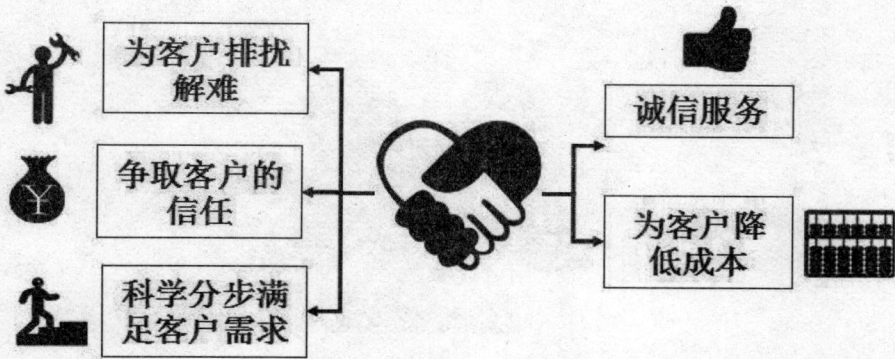

怎样服务好客户

第十章

竞合哲学: 由于产品价格相对较低, 西方公司很难与我们竞争

由于产品价格相对较低,西方公司很难与我们竞争。我们在这一点上已经进行了深刻反思。我们已经提高了售价,现在很多人觉得华为贵了。

——任正非

领导者的风范就是开放、妥协、灰度

在全球 5G 争霸战中，从市场占有率方面，华为第一，爱立信第二，诺基亚第三。华为通过中国广大的市场、长期的研发投资获得了巨额回报，而爱立信与诺基亚也将奋起直追。2018 年是诺基亚"重回霸主"的一年，虽然他们的"手机业务已经成为历史"，但是他们又想在"5G 通信设备上扳回一局"。

诺基亚合作抢夺中国市场

2018 年，中国三大运营商，中国移动、中国联通和中国电信建设 5G 通信基站，他们"如鬼使神差般不约而同"地与诺基亚签署了 5G 框架合作协议，5G 订单总价值约 240 亿元人民币。为什么中国的运营商要"舍近求远"，放弃与国内的华为合作，而要与远在芬兰的诺基亚合作。

下面我们来分析其中的原因。

首先，诺基亚提供差异化服务。根据签订的协议内容，诺基亚将为中国移动提供专业 5G 技术和技能；帮助中国联通在全国范围内部署 5G，提升网速和提高用户量；对于电信则是部署 4G LTE 增加热点的容量。可见，诺基亚根据中国三大运营商不同的需求，提供差异化服务，不论是完善 4G 网络，部署 5G 网络，还是提高用户量，都能玩得转。

其次，低成本升级 5G 网络。中国三大运营商在选择合作伙伴时需要考虑很多因素，包括技术、设备、价格、资源和政策等很多方面。从 2G 到 4G 网络时代，中国运营商的核心基础设施基本上是由诺基亚搭建，而这次从 4G 升级到 5G 诺基亚可以在原有基础上进行低成本改进。如果让华为重新来做，可能会增加不少投入，在"经济下行"的压力下，中国运营商不得不"精打细算"。

再次，虽然华为 5G 技术领先，但诺基亚的渠道"根深蒂固"。华为研究出的 5G 基站 + 微波技术处于世界领先的地位，并且他们的 5G 网络重点部署到欧洲的市场，因为中国 5G 网络还没有大规模商用，而欧洲市场已经"遍地开花"。目前，华为主要出售 5G 技术，而诺基亚为了争夺更多的市场份额，重回霸主地位，不会出售核心技术，而是做全套基础服务，以通信基础业务和先进技术研发及授权为主。在合作中，国内三大运营商不需要对技术进行联合分场景化的开发和研究，就直接可以应用。况且，诺基亚成立于1865年，拥有150多的历史，在全球仍有很强的营销渠道，而华为成立于1987年，仅有30多年历史，"还需长期艰苦奋斗"。

最后，在全球5G争夺战中，是不可能一家独大的，只有"此消彼长"的竞争。如华为攻克欧洲市场，而诺基亚杀入中国市场，这是开放性的全球化经济使然。目前全球大概有60个国家要铺设5G网络，而华为已经和全球50多个国家地区保持了合作，拿下了20多个5G大合同，占全球近一半的5G订单。正如欧洲市场开放包容了华为一样，中国市场也开放包容了诺基亚、爱立信等厂商。

此外，在5G市场竞争中，"不甘落后"的美国通过其在西方世界的影响力扩散对中国设备的安全疑虑情绪，这使得诺基亚和爱立信生产的通信设备吸引力增强。美国一系列"打压华为"的行动，也间接帮助了诺基亚的发展。

管理竞争：开放、妥协、灰度

面对越来越复杂的全球化市场竞争，任正非认为企业间的竞争，说穿了就是管理竞争，只有有效地提高管理效率，才是企业的唯一出路。

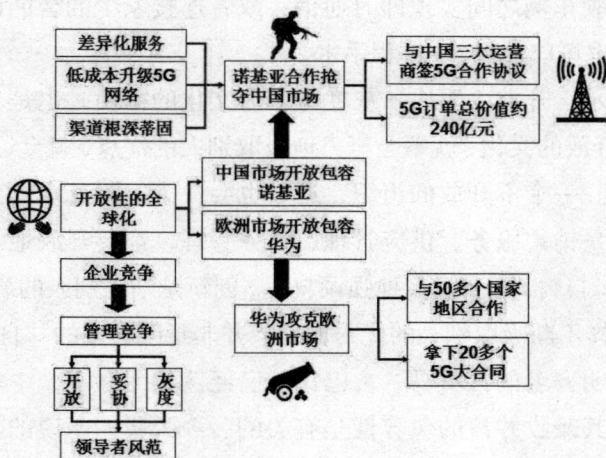

管理竞争：开放、妥协、灰度

任正非说："客户的本能就是选择质量好、服务好、价格低的产品。而这个世界又存在众多的竞争对手。我们质量不好，服务不好，就不讨论了，必是死亡一条路；如果质量好，服务好，但成本比别人高，我们可以忍受以同样的价格卖一段时间，但不能持久。因为长期消耗会使我们消耗殆尽，'肝硬化'了，如何前进？在互联网时代，技术进步比较容易，而管理进步比较难。难就难在管理的变革，触及的都是人的利益。因此企业间的竞争，说穿了就是管理竞争。如果对方是持续不断的管理进步，而我们不改进的话，就必定衰亡了。我们要想在竞争中保持活力，就要在管理上改进。"

为了改进管理，降低经营成本，提高产品的竞争能力，任正非表示，首先要去除不必要的重复劳动，在监控有效的情况下，缩短流程，减少审批环节；要严格地确定流程责任制，充分调动中下层必须承担责任，在职权范围内正确及时决策；把不能承担责任，不敢承担责任的干部，调整到操作岗位上去；把明哲保身或技能不足的干部从管理岗位上换下来；要去除论资排辈，把责任心、能力、品德以及人际沟通能力、团队组织协调能力，作为选拔干部的导向。

在与诺基亚的竞争中，华为要保持"领导者的风范"。诺基亚曾经是手机业务的霸主，现在又想在通信业务上再登霸主地位，华为需要学习他们身上的优点。例如，诺基亚5G技术的应用已经从先进制造业到医疗保健等行业，可以使自动驾驶车辆之间实现即时通信，或者连接家中的智能设备，医生和患者相距千里也可以进行5G远程手术。

任正非表示，开放、妥协、灰度是华为文化的精髓，也是一个领导者的风范。一个不开放的文化，就不会努力地吸取别人的优点，就会逐渐被边缘化，是没有出路的。一个不开放的组织，迟早也会成为一潭死水的。我们无论在产品开发，还是销售服务、供应管理、财务管理，都要开放地学习别人的好东西，不要故步自封，不要过多地强调自我。创新是站在别人的肩膀上前进的，同时像海绵一样不断吸取别人的优秀成果，并非封闭起来的"自主创新"。

与中华文明齐名的古罗马、古巴比伦已经荡然无存了，中华文化之所以活到今天，与其兼收并蓄的包容性是有关的。今天我们所说的中华文化，早已不是原教旨的孔孟文化了，几千年来已被人们不断诠释，早已近代化、现代化了。中华文化也是开放的文化，我们不能自己封闭它。向一切优秀的人学习，应该是华为文化的一个特色。华为开放就能永存，不开放就会昙花一现。

我们在前进的路上，随着时间、空间的变化，必要的妥协是重要的。没有宽容，就没有妥协；没有妥协，就没有灰度；不能依据不同的时间、空间，掌握一定的灰度，就难有合理的、审时度势的正确决策。开放、妥协的关键是如何掌握好灰度。

在一次采访中，任正非表示，华为5G设备要比诺基亚、爱立信贵很多，因为华为提供的价值更多。有很多国家使用华为的5G，因为华为提供的是最先进、最有实际价值的。当然也有一些国家坚持不用华为的5G设备，如美国、日本、澳大利亚等明确禁止华为参与本国5G建设，而选择与爱立信、诺基亚合作。面对这些市场竞争、这些"联合封锁"问题，华为始终保持领导者的风范，以开放的心态与对手展开自由竞争。当竞争对手处于强势地位时，华为可以适当地妥协、灰度；当华为的技术处于领先地位、多拿订单时，华为也不需要别人的吹捧。优胜劣汰是市场竞争的法则，谁也怪不了谁。

5G 技术要一次买断永久使用

2019 年 5 月，原本风平浪静的美国又一次被要求进入"紧急状态"。美国总统特朗普签署行政令，以"科技网络安全"为由，要求美国进入"紧急状态"，禁止美国公司购买"外国敌人"生产的电信设备、技术。

爱立信"不战而胜"

随后，美国商务部把华为列入"实体清单"，剥夺华为在美国的贸易机会，既不让华为在美国采购原材料，也不让华为在美国销售产品。在中美贸易战中，为了"扭转乾坤"，美方多次利用"国家力量"抹黑和打压特定中国企业，这次依然如此，因为美国害怕中国的 5G 技术领先世界。

为什么美国在 4G 时代全面领先，而在 5G 时代却"落后于人"呢？原来，5G 网码采用两种不同频段进行部署，一种是毫米波，频段在 30–300GHz 之间；另一种是厘米波，频段在 3–4GHz 频段。这两种频段是不可以互通的。很早时候，美国政府和军方就将大量 3–4GHz 范围内的厘米波频段用于军用通信和国防通讯，使得美国国内的运营商很难获得厘米波牌照，也不能共享政府这部分的频谱资源。所以，美国国内的科技公司只能"硬着头皮"去研发毫米波，但是包括苹果、高通、思科、微软等公司也根本没有这么多经费持续投入到 5G 技术的研发。反而华为每年都投入 10% 左右的营收用于研发，其研发出 5G 基站 + 微波技术，并做到世界领先！

说白了，美国政府不想分享出 5G 厘米波频谱资源，而美国各大公司也没有"闲钱"研发 5G 毫米波，所以美国的 5G 技术开始慢慢落后于中国。当华为研发出比美国政府和军方更为先进的 5G 技术时，让历来以军事、科技、经济领先世界的美国人"深感不安"，这时美国政府只能要求国家进入"紧急状态"。

随后，美国为了加快铺设 5G 网络，选择与瑞典的爱立信合作，因为瑞典是永久中立国，美国认为中立国的企业是不会影响美国的国家安全的。不过，美国与爱立信的合作似乎并不"和谐"。因为美国引进爱立信的 5G 设备后，美司法部一直在调查爱立信，而且还发现爱立信多次违反了《反海外腐败法》。爱立信受到了 10 亿美元的天价处罚金，再加上其他杂费，总共要给美国缴纳 12 亿美元的费用。可见，爱立信与美国合作铺设 5G 网络，"钱没有赚多少反而白白交了大笔罚金"。

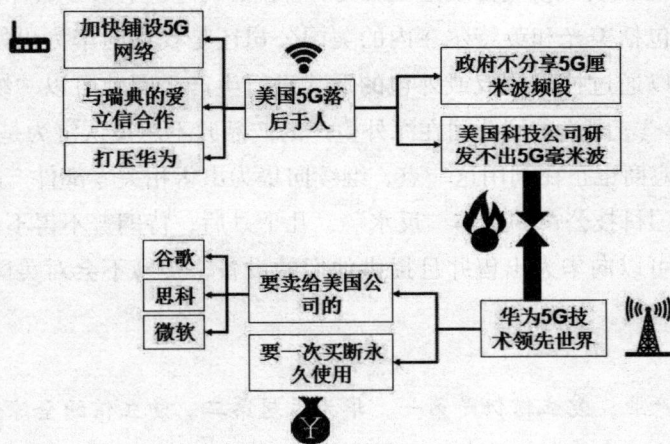

一次买断永久使用 5G 技术

现阶段，虽然华为在 5G 技术领先世界，但是爱立信仍然是全球最大的移动通信设备商。在抢夺全球市场的过程中，爱立信与华为势必会展开激烈争夺，现在美国"打压华为"，让爱立信"不战而胜，长驱直入美国市场"，如入无人之境。

一次买断永久使用

如果罚金太高，爱立信"扛不住"了，最终撤离美国，那么美国 5G 网络由谁来铺设？如果美国回过头来找华为合作，华为会同意吗？

任正非说："华为 5G 技术就是要卖给美国公司的。像谷歌、思科、微软等科技企业是可以买华为的 5G 技术，但是有条件！要一次买断永久使用。"

可见，华为出售 5G 技术不像美国公司那样每年都收取专利费，而是搞一次买断永久使用！因为华为已经在研究 6G 技术，5G 技术迟早要被取代。

不久后，爱立信在美国市场"一家独大"现象出现新的挑战。在华为被列入黑名单后的几周内，很多与华为展开贸易合作的美国公司收入出现大幅下滑，包括美光、英特尔和高通等。这些公司长期以来向华为公司销售智能手机组件和软件，美国政府一个政令就让他们损失很多利润。他们开始"绞尽脑汁"地要钻美国总统特朗普签署行政令的"空子"，并采取行动试图恢复与华为的供货链。

美光公司表示："限制华为在美国开展业务不会使美国更安全或更强大，相反，这只会限制美国使用劣质但更昂贵的替代品，让美国在5G部署方面落后。"

最终，包括美光和英特尔在内的美国公司还是找到向华为出售产品的方法，他们可以通过技术授权或外包的形式进行生产，因此可以"绕开"美国的相关"禁令"，因为美国公司在海外生产的产品并不总被认定为是美国制造，所以美国供应商也正在利用这一点，继续向华为出售相关零部件产品。

面对美国科技公司的集体"反水"，几个月后，特朗普不得不松口表示："美国公司可以向华为出售并且提供他们的设备，交易不会对美国产生严重的国家紧急问题。"

在通信产业，爱立信仍是第一，华为位居第二。爱立信的全球业务包括：通信网络系统、专业电信服务、专利授权、企业系统、运营支撑系统（OSS）和业务支撑系统（BSS）等。1880年爱立信公司刚成立时，雇员只有10名工人，比任正非创办华为时拉来的5位合伙人只多5人。此后，在长达一个多世纪的发展中，爱立信始终保持强劲的增长势头，几乎没有出现过明显的衰退，并一举成为全球最大的移动通信设备商。他们主要做到了两点，一是源源不断的研发投入，二是全球范围内的技术授权。

在研发方面，爱立信十分重视新技术和未来系统及产品的开发，每年在研发方面的投入均占公司全年销售额的15%～20%，在投入比例上高于华为以销售额10%的投入。

在授权方面，2001年9月，爱立信成立了子公司爱立信移动平台公司，向全球移动电话及无线信息设备生产商提供开放标准的2.5G和3G技术平台授权，该公司后来发展成爱立信的一大新核心业务——技术授权。当前，在5G技术方面，爱立信是每年收授权费，而华为则是要一次买断，永久使用。

可见，爱立信是想要多投入、多收钱；而华为是想要稳定投入、一次性拿钱。

过去犯了大错误，财务按成本定价格

2019 年 4 月，华为 P30 系列手机在上海发布，主打拍照功能。华为 P30是华为第 1 款 4 镜头的旗舰机，拍照时可以通过镜头的组合，实现不同的拍照表现，比如超感光、广角、变焦、3D 拍摄等，这种全新的拍照体验让"华粉们"激动不已。

像苹果一样卖得贵

华为 P30 系列手机支持 3200 万像素 AI 自拍、光学防抖、可实现 10 倍混合变焦、50 倍数码变焦，被称为"有史以来最好的相机"。在定价方面，华为 P30 系列手机沿袭了国内比国外售价低的定价策略（差 2000 元左右），国内销售的华为 P30 Pro（8GB 内存 +512GB 存储）版本售价 6788 元，直接挺进高端机的行列，让苹果手机、三星手机"睡不着觉"。

2019 年，苹果公司推出的苹果 iPhone X 全面屏手机，在国内售价 7288 元；三星公司推出的三星 Galaxy S10 Plus 手机（8GB 内存 +128GB 存储）版本在国内售价 5999 元。可见，在定价方面，华为手机已经超过三星手机，逼近苹果手机。

近年来，华为手机凭借着影像技术全球第一的卓越性能，让华为 P 系列和 Mate 系列手机挤入中国手机高端阵营。受到华为高端机的"冲击"，苹果手机在中国市场已经处于"销售疲劳"的状态，由于价格高而创新力度不足，导致了"果粉"的流逝。为了"力挽狂澜"，苹果 CEO 库克不得不全面调低苹果手机的售价，并且在配置和功能上进行全方位的升级。

在定价策略方面，任正非认为不是越低越好，而是要像苹果一样卖得贵。任正非说："如果我们卖得便宜，可能会把别的一些厂商挤压死了，所以，我们坚决像苹果一样卖得贵。苹果公司总是推动市场变得更大，而不是变得更小。苹果产品的销售价格很高，质量也很好。它扩大了市场，使许多其他公司得以生存。"

在商战中，价格竞争是商家惯用的手法。但是在任正非看来，华为还是靠技术研发取胜，要不断提高产品的配置和性能，才能卖得更贵。只有卖得更贵，才有钱继续搞研发，公司才会滚动发展，才会进入良性循环的状态。如果产品的配置和性能没有提高，产品一年卖得比一年贵，那就会失去很多用户。

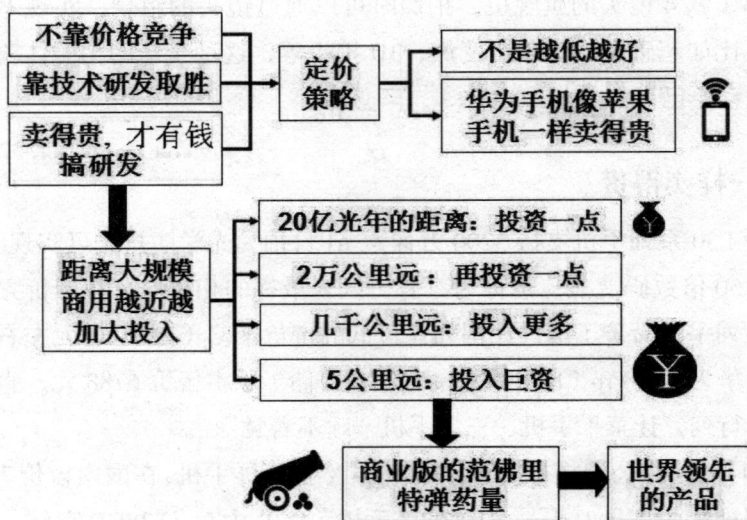

像苹果一样卖得贵

任正非说："华为卖得贵，钱就多，但钱会合理安排，不会随便发给员工、发给股东，给多了他们就会懒散，所以华为会大规模投入科研；投入科研还是太多了，就拿一部分赠送给大学，支持大学教授的研究。华为即使在最困难的时候研发经费也不会低于150–200亿美元。我们有前进的理想，有前进的动力，一定会有前进的结果。"

商业版的范佛里特弹药量

投资研发也是讲究策略的，就是当某技术距离大规模商用越近，越要投入重金来研发。任正非说："如果一项技术离我们还有 20 亿光年的距离，华为可能只投资一点钱，就像一粒芝麻大小。如果一项技术距离我们 2 万公里远，华为会再投资一点，就像苹果大小。如果一项技术的距离只有几千公里远，那会投入更多，就像一个西瓜大小。最后，如果一项技术的距离只有 5 公里远，那华为就会投入巨资，重兵压境，就像商业版的范佛里特弹药量。华为会把所有的努力都集中在这项技术上，深入研究。因为只有这样，才能生产出世界领先的产品。"

任正非所说的"范佛里特弹药量"，是在朝鲜战争期间，美军四星上将范佛里特提出的唯火力制胜论，就是使用超过正常基数三倍以上的弹药量，向对手倾泻火力，给我志愿军将士带来极大伤亡。例如在惨烈的上甘岭战役中，美军共发射大口径炮弹 190 万发，投掷炸弹 5000 余枚，使两个高地山头被削平近 2 米，到处一片焦土，在这片狭小地域双方共倒下了 4 万多名士兵。

在现代商战中，任正非也要"其人之道反施彼身"，通过集中投资，聚焦某项研发，才能产生世界领先的技术，就像手机拍照影像技术全球第一、5G 基站 + 微波技术世界领先一样。

对于同业竞争，任正非没有把同行当成竞争对手，而是当成"备份"。任正非说："国内跟我们搞同类器件的厂家，我们不视为竞争对手，让他们来看看我是怎么研究的，告诉他们回去可以再研究，研究好了卖给我。这样我们就多一个备份了。我们公司过去犯了大错误，财务按成本定价格，价格定得偏低了，就把西方公司搞死了，美国打我们是应该的，不打才是错的，一定要消灭我们。"

在"争夺市场份额"中，华为手机与苹果手机、三星手机的策略也有所不同。华为忙着研发新性能，苹果手机忙着圈粉，而三星手机忙着搞赞助。在制造华为手机的过程中，华为自主研发 5G 麒麟芯片、四镜头摄像技术，同时在电池快充、超级省电、折叠屏设计、全面屏等方面也获得研究突破，最终与对手拉开了距离。苹果手机主要搞公共关系营销，着重于扩大"果粉"群体，策划"果粉"活动，以巩固自身的消费量。而三星手机则喜欢通过对体育、娱乐、公益方面的赞助来达到推广品牌和产品的效果。

只有开放合作，才能让更多人低成本享受新技术

在华为成长的 30 多年里，并不是"单打独斗"的历史，而是与众多合作伙伴"共同成长"的征程。在改进企业管理水平方面，华为先后与十多家咨询公司展开了合作。

借助外脑外力成长

1997 年，华为与世界顶尖咨询公司美国合益集团展开合作，逐步建立并完善了职位体系、薪酬体系、任职资格体系、绩效管理体系。在此基础上，华为逐渐形成了自己成熟的干部选拔、培养、任用、考核与奖惩机制。

1997 年，华为在德国国家应用研究院的帮助下，对整个生产工艺体系进行了设计，包括立体仓库、自动仓库和整个生产线的布局，从而提高了生产效率和生产质量。

1998 年，华为在华夏基石综合管理咨询集团（人大 6 君子）的帮助下，完成对《华为基本法》的编写，对华为核心价值观、经营政策、组织政策、人力资源和控制政策等方面进行全面梳理，对华为企业文化建设起到了很大的推动作用。

1998 年，任正非请 IBM 团队帮助华为改造研发流程。当时，IBM 给华为提供两种顾问：一类是专职顾问，他们对策略、方法、流程有深刻的认识，负责教授"流程"；另一类是实际从业者，他们有丰富实践经验的人，负责教授"操作"。然后，IBM 教华为人将这两类顾问配合起来工作，以发挥更好的协同作用。任正非说："企业的人是会流动、会变的，但流程和规范会留在华为，必须有一套机制，无论谁在管理公司，这种机制不因人而变。"

1998 年，华为在普华永道的帮助下完成财务管理变革，推进核算体系、

预算体系、监控体系和审计体系流程的变革,形成"计划——预算——核算——分析——监控——责任考核"的财务管理流程,同时,利用高层绩效考核的宏观牵引,促进公司经营目标的实现。

2007年,华为请埃森哲帮助启动了CRM(客户关系管理),用以解决"如何捕捉市场机会,如何获得订单,如何签订合同,如何获得现金"等问题。最终,华为在多个业务单元,打通"机会到合同,从合同再到现金"的全新流程,提升了公司的运作效率。

......

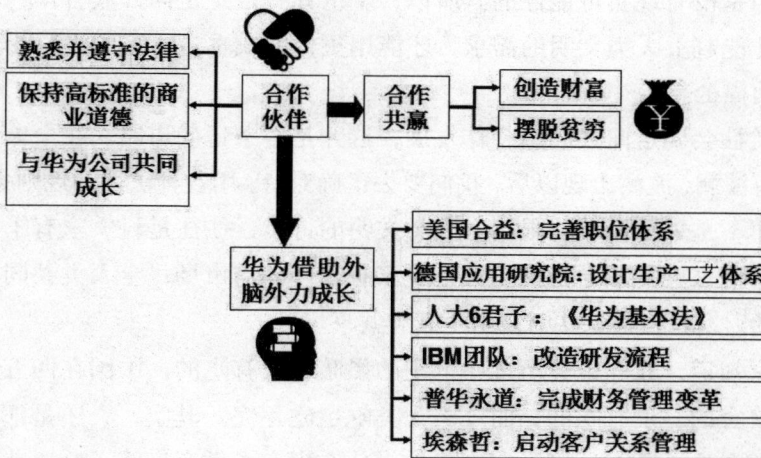

走向开放合作

在华为成长的30多年中,华为与合作伙伴的合作案例不胜枚举。可见,在企业经营过程中,任正非善于借助外脑、借助外部力量来改造华为、重塑华为,不断开拓华为人的视野,更新华为人的思维模式,最终成长为具有18万员工,业务遍布全球100多个国家,估值超过万亿元人民币的商业帝国。

全世界一定是走向开放合作

任正非认为,人类社会要走合作发展、共同富裕的道路,所以华为需要与全球更多的合作伙伴开放合作。不过,华为对于合作伙伴也是有要求的。

在《华为合作伙伴行为准则》中指出，华为合作伙伴是指销售华为产品的任何一方，以及向华为提供产品或服务的任何一方。华为期望合作伙伴能够做到三点：第一，熟悉并遵守法律；第二，保持高标准的商业道德；第三，与华为公司共同成长。

任正非表示，人类社会最主要的目的是要"创造财富"，使更多人摆脱贫穷。社会一定是要合作共赢的，每个国家孤立起来发展，这在信息社会是不可能的。

在工业社会，由于交通问题、运输问题形成了地缘政治和地缘经济，一个国家可以单独做一个缝纫机、拖拉机……在信息社会，一个国家单独做成一个东西是没有现实可能性的。所以，全世界一定是走向开放合作，只有开放合作才能赶上人类文明的需求，才能用更低的成本让更多的人享受到新技术带来的福祉。

人类社会要走向共同的合作发展，这才是一条正确道路。在全球化的过程中会有波澜，波澜出现以后，我们要去正确对待，用各种法律和规则去调节、解决，而不是采取极端的限制。人类文明的进步，往往是科学家有了发现与创新，政治家有了领导与推动，企业家有了产品与市场，全人类共同努力形成了新的财富，最终这些财富由全人类共享。

大家知道，欧洲也经历过中世纪的黑暗，没有吃的；中国在四五十年前也是很贫穷的，没有吃的，而今天人类吃也吃不完。其实，天还是那个天，地还是那个地，所有环境没有变化，为什么现在人类变富裕了？这就是科学技术（如袁隆平杂交水稻技术）的进步带来了新的幸福。

任正非的合作观就是开放合作、共同创造财富，而李嘉诚的合作观就是"顾信用，够朋友"。有一次，有媒体朋友问李嘉诚："商场如战场。您经历那么多艰难风雨之后，为什么对朋友甚至商业上的伙伴，都能十分坦诚和磊落呢？"李嘉诚回答说："最简单地讲，人要去求生意就比较难，生意跑来找你，你就容易做。一个人最要紧的是，要有中国人的勤劳、节俭的美德。最要紧的是节省你自己，对人却要慷慨，这是我的想法。顾信用，够朋友，这么多年来，差不多到今天为止，任何一个国家的人，任何一个不同省份的中国人，跟我做伙伴的，合作之后都能够成为好朋友，这一点是我引以为荣的。"

科技是人类共有的，我们要在前人的肩膀上前进

2019 年 7 月的一天，一批穿着白色的"长袖服"参观者，来到中国"黑科技"最多、最神秘的华为"2012 实验室"、华为的总研究组织参观。

在华为工程师的引导下，人们了解了华为的很多前沿的产品和技术，包括 5G 和 3G、4G 模块结合之后研发的新型散热材料、在 5G 设备外面使用的防冰雪涂层、防水防腐涂层、轻便而坚固的新型天线罩材料、不沾水的摄像头、利用电流转向控制手机温度、研究新型天线……

神秘的研究机构

这个实验室的名字，来自任正非在观看《2012》电影后的畅想，他认为未来信息爆炸会像数字洪水一样，来势汹汹，技术落后的国家和地区将会很被动，所以华为要想在未来生存发展，就得构造自己的"诺亚方舟"。

《2012》是一部关于全球毁灭的灾难电影，该影片在 2009 年上映。根据玛雅预言，2012 年的 12 月 21 日正是世界末日，为了防止人类灭绝，拥有先进科技的美国人打算建造几艘大船作为"诺亚方舟"，放在全球海拔最高的西藏地区。没想到，玛雅预言成真，一时间地震、火山、海啸等灾难"汹涌而来"，无数人疯狂挤上"诺亚方舟"以求保命……

企业如何在信息时代、数字时代进行"自我拯救"？唯有通过科技研发，让科技改变未来、改变命运。于是，任正非花巨资成立了"2012 实验室"。"2012实验室"的主要研究方向包括新一代通信、云计算、音频视频分析、数据挖掘、机器学习等，主要面向的是未来 5-10 年的技术研究。多年来，华为已经在研发方面投入了几千亿元人民币。

"2012 实验室"的研究部门包括：中央硬件工程学院、海思半导体、研发能力中心、中央软件院、诺亚方舟实验室、科学家人名实验室等。

其中，设立于香港的华为"诺亚方舟实验室"主要围绕人工智能展开研究。科学家人名实验室，是以世界知名科学家或数学家命名的神秘实验室，包括香农实验室、高斯实验室、谢尔德实验室、欧拉实验室、图灵实验室等。

与此同时，华为"2012实验室"也在欧洲、印度、美国、俄罗斯、加拿大、日本等地设立海外研究所，与当地科学家和研究机构展开合作。

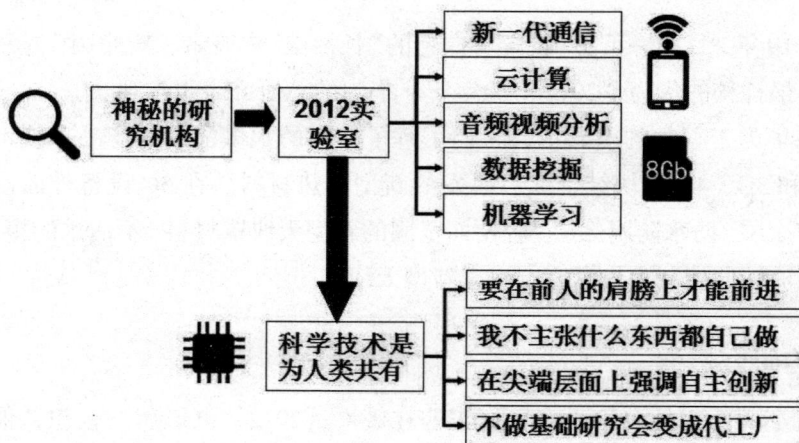

神秘的研究机构 → 2012实验室
- 新一代通信
- 云计算
- 音频视频分析
- 数据挖掘
- 机器学习

科学技术是为人类共有
- 要在前人的肩膀上才能前进
- 我不主张什么东西都自己做
- 在尖端层面上强调自主创新
- 不做基础研究会变成代工厂

我们要在前人的肩膀上前进

"2012实验室"代表着华为最高的研究水平，在全球拥有巨大影响力。现阶段，华为的研究主要还是工程领域的创新，而不是在技术理论领域创新。华为在数学研究方面有所突破，但在化学、神经学等方面刚刚起步；在电子、光子领域，华为已经做到世界最领先，但是量子研究还在后面，华为需要思考如何把量子研究成果用到产品上来。

任正非对华为的基础研究水平还不够满意，计划拿出资金用于"战略预算"投入基础研究工作。任正非说："华为现在的水平尚停留在工程数学、物理算法等工程科学的创新层面，尚未真正进入基础理论研究。"

任正非说："科学技术是为人类共有，我们一定要在前人的肩膀上才能前进。我不主张什么东西都要自己做。如果说别人已经创新了的东西，我来用别人的东西，付钱就行了。我们应该在尖端而非低层面上强调自主创新，不要人家做了我也做，用重复去做来证明自己的光荣伟大。新技术的生命周期太短了，如果不进入基础研究，就会落后于时代。一个公司不做基础研究，就会变成一个代工厂。"

联合创新中心

华为与世界各地的科学家和研究机构展开合作，进行工程研究、基础研究的同时，还加紧同四大业务（运营商业务、企业业务、消费者业务、华为云业务）的客户成立联合创新中心。

其中，在运营商业务方面，华为与英国沃达丰建立 6 个联合创新中心，与加拿大贝尔、加拿大运营商 Telus、卡尔顿大学建立三个联合创新中心，与科威特 Zain 移动公司建立了中东地区第一家联合创新中心，与意大利电信成立联合创新中心，与印尼大学在印尼雅加达成立全球首个小蜂窝联合创新中心。

在企业业务方面，华为与德国企业管理软件公司 SAP 成立联合创新中心，与黄河水电成立智能光伏联合创新中心，与中民新能成立智慧清洁能源联合创新中心，与苏美达集团成立能源物联网联合创新中心，与郑州大学第一附属医院成立了全球领先的远程医疗与医疗大数据联合创新中心，与中国通号研究设计院建立轨道交通联合创新中心，与重庆中交通信信息技术有限公司建设智慧交通与车联网联合创新中心，与宇信科技成立联合创新中心，与腾讯成立腾讯-华为联合创新中心，与国家信息中心成立电子政务联合创新中心……

联合创新中心是很多科技公司抱团发展、合作共赢的主要方式，因为世界未来的科技走向何方，是否会出现"类似玛雅预言中的世界末日"，人们不得而知。如果世界性的灾难来临，单凭一家企业的科技力量是薄弱的，全球科技公司应该联合起来共同为人类谋福祉。所以，华为与众多合作伙伴建立了联合创新中心，让最新技术与行业经验完美地结合起来。联想与微软也成立过这样的联合创新中心。

2007 年，联想与微软建立了联想-微软联合创新中心，该中心深入研究客户需求，依托双方强大的研发实力和积累，面向个人计算这一主要技术方向，在企业计算、数字家庭解决方案、Windows 增值应用等多个领域开发直接面向市场的联想产品，同时探索超便携计算机、智能手持终端的新兴机会。多年来，该中心基于两家公司的技术成果进行组合创新，持续满足用户需求，不断提升用户体验，为客户带来更多价值。

成长规划 10:
如何与别人展开合作

开放合作

努力地吸取别人的优点，改进自己的缺点。如诺基亚在中国三大运营商那里都拿到了 5G 订单，说明诺基亚身上的竞争优势也值得华为学习。

大度包容

在合作的过程中，可能会出现种种误解与"打击"，这时，需要有一个大度包容的心态。如在美国打击华为期间，爱立信在美国市场"不战而胜"，但华为还是希望能够与美国公司继续合作，甚至要把 5G 技术卖给美国公司，不是因为别人的打击，就"怀恨在心，老死不相往来"。

给别人活路

在合作过程中，要照顾各方利益，让大家共生共荣，不能让友商都死了，而自己独大。如任正非认为华为手机定价要像苹果手机一样卖得贵一些，这样别的一些厂商才有钱赚，才有生存空间。

借力借外脑

遇到困难时，可以借助外脑、外力成长，而不是"搞内讧、自乱阵脚"。如任正非为了改进企业管理，管理众多员工，梳理各种业务，就与十多家咨询公司展开合作，启用制度化、流程化管理。

联合创新

1+1>2，一个创新点子加上另外一个创新的点子往往可以形成更好的创新。如华为与众多合作伙伴成立联合创新中心，共同研究客户需求，为各行各业用户提供解决方案。

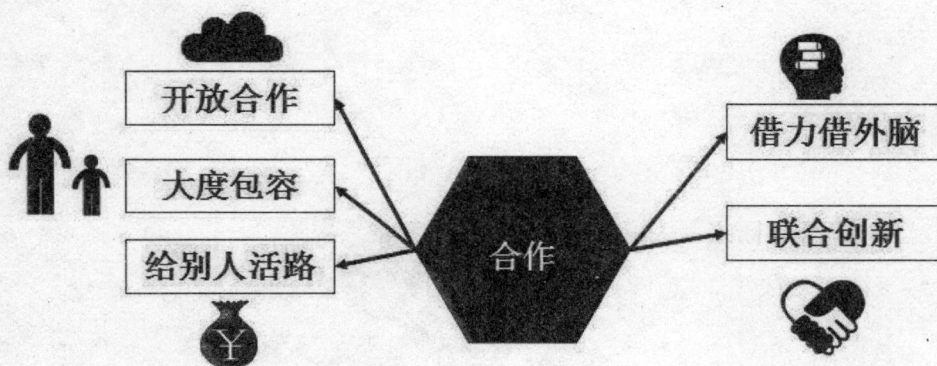

如何与别人展开合作

第十一章

产业哲学：战略研究部专门研究战略性的前瞻需求，不看眼前

华为应该成立一个战略研究部，专门研究战略性的前瞻需求，不看眼前，而是要做预研究。这个机构的规模该多大现在不好说，但是要有这样一个战略机构。

——任正非

不愿让华为与政府"挂得太紧"

有一年，深圳华为总部迎来了国家顶级参观团队，任正非和华为员工们厉兵秣马，准备接受检阅。当时，朱镕基总理带领着众多国家级官员前往华为工厂视察。当参观团队到达华为车间时，只见在整洁明亮的现代化工厂里，各种机器设备井然有序，工作区间标识清晰醒目，工人们也正在对各种各样的通信设备进行精细加工……

不要政府贷款

朱镕基听说，任正非以 2 万元起家就能做到这样的规模与名气，就对在身边陪同的任正非说："你要什么条件我支持你，如果你资金紧张的话，我们给你解决 3 亿元人民币贷款，好不好？"

按理说，任正非当时经营的华为正在加速发展，不论是员工招聘、扩大厂房还是研发投入，都需要大笔资金，如果有政府支持的无息贷款、低息贷款那是求之不得的事情。

不过，任正非表现得不是很积极，也没有表态。后来，跟着朱镕基总理去参观华为工厂的官员，坚决要落实朱镕基总理的指示，要最大限度地给任正非安排国家扶持企业的无息贷款。官员们三番五次地找到任正非，说明有政府支持、有无息贷款的重要性。

可是任正非却说："我们不要政府的投资，也不愿意跟政府挂得太紧……"

官员们之所以这么积极地向任正非推销政府贷款，是因为他们曾经参观加拿大的北方电信，那是加拿大最大的电信和信息传递设备制造公司，主要经营半导体和大型集成电路组成的电子化电话设备、电信用电缆、信息传递设备、信息传递测试设备、中心控制设备、微波传真设备等。北方电信在加拿大以外的十几个国家设有子公司，更重要的是它的背景是美国顶尖财团鲍尔。

官员们估计，"别人家公司"北方电信拥有财团在背后撑腰，他们公司位于美国和加拿大的边境，风景优美，科研硬件设施完备，科研人员的生活条件非常好，有 4000 多名研发人员夜以继日地展开研究。相比之下，华为当时的规模还比较弱小，既没有更多的钱，也没有更多的科研设备，估计很难打败北方电信。

但是，官员们都预计错了，几十年过去了，华为不仅打败了加拿大的北方电信，还打败了美国的思科公司，打败了芬兰的诺基亚公司，同时与全球最大的移动通信设备商瑞典爱立信公司也展开正面竞争。

华为不需要政府贷款，那么他们的科研经费从哪里来呢？原来华为每年拿出销售额的 10% 左右投入到科研创新。如在 2012 年，华为的销售收入是 2201 亿元人民币，投入的研发费用高达 300 亿元人民币，占销售收入比值 13.7%。

一般来说，企业如果能拿出销售额的 3% 来搞研发就难能可贵了，因为世界充满了诱惑，很多企业会进行各种各样多元化的投资。如果一家企业能拿出销售额的 5% 来进行研发，说明企业重视研发。华为能拿出销售额的 10% 投入研发，说明华为相当重视研发创新。正是靠着这种源源不断的投入与研发，使得华为不间断地推出创新型通信产品，不断斩获更多订单和市场份额。

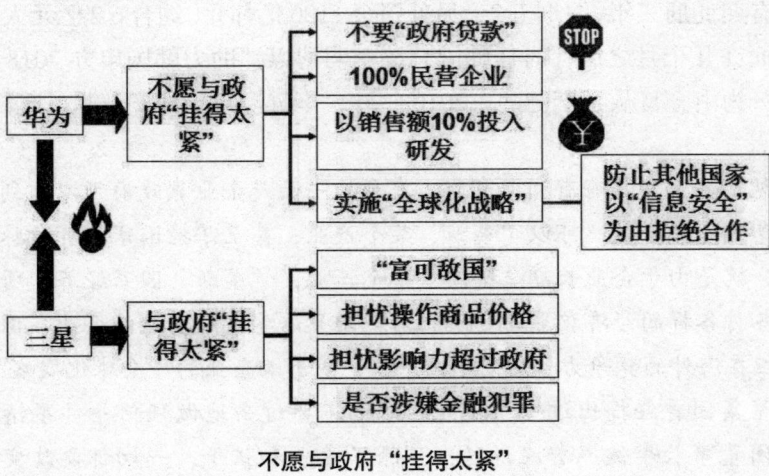

不愿与政府"挂得太紧"

靠政府有利也有弊

由于任正非是军人出身，曾经在军队中当过一段时间的基建工程兵，所以有一些人认为华为与政府关系密切。为此，华为一直在强调他们是一家独立的 100% 由员工持有股份的民营企业，没有任何政府部门以及其他第三方机构持有公司的股权，干涉公司经营与决策。华为这样做的目的也是为了方便实施全球化战略，因为以美国为首的部分国家已经以"信息安全隐患"为由拒绝和华为在 5G 技术方面合作。

相比之下，三星与政府挂得太紧。三星创业之初受到政府支持，韩国政府又给政策，又给贷款，结果三星获得了长期的繁荣发展。可以说，三星集团富可敌国，每年为韩国的 GDP 贡献了约 1/5。

不过，三星的崛起也引发了韩国当局的恐慌。韩国政府与民众也开始"警惕"三星公司是否存在操纵商品价格，是否涉嫌金融犯罪等问题。

在韩国，三星帝国的业务极为广泛，人民群众的日常消费活动似乎都离不开三星，如三星造的信用卡、三星造的电视、三星造的公寓、三星赞助的职业棒球队等。有一些政商界人士担忧地表示，三星已不仅仅是在操控着国家，而是已经超越了它，该公司所造成的影响近乎与政府匹敌，甚至可以说，三星公司董事长比韩国总统的权力还要大。

2008 年 4 月，三星董事长李健熙因被检举涉嫌建立秘密资金、非法转移公司经营权和向政府官员行贿等而被起诉。2009 年，首尔高等法院宣布判处李健熙有期徒刑三年、缓刑五年，另处罚金 1100 亿韩元（约合 6.2 亿元人民币）。

然而在几个月之后，时任韩国总统李明博以"助力韩国申办 2018 年冬季奥运会"为由，特赦了李健熙。2010 年春，李健熙重新回归三星管理层。

可见，企业靠政府有利也有弊，有利的一面是企业靠政府可以拿到好的政策、无息或免息贷款，可以"垄断"某个产业，甚至掌控国家经济命脉；有弊的方面，就是由于企业长期"垄断"某个产业，"垄断"国家经济，所以很容易引发各种各样的经济犯罪与金融犯罪，而且这些政府支持的企业在国内影响巨大，但在海外的竞争力"后劲不足"，严重影响企业的"全球化战略"。

三星集团曾经提出过一个观点：永远不要过久地做任何一件事情。韩国三星集团董事长李健熙曾经说过："除了妻子和孩子，一切都要改变！"因此，三星集团不像华为那样专注于通信设备产业，而是进行"多元化发展"，最终发展成为拥有无数产业的庞大帝国。三星旗下子公司包括三星电子、三星物产、三星人寿保险等，业务涉及电子、金融、机械、化学等众多领域。在韩国政府支持下，三星公司的业务在韩国全面开花，所以发展至今，三星手机一直是华为手机和苹果手机强大的竞争对手。

对于 ICT 业务，希望要做强，而不是做大

2015 年春，赞比亚总统伦古首跨过印度洋，不远万里来到中国，要为智慧赞比亚项目寻找"靠谱的合作方"。期间，中国和赞比亚签了智慧赞比亚一期项目的两国框架和融资协议，中国进出口银行为项目提供优惠贷款资金，而华为公司作为项目承建方。智慧赞比亚项目一期是赞比亚国家信息与通信技术（ICT）发展项目，要建成国家云数据中心和 ICT 人才培养中心。

打造智慧赞比亚

中国进出口银行是由国家出资设立，直属国务院领导，支持中国对外经济贸易投资发展与国际经济合作，具有独立法人地位的国有政策性银行。而华为是全球领先的信息与通信技术（ICT）解决方案供应商。根据"合作协议"，中国政府给钱，华为公司给技术，帮助实施智慧赞比亚项目，这回赞比亚总统伦古首终于"可以放心回去了"。

赞比亚共和国是非洲中南部的一个内陆国家，大部分属于高原地区，这里铜矿较为丰富，别称为铜矿之国，拥有良好的基础设施和交通。在信息时代，为了加速发展中国家信息和通信技术（ICT）产业，只能求助国外力量。然而，西方国家的通信设备商似乎有点儿"不靠谱"，要么他们的设备贵如油，要么他们会提出许多附加条件，而华为赞比亚公司既帮助赞比亚解决了"资金问题"，也解决了"技术问题"。

合作协议生效后，华为积极行动。智慧赞比亚一期项目于 2016 年动工，2016 年底完成安装交付，于 2017 年 2 月移交给了赞比亚政府。

如今，赞比亚国家云数据中心位于首都卢萨卡赞比亚信息通信技术局内，占地约 450 平方米，拥有一个配备 72 个机柜的主机房，一个电源房，一个监控室，两个室外油机和两个地埋式油罐。数据中心将搭建一个云共享平台，

对外提供云计算、安全云存储、桌面云、政务云、企业云、邮件系统等云服务。

同时，建成的赞比亚 ICT 人才培养中心，主要培养赞比亚各类通信人才，"非洲兄弟"借助华为智真教学系统，远程视频参与课题互动。在实验室里，他们还可以实际演练 IT、存储、网络、传输、智真等设备的使用和维护。

自从赞比亚建成国家云数据中心和 ICT 人才培养中心之后，赞比亚政府已经实现了无纸化办公，大幅度提高了政府办公效率，整个国家的电子政务、智慧交通、电子商务等应用也获得全面发展。

除了赞比亚之外，华为正在帮助越来越来多的国家和地区，发展信息与通信技术（ICT）产业，让他们享受 5G 技术所带来的福利。

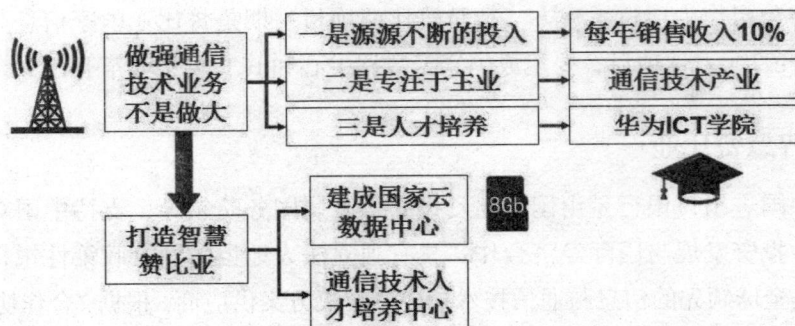

做强 ICT 业务，而不是做大

做强而不是做大

当前，中国的信息产业深入发展，5G 网络铺设、5G 商用稳步推进。国内三大运营商（中国移动、中国联通、中国电信）也加紧在移动宽带、云计算、传感器和物联网等领域寻找新机会。在这种背景下，ICT 企业需要从过去的重资产公司向敏捷型公司转变，能够为客户提供实时、按需、全在线、服务自助和社交化服务。

对于如何发展 ICT 业务，任正非认为应当是做强，而不是做大。

任正非表示，对于 ICT 业务，我们希望要做强，而不是做大，所以"喇叭口"不要张得太大，避免攻击力被削弱。选择机会的时候，只有市场规模足够大，技术上又足够难，才能建立起门槛。没有门槛我们就在红海中挣扎。

而且，一定要先有领袖，再立项做产品，而不是产品立项了再找主管。否则这是最大的错误，不明白的人，把结构体制全弄乱了，再改就难了。对于领袖，我们要早点选拔培养。

产业的生命周期会越来越短，门槛会越来越高，这对我们可能是好事，后面的人刚追赶上来，它们就已经被淘汰了。我们要考虑怎么加快 5G 产业的节奏，要拉着这个世界跑，不要等。客户需求是一个哲学问题，是一个去粗取精、由此及彼的问题，不是哪一个客户表述的问题。要围绕最终客户的需求，围绕业务本质，我们要敢拉着愿意跑的客户先跑，跑出价值来。

做强一个产业，一是源源不断的投入，二是专注于主业，三是人才培养。因为企业的竞争就是人才的竞争。为了做强 ICT 业务，华为成立了华为信息与网络技术学院（简称华为 ICT 学院），开始面向全球展开校企合作项目，在全球范围内为社会及 ICT 产业链培养创新型和应用型技术人才。

从创立至今，华为 ICT 学院已经在全球与数十个国家的几百所知名大学达成合作，累计培养了数万名学生。在国内，华为与浙江邮电职业技术学院、北京理工大学珠海学院、重庆电子工程职业学院、武汉工程大学、南京信息工程大学、大同大学、山东信息职业技术学院、广东工程职业技术学院、安徽交通职业技术学院等众多高校合作开展了华为 ICT 学院建设和 ICT 人才培养计划。

在国外，华为在俄罗斯、巴基斯坦、约旦、尼日利亚、坦桑尼亚、肯尼亚和安哥拉等地展开合作，建设 ICT 学院建设和培养 ICT 人才。

为了检验人才培养的效果，从 2015 年开始，华为每年都会举办"华为 ICT 大赛"。这是一项全球性的 ICT 人才竞技交流赛事，主要面向全球的华为 ICT 学院及开设相关专业的本科及高职院校。

无独有偶。为了培养人才，做强 ICT 产业，全球通信巨头之一爱立信，也在加紧校企合作，开启人才培养新模式。2014 年，爱立信（中国）通信有限公司与武汉大学签订战略合作框架协议。双方将在科研、教学、智慧校园建设等方面携手，共建"武汉大学－爱立信 IT 实验室"，开启校企合作新模式。

可见，技术需要创新，创新需要人才。通过与全球高校合作，华为 ICT 学院将华为先进的技术、教育资源、认证标准引入学校，实现校企资源优化配置，共同培养 ICT 产业人才，共同为客户创造价值。

控制了核心网战略高地，就控制了"黑土地"

2019 年 2 月，世界移动通信大会在西班牙巴塞罗那举行，华为发布了世界最快的 5G 路由器。快到什么程度？

最快的 5G 路由器

这款世界最快的 5G 路由器就是华为 5G CPE Pro，俗称 5G 路由器。华为 5G CPE Pro 支持 5G 网络、4G 网络、有线宽带组网，可支持 4K 视频播放不卡顿，5G 峰值下载速率最高可达 2.3Gbps。换句话说，华为这个"5G 路由器"约 3 秒钟就能下载一部 1GB 大小的电影。它可以连接各种办公设备、个人娱乐设备、家居家电等，可以真正引领智能家居进入 5G 时代。

在天线与覆盖面方面，华为 5G CPE Pro 采用华为蝶式高频巴伦天线，具有信号强、体积小的优点；全频段天线智能分组，多设备上效率提升 4 倍，比传统天线覆盖提升 30%。它采用的华为双 X Wi-Fi 天线数据与传统天线相比覆盖增强 40%，天线体积缩小 20%。只要插上 5G 超级 SIM 卡，立享 5G 无线宽带体验。

相比之下，路由器比交换机的技术含量更高，路由器可以为局域网自动分配 IP 和虚拟拨号，交换机只是用来分配网络数据的。路由器是连接两个或多个网络的硬件设备，在网络间起网关的作用，是读取每一个数据包中的地址然后决定如何传送的专用智能性的网络设备。

下面我们简述一下路由器的发展历史。

1984 年思科公司创立，其创始人是斯坦福大学的一对教师夫妇：计算机系的计算机中心主任莱昂纳德·波萨克和商学院的计算机中心主任桑蒂·勒纳。夫妇二人设计了一款叫作"多协议路由器"的联网设备，用于斯坦福校园网络，居然将校园内不兼容的计算机局域网整合在一起，形成了一个统一的网络。

这个联网设备被认为是联网时代真正到来的标志。1986 年，思科生产了第一台多协议路由器 AGS（先进网关服务器），让不同类型的网络可以可靠地互相连接，从而掀起了一场通信革命。

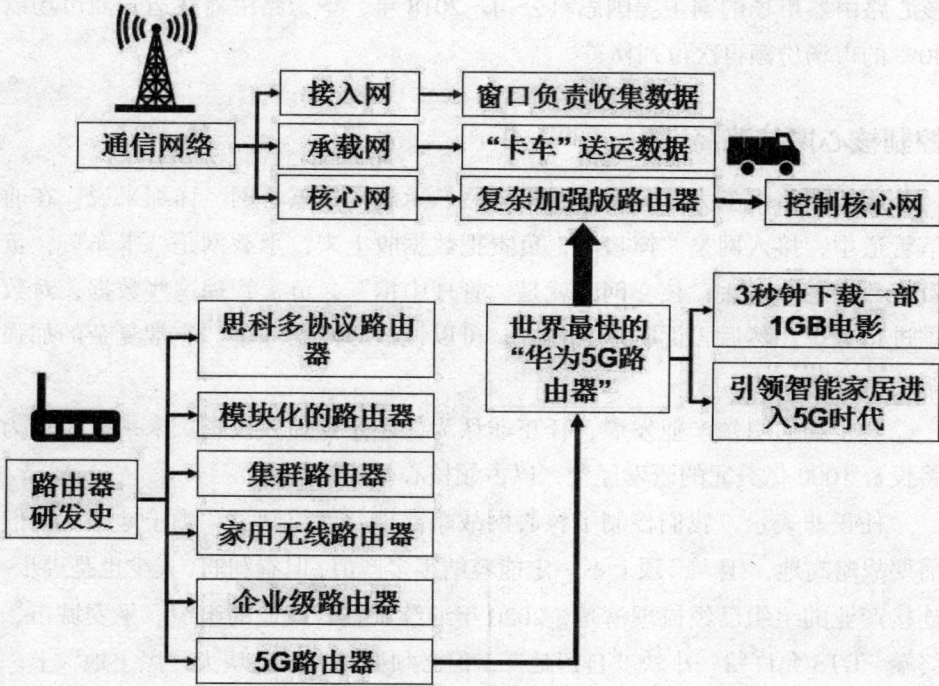

控制核心网战略高地

1991 年，约翰·钱伯斯加入思科，并于 1996 年"执掌帅印"，把思科发展成为路由器霸主，其硬件产品以路由器、交换机为主，软件以思科腾讯通即时通信系统、思科网络操作系统为主。思科公司每年投入 40 多亿美元进行技术研发，过去 20 多年来，思科一直是核心路由器市场的霸主。

随着全球通信产业的发展，越来越多的企业加入到了路由器的研发与市场争夺之中。发展至今，路由器经历了多协议路由器、模块化的路由器、集群路由器、家用无线路由器、企业级路由器、5G 路由器等多个迭代产品。

华为科研人员经过坚持不懈的研发，研发出各种各样的路由器产品，如华为 R2621（模块化的路由器）、华为 NetEngine（集群路由器）、华为无线路由器 ws5200（家用无线路由器）、华为 AR111-S 千兆路由器（企业级路由器）、华为 5G CPE Pro（5G 路由器）。这些高科技含量的产品，既提高了企业的营收，也推动了产业发展。

2017 年，华为核心路由器在全球运营商市场份额排名第一，一举超过了核心路由器市场的霸主美国思科公司。2018 年，华为路由器在运营商市场以 30% 的市场份额再次位列榜首。

控制核心网战略高地

通信网络由三大部分组成：接入网、承载网、核心网。详细来说，在通信管道中，接入网是"窗口"，负责把数据收上来；承载网是"卡车"，负责把数据送来送去；核心网，就是"管理中枢"，负责管理这些数据，对数据进行分拣，然后告诉它该去何方，可以说核心网是一个"非常复杂的加强版路由器"。

对于如何引领产业发展，任正非认为，还是要加大投资。未来五年华为将投资 1000 亿美元的研发经费，以占领核心网战略高地。

任正非表示，我们控制了核心网战略高地，就控制了"黑土地"。我们需要战略高地，"珠峰"顶上不一定能容纳很多产值，但有利润，人少也是进步。连接产业的组织已经梳理清楚，2020 年继续调整云产业的组织。平安城市、终端、GTS 允许留一小块"自留地"，但必须要长在云这块大"黑土地"上。

1998 年，爱立信曾经成立了一个新部门——爱立信研究部，负责超前的研究工作。任正非也要成立一个战略研究部，专门研究未来的市场需求。任正非说："我们应该成立一个战略研究部，这个战略研究部与 2012 实验室有区别，专门研究战略性的前瞻需求，而且实施预研究，不看眼前。当眼前走完以后，一抬头发现又晚走了两年。这机构有多大？现在不好说，但是要有这样一个战略机构。"

我们必须要做到世界第一，世界第二就可能活不下来

    未来世界是什么样子？你只要躺在自动驾驶汽车里，打开车联网就可以开上 5G 网络全覆盖的高速公路，带着女伴和香槟环游全球。当你下榻路边的智慧宾馆时，有一大批人工智能美女机器人为你提供各种各样的服务，包括按摩松骨、聊天……

    当你正玩得起劲时，老板居然打电话来，叫你回去加班，这时你拿出 5G 手机，只要在 APP 上按几个按钮，输入一些指令，办公室里强大的边缘计算就可以帮你运算和处理所有事情，然后你就可以继续"说走就走的旅行"……

    这就是车联网、人工智能、边缘计算构建的未来世界。

    面对未来科技的发展方向，任正非也在寻找突破点。任正非表示，车联网、人工智能、边缘计算是未来的三大突破点。车联网可以成立商业组织，加大投入。面对智能汽车的连接、车载计算、自动驾驶等都是车联网的重要方向，要作为战略坚决投入，激光雷达等要聚焦在信息与通信（ICT）核心技术相关的方向上。人工智能，我们整体上还是落后世界的，要多投入一些。可以分成两块来看，一块是为内部生产管理的改进服务，一块是为产品服务，这两块人工智能可以互补。边缘计算，我们只做基础平台。应对不同的业务就有不同的边缘计算，未来会出现几十种边缘计算的东西。

智慧互联——车联网生态圈

    2018 年 6 月，2018 德国汉诺威消费电子展，华为发布了"OceanConnectIoV"（车载互联网）平台，这个平台可以促进 ICT 与汽车行业的深度融合，为汽车制造商实现数字化转型。

华为车载互联网支持数亿个连接和数百万个高并发连接，以确保车辆安全可靠的链接。有了车载互联网平台，华为就可以打造连接人、车、路和其他事物的全连接智能世界。

2019年，华为智慧汽车解决方案BU（该业务单元隶属于ICT管理委员会）成立。至此，一个车联网平台＋一个车联网业务单元，宣示着华为布局车联网。

华为成立智慧汽车解决方案BU目标为聚焦ICT技术，成为汽车ICT零组件供应商，协助企业造好车，但华为不造车。未来以人工智能（AI）、车联网、边缘运算为三大发展主轴，加强投入车联网领域，以面对智慧汽车之车载运算、连接、自动驾驶等应用。

目前，华为与一级供应商、车机厂商（如德赛西威、博泰等）、汽车制造商（如广汽、比亚迪、沃尔沃、长城、长安）、应用开发厂商（如QQ音乐、喜马拉雅、百度地图）协作，开创智慧互联——车联网生态圈。

世界顶级的 AI 芯片

近几年，华为也在加紧人工智能方面的研究。华为预测，到2025年，全球企业对AI的采用率将达到86%，行业智能化转型"势不可挡"。

人工智能的三要素包括算力、算据和算法，但算力是基础，AI芯片就是增强算力的保障。

2018年华为发布了世界顶级的AI芯片，昇腾910和昇腾310。昇腾910采用的是目前世界最高的7nm（纳米）工艺，其主要用于云端服务器，是计算密度最大的单芯片。昇腾310主要针对智能手机、智能附件、智能手表等边缘设备，同样是一款行业领先，具备高效计算，同时低功耗的AI芯片。

2019年华为还发布了鲲鹏920芯片，它是"业内性能最高"的基于ARM架构的7nm（纳米）服务器处理器，专为大数据处理以及分布式存储等应用而设计。

至此，华为旗下已拥有四大芯片：麒麟系列、巴龙系列、昇腾系列和鲲鹏系列。麒麟系列是华为在手机上搭载的CPU处理器芯片；巴龙系列是华为在5G手机上搭载的调制解调器；昇腾系列是华为推出的人工智能芯片；鲲鹏系列是云计算芯片，主要在云计算、大数据领域进行布局。

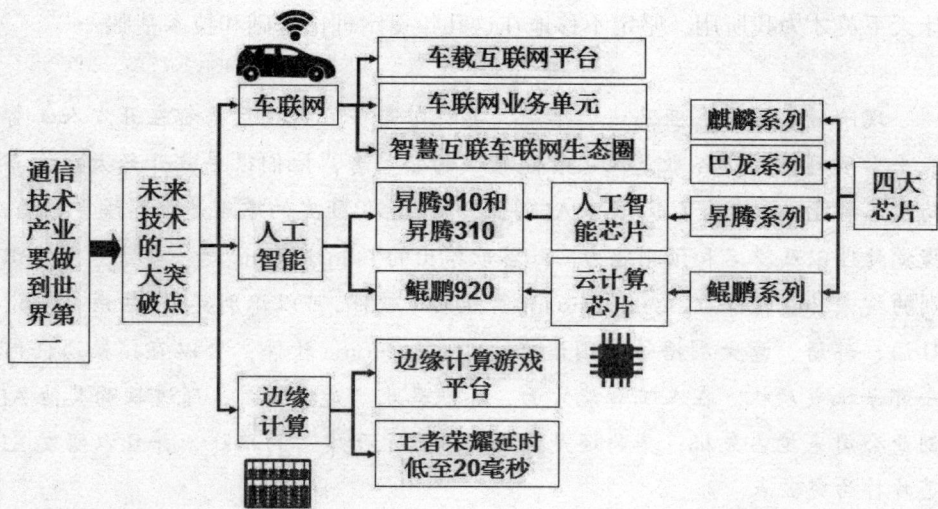

通信技术要做到世界第一

5G 边缘计算的规模商用

在边缘计算机方面，华为联合腾讯、移动推出边缘计算游戏平台，用户玩王者荣耀延时低至 20 毫秒。

2019 年 8 月，华为与腾讯合作，基于标准 5G 的移动边缘计算（MEC）平台应用于王者荣耀游戏，全球首次实现 5G 边缘计算实际应用落地，标志着 5G 边缘计算的规模商用取得显著进步。借助 5G 边缘计算 MEC 平台，王者荣耀游戏延时从 100ms 降至 20ms。

王者荣耀是腾讯推出的英雄竞技手游，月活跃用户数量超过 5000 万，没有强大的 5G 边缘计算支撑很难降低延时和提升竞技玩家的游戏体验。

近几年来，华为在车联网、人工智能、边缘计算的产业布局，主要是为了巩固和壮大自己的主业信息通信技术（ICT）产业，如同基站铁塔需要加固防护堤一样，因为 ICT 产业不可能孤立地存在，需要与众多产业相辅相成、相互依存。

任正非说："希望大家明白，在信息通信技术（ICT）产业，我们必须要做到世界第一，世界第二就可能活不下来。但是，要做到世界第一，理论上就要有突破。当世界上出现混乱、大公司调整的时候，华为要去吸纳优秀人才，让天下英才为我所用，坚定不移地在这几年奠定理论基础和技术基础。"

现阶段，谷歌、亚马逊、苹果、英特尔等多家科技巨头都在开发人工智能平台项目，其中谷歌是人工智能领域的领导者，他们很早就开始大规模布局人工智能，并收购了 10 多家 AI 创业公司，他们研究的重点是推荐语言翻译、视觉处理以及排名和预测能力。如谷歌推出的 Google Lens 是一个基于图像识别的搜索功能软件。Google Assistant 智能助手软件，可以识别英语、法语、德语、日语、韩语、意大利语等多国语言。Google Home 软件，可以直接接通任何一部手机或座机。在人工智能方面，谷歌喜欢"走捷径"，通过收购其他 AI 创业公司来抢占先机；华为还是喜欢走"自主研发"的路线，并且以研发 AI 芯片作为突破点。

华为的目标是成为信息通信技术（ICT）产业的领导者

目前，爱立信是全球最大的移动通信设备商，而华为的目标是成为信息通信技术（ICT）产业的领导者。《华为基本法》中规定，华为在核心技术的基本目标，就是发展拥有自主知识产权的世界领先的电子和信息技术支撑体系。经过 30 多年的发展，华为已经成为全球领先的信息与通信技术（ICT）解决方案供应商。

可见，在全球通信产业中华为还不能说是"老大"，只能说"是个谦虚的领导者"。

"航母"划到了起跑线上

据华为发布的 2013 年度年报显示，其销售收入 2390 亿元人民币（约 395 亿美元），已经超越了爱立信的销售收入（约 353 亿美元）。华为之所以能够超越爱立信，是因为爱立信在做减法，而华为在做加法。

近年来华为不断扩大业务领域，已经形成了四大业务单元，包括运营商业务、企业业务、消费者业务、云业务。爱立信也有四大支柱业务包括：网络系统设备、全球专业服务、技术平台授权以及索尼爱立信的移动终端。不过，近年来，爱立信更加专注于无线网络业务和全球专业服务。

相比之下，爱立信的业务比华为更加单一，虽然从整体销售收入上华为超过了爱立信，但是单从运营商业务来讲，华为还处于全球第二的位置。

爱立信成立于 1876 年，与中国的合作也超过了 100 年的历史。早在 1892 年，爱立信就接到了来自中国的订单。1894 年，2000 部爱立信电话机远涉重洋来到上海。从这个意义上说，爱立信从那时起就已经成为中国通信产品的供应商。100多年来，爱立信以卓越的产品和技术为中国经济发展和通信产业的快速崛起作出了积极贡献。

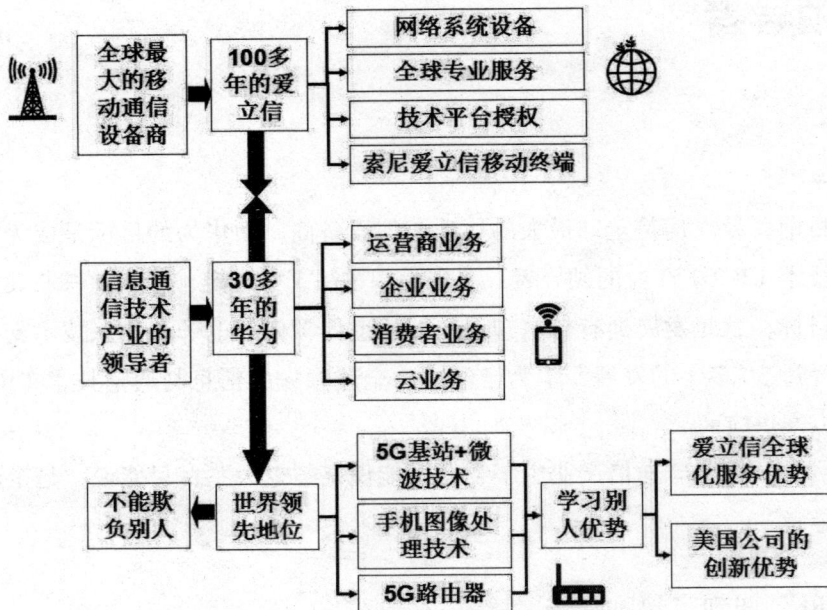

信息通信技术（ICT）产业的领导者

而华为成立只有30多年，还处在起跑线。任正非表示，未来二三十年，人类社会将经历重大转折，从几千年的传统社会转变到信息社会。信息社会是什么样子，我们不知道；信息社会的实现形式是什么，我们也不知道。但是过去几十年，我们十几万员工团结一心、拼命划桨，终于把我们的"航母"划到了起跑线上。而且在这条信息社会基础的大数据流量起跑线上的"航母"，也就这么几艘。所以现在最根本的问题是我们要共同担负起构建未来信息社会的责任，而不是互相恶性竞争。网络技术包括两种，一种是信息的传送与存储，一种是搜索。我们今天还会停留在信息的传输和储存领域上，那么我们的思想、理论、网络架构是什么，能给世界输出什么？

领先世界也不能欺负别人

华为要想成为行业领袖，就要建立世界信息网络大构架，推动信息时代的进步。

任正非表示，要成为行业领袖，不能采取狭隘的在高速公路上丢小石子的方式来形成自己的独特优势。这样只会卡住世界的脖子，不是我们要走的道路。我们要走的道路是站在行业领袖的位置上，为世界作出贡献。什么叫领袖？领袖就是为了世界强盛，对建立世界信息网络大构架作出贡献，舍得给周边人分享利益。我们是一个负责任的大公司，怎么会去阻挠信息流的前进呢？即使你阻挠信息流前进，别人不走你这条路也终究会走到目的地，而你就必然会被历史边缘化了。

华为每年将销售投入的 10% 投入研发，在 5G 基站 + 微波技术、手机图像处理技术、5G 路由器等方面处于世界领先地位。但是，领先不是欺负别人的"资本"，华为还是要"做个谦虚的领导者"，不断地向西方学习，不断地改变自己。

任正非表示，即使将来我们领先世界，也不能欺负别人，保障公司踏踏实实前进就行了。我们不是去积极进攻，而是和友商达成适当的平衡性解决问题。当然，我们也要制止对手的恶意竞争。

华为除了学习瑞典爱立信的全球化专业服务优势之外，还要学习美国科技公司的创新优势，如思科、高通、IBM、苹果、谷歌、微软、戴尔、英特尔、惠普等，既可以学习他们先进的管理方法，也可以学习他们创新的生产模式与流程。

任正非说："美国在电子信息技术上，过去是绝对强势。而且未来几十年，美国还会是相对优势。华为这棵小草不可能改变时代列车的轨道，但小草在努力成长，我们也希望自己能脱胎换骨，从小草变成小树苗。这一点我们正在向西方学习很多管理方法，正在改变自己。我们的改变有没有可能成功呢？还是要看我们自己。所以我们最大的敌人不是别人，就是自己。"

目前来看，华为主要的销售收入，主要是来自设备产品销售。而爱立信除了销售设备之外，有40%的业务收入来自服务。目前，爱立信在全球拥有6万多名服务专家。如爱立信在中国多个城市设立了一线支持服务机构，公司拥有超过9000名一线服务工程师和来自合作伙伴的服务支持人员，为客户提供技术服务支持。如果问，华为与爱立信还存在差距吗？只能说，华为在科技研发上已经超越了，但在全球市场方面"还差一些"。

成长规划 11：
如何做强一个产业

自强不息

不要妄想国家支持，也不要妄想有钱就能做大，做强一个产业需要自力更生、自强不息。如任正非不要政府贷款，每年将销售投入的 10% 投入研发，赚得越多投入越多，这样才能慢慢做强通信产业。

做强不做大

做大就是搞多元化，做强就是专注于主业。如华为虽然拥有四大业务单元（运营商业务、企业业务、消费者业务、云业务），但还是专注于运营商业务。

控制核心技术高地

控制核心技术高地，就像控制一个"地势险要的阵地"一样，可以做到一夫当关万夫莫开。如任正非在研发通信技术的时候，就抓住了通信网络的核心网战略高地，而不是重点做接入网和承载网。

想办法做到第一

科技公司要想做第一，只能通过科技创新，别无他途。如华为在实现 5G 通信技术世界领先之后，也在车联网、人工智能、边缘计算三个方面寻求创新的突破点。

保持学习的态度

领先也不能欺负别人，还需要学习别人的优点。如华为不仅学习瑞典爱立信的服务优势，还要学习美国科技公司的创新优势。

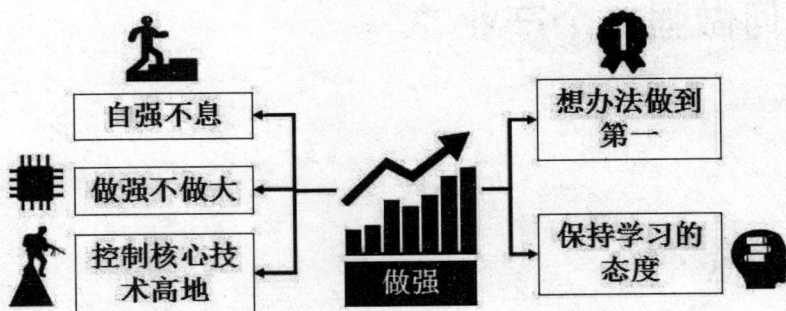

如何做强一个产业

第十二章

不死的华为：我们从来没觉得
我们会死亡

　　现在公司全体振奋，战斗力在蒸蒸日上，这怎么是到了最危险的时候，应该是在最佳状态。

——任正非

CFO 被加拿大"软禁"

2018 年 12 月的一天，加拿大温哥华机场人来人往，有的人刚刚下了飞机，取完行李就匆匆离开。有的需要入境后转机再飞往其他目的地，他们提着行李前往另外一条转机通道。有一位中国女子穿着一件蓝色的连帽衫，当她在转机时居然遭到了加拿大当局的逮捕。逮捕不是因为其行李里夹有违禁物品，而是加拿大当局应美国当局的要求而采取的行动。

转机突然被逮捕

这位中国女子，就是华为公司首席财务官（CFO），公司创始人任正非的女儿孟晚舟。下面我们简单介绍一下孟晚舟。

1993 年，孟晚舟从华中理工大学（现华中科技大学）毕业，并获得了管理学硕士学位，开始进入华为工作。对于自己的女儿，任正非并没有什么"特殊关照"，直接让她到基层历练。最初几年，孟晚舟主要做类似"行政文员"的工作，做一些总机转接分机和公文打印、对集团文件上传下达等工作。

1996 年，孟晚舟第一次参加莫斯科国际通信设备展，当时展出的全世界琳琅满目的通信设备，深深地震撼了她。

1998 年，孟晚舟从行政部门转到了财务部门。通过一段时间的学习与积累之后，开始"独当一面"，负责建立华为全球统一的财务组织，进行"账务集中管理"，做到了四个统一：一是所有流程统一，二是所有制度统一，三是所有编码统一，四是表格模板化。

任正非说："全球统一的会计核算和审计监控是长江的两道堤坝，只有这两道堤坝足够坚固，财务管理职能才能从容有效地开展。"

一般来说，集团公司下面的子公司都有自己的财务部，报表自下而上层层上报。不过，华为不这么做，所有的财务管理职能全部由总部来集中完成，子公司没有财务部门。

华为的财务管理部岗位分为：一是员工薪酬中心，核算全球员工薪酬。二是员工费用中心，核算全球员工费用报销。三是应付中心，核算采购。四是应收中心，核算销售。五是总账中心，各种账目汇总核算；六是共享中心，用于数据的收集和整理；七是报告中心，为各个管理维度提供数据加工。

在华为的组织架构中，华为的财务管理部是一个独立的部门，对 CFO 负责，集中管理公司所有财务人员。2011 年 4 月，孟晚舟成为新一届董事会成员，并出任公司常务董事、CFO。2018 年 3 月，经持股员工代表会投票选举，孟晚舟出任华为副董事长。

出任华为 CFO 兼副董事长，可见孟晚舟在华为处于关键的岗位。然而，正是这样一位在华为处于关键岗位的人物，在加拿大转机时，居然被加拿大当局"逮捕"。

解救孟晚舟

孟晚舟被逮捕后，各界人士开始积极奔走，解救孟晚舟。

至于孟晚舟为什么面临指控，据说是华为违反了美国对伊朗的禁令，美国也在寻求对华为 CFO 孟晚舟的引渡。这个事情发生刚好处在中美两国之间紧张的局势之下，特朗普曾经说过，如果此案有助于与中国达成协议，他一定会干预。一时间世界舆论闹得沸沸扬扬。

中国驻加拿大大使馆表示，要求立刻恢复孟晚舟人身自由。大使馆表示，加拿大警方应美方要求逮捕一个没有违反任何美、加法律的中国公民，对这一严重侵犯人权的行为，中方表示坚决反对并强烈抗议。中方已向美、加两国进行了严正交涉，要求他们立即纠正错误做法，恢复孟晚舟女士的人身自由。我们将密切关注事态发展，采取一切行动坚决维护中国公民合法权益。

2018 年 12 月 13 日，中国驻加拿大大使卢沙野在加拿大《环球邮报》上发表了题为《我们不希望看到加拿大走上背离公平正义的道路》的署名文章，称孟晚舟被无端拘押事件不是简单的司法案件，而是有预谋的政治行动，是美国动用国家权力对一家中国高科技企业的政治追杀。

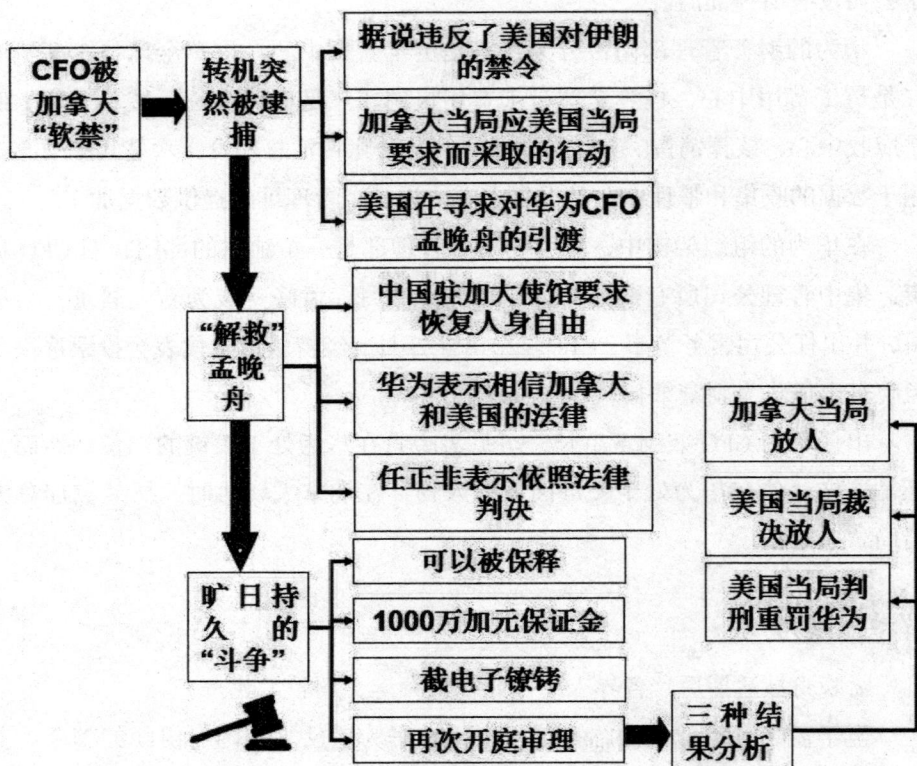

CFO 被加拿大"软禁"

华为表示，关于具体指控提供给华为的信息非常少，华为并不知晓孟女士有任何不当行为。公司相信，加拿大和美国的法律体系最终会给出公正的结论。华为遵守业务所在国的所有适用法律法规，包括联合国、美国和欧盟适用的出口管制和制裁法律法规。

任正非在接受采访时也表示，孟晚舟的问题将来要依照法律判决，我就不多评论了。我们认为孟晚舟是无罪的，我们是有抗辩证据的，美国检察官也要拿出证据来。

对于孟晚舟被抓事件，中国驻加拿大大使馆要求"立刻恢复孟晚舟人身自由"，任正非希望能依照法律公正判决。于是一场旷日持久的"开庭审理"开始了。为了解决"职位空缺"，华为也任命董事长梁华暂代首席财务官之职，以接替孟晚舟。

旷日持久的"斗争"

据知情人士透露，孟晚舟自 2018 年 12 月 1 日被拘留后，一直受到"粗暴对待"。在机场，孟晚舟被加警方非法拘留了 3 个小时，期间警察搜查了她的财物，没收了她的电子设备，还强迫她交出密码。

加警方将她从机场带到拘留所的路上，就给她戴了手铐，当晚按照程序带她去医院及回拘留所的路上也给她戴了手铐，而带她从拘留所到法庭，以及庭审结束后去矫正中心途中，不仅给她戴了手铐，还对她上了脚镣。据了解，孟晚舟做过去除甲状腺的手术，且有高血压，需要每天按时服药，不过，加拿大的拘留所并没有给予她"特别的照顾"，而是以"手铐＋脚镣伺候"。

2018 年 12 月 11 日，在关押了 10 天后，加拿大法庭终于同意，华为 CFO 孟晚舟可以被保释。不过，孟晚舟只获得相对的自由，她必须佩带电子镣铐，外出都有监视，晚上 11 点至早上 6 点必须在家。此外还须付出 1000 万加元的保证金。

对于任正非来说，1000 万加元的保证金不是问题，关键是需要组织律师团队进行无罪辩护，彻底去除女儿身上的电子镣铐，让女儿实现完全自由。不过，任正非知道这可能是一个"长期的过程"。

任正非说："虽然女儿（孟晚舟）在温哥华处于软禁状态，四周都有警察包围着，但是生活还是自由的。我女儿本身也很乐观，她自己在自学五六门功课，她准备读一个'狱中博士'，在监狱里面完成这个博士学历出来。她也没有闲着，每天忙得很，我每次打电话的时候，她妈接电话或者她老公接电话说忙得很。我们完全站在理上，而美国和加拿大是法治国家，需要通过证据来证明她有没有罪。"

对于孟晚舟事件走向，相关人士分析三种结果：

第一，加拿大当局放人。这算是最理想的结果。

第二，加拿大当局引渡，美国当局裁决放人。这需要长时间的关押和审讯。

第三，加拿大当局引渡，美国当局判刑，华为被重罚。这是最糟糕的结局。

一晃9个月过去了，2019年9月23日上午，孟晚舟引渡案在不列颠哥伦比亚省高等法院再次开庭审理，孟晚舟穿着紫色裙装，微笑出庭，不过她脚腕上还被锁着监察装置。

当天，引渡案进入实质性审理阶段，也就是说，控辩双方将就案件已有的证据和关键问题进行辩论。华为组织的律师团队积极应辩。他们表示，相信加拿大法庭能够公正独立地对孟晚舟引渡案作出裁决。

原本不喜欢"抛头露面"的任正非近期频频露面，接受全球不同媒体的采访。任正非表示，美国这个国家太强大了，控制了全球的话语权，美国说什么大家都容易相信，因此华为承受负面压力过大，我有责任出来多讲一讲。

一是增强客户对我们的信心，华为公司不会垮掉，会对客户负责任的；二是增强供应商对我们的信心，我们公司可以活下去的，卖给我们零部件，将来是能付款的；三是增强员工信心，要好好工作，公司可以活下去，尽管美国打击很厉害，但是我们公司也很厉害；最后，也向社会传递正确的声音，让社会理解我们，以前没有人这么尖锐地指责我们时，总不能跳出来自己说自己。现在美国这么尖锐地指责，正好有机会解释自己，让大家了解华为。

现在社会舆论对华为理解的大概有30%，70%还是不够理解，所以还要继续说下去。我也不只是为了救我的女儿，也为了救我们公司，所以我要挺身而出。

至于孟晚舟什么时候能恢复完全自由，孟晚舟事件什么时候结束，人们只能等待实质性审理阶段的结果。

在过往的历史中，中国科学家被美国拘留事件已屡见不鲜了。其中，最为熟知的就是钱学森，当初美国为了挽留这位"抵得上美军5个师"的科学巨匠，不惜将其抄家、将其软禁了4年之久。美国阻碍钱学森回国，就是害怕中国强大起来！1934年，钱学森毕业于国立交通大学机械与动力工程学院，曾任美国麻省理工学院和加州理工学院教授。1955年，在毛泽东主席和周恩来总理的争取下，钱学森回到了中国。由于钱学森回国效力，中国导弹、原子弹的发射向前推进了至少 20 年。

直到今天，为了打压中国科技发展，美国依旧故伎重演——把人抓起来软禁！在孟晚舟事件中，加拿大当局正是应美国当局的要求将孟晚舟"逮捕软禁"。可以看出，美国还是千方百计阻挠中国科技的发展。因为华为在 5G 技术方面领先世界，让部分美国政客寝食难安，于是要跳出来搞事情。他们以危害国家安全为由，不断扩大打击中国科技公司的范围。华为不是第一家被打压的公司，也不是最后一家被打压的公司。

产品被美国"硬禁"

"来软的不行，那就来硬的"，在加拿大当局应美国当局逮捕华为CFO、任正非女儿孟晚舟后，美国开始联合多国来共同抵制华为产品，对华为产品进行"硬禁"。

五眼联盟

2019年5月，美国商务部工业与安全局发表声明，正式将华为公司及其附属公司列入管制"实体名单"，禁止华为在未经美国政府批准的情况下从美国企业获得元器件和相关技术。随后，以美国为首的情报共享组织"五眼联盟"也"蠢蠢欲动"。

五眼联盟（又名五只眼睛），是指二战后英美多项秘密协议催生的多国监听组织——英美防卫协定（UKUSA）。该机构由美国、英国、澳大利亚、加拿大和新西兰的情报机构组成。这五个国家组成的情报间谍联盟内部实现互联互通情报信息，窃取来的商业数据在这些国家的政府部门和公司企业之间实现共享。

这"五眼联盟"对美国"马首是瞻"，美国硬禁华为产品，他们也跟着"硬禁"，后来日本也加入了"硬禁"华为5G产品的阵营。

美国联合多国政府机构拒绝华为，这些政府机构又给电信运营商施加压力，让他们不得采购华为的5G技术及产品。

不过，华为"并非待宰的羔羊"，其也在争取更多国家的支持，出售5G技术。显然就目前的情况来看，支持华为的国家多于拒绝华为的国家。

支持华为的国家有：葡萄牙、西班牙、奥地利、意大利、德国、法国、瑞士、芬兰、乌克兰、俄罗斯、马耳他、摩纳哥、拉脱维亚、印尼、土耳其、黎巴嫩、科威特、阿曼等。

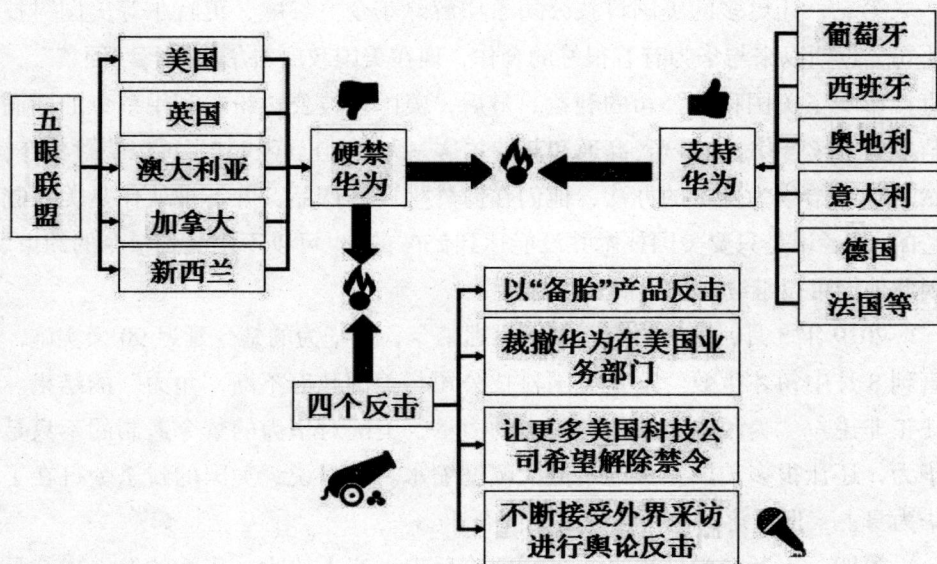

五眼联盟 → 美国 / 英国 / 澳大利亚 / 加拿大 / 新西兰 → 硬禁华为

支持华为 ← 葡萄牙 / 西班牙 / 奥地利 / 意大利 / 德国 / 法国等

四个反击：
以"备胎"产品反击
裁撤华为在美国业务部门
让更多美国科技公司希望解除禁令
不断接受外界采访进行舆论反击

产品被美国"硬禁"

四个反击

如今，70 多岁的任正非面临的局面是，女儿孟晚舟被加拿大软禁；华为产品被美国硬禁。

那么，任正非如何反击？在接下来的时间里，华为主要做了四个反击。

第一，以"备胎"产品反击。在美国的硬禁下，华为无法获得美国科技公司生产的元器件，于是华为启用"备胎"产品给予反击。如华为研发的麒麟芯片是安装在华为手机上的智能芯片，华为研发鸿蒙系统是全硬件兼容的操作系统。

第二，裁撤华为在美国的业务部门。2019 年 7 月，华为开始裁撤华为在美国的业务部门，华为在美研发子公司 Futurewei Technologies 的 850 名员工中，有超过 600 人被解雇，占总数的 70% 以上。华为在美国的业务部门主要负责向美国偏远农村地区出售通信设备。特朗普竞选时曾经向美国人许下承诺，要减少与其他国家的贸易赤字，要增加美国人的就业机会。现在华为一裁员，就有 600 多位美国人失业。

第三，让更多的美国科技公司希望解除禁令。谷歌、英特尔等美国科技公司，长期以来与华为有着很好的合作，现在美国政府对华为进行"硬禁"，直接影响了美国科技公司的利益。最后，美国科技公司纷纷利用禁令的漏洞与华为继续合作。如镁光、高通和英特尔这三大公司已经找到了可以绕过禁令，然后继续给华为供货的办法，他们在海外生产的产品，并不被认作是美国制造的。或者说是只要美国技术并没能达到25%的，也可以不用受到禁令的约束。因此他们可以继续向华为供货。

2019年5月，美国政府不得不推迟禁令，对华为的禁令延迟90天实施，直到8月中旬才生效。这是美国科技公司与美国政府不断"角力"的结果。任正非说："美国政客低估了华为的力量，美国对华为的禁令遏制的不只是华为，还让很多美国企业的市值大幅度缩水。可以说，美国的封杀令打在了华为身上，但是疼的也还有许多美国企业。"

第四，不断接受外界采访进行舆论反击。有人认为，华为的发展成就是靠盗窃美国技术得来的，任正非对此进行了"幽默解答"。任正非说："那我是在盗窃美国明天的技术咯，因为（华为现在做的东西、5G技术）美国都没有做出来，我去哪里偷他的技术？更有可能是美国来偷我们的技术差不多，因为我们目前是领先美国的。如果我们是落后的，那么特朗普也不会这么费劲打我们了。他打我们就是因为我们先进他才打嘛。"

在美国"硬禁"不到一个月，美国企业就给"美国政府施加种种压力"，特朗普总统也不得不改口。2019年6月，特朗普在G20会议结束后向媒体发表讲话，他表示："我会允许的其中一件事，这让很多人都很惊讶……那就是，我将继续允许美国公司向华为销售产品。"

任正非也表示，即使华为有能力研发出各种各样的"备胎"产品，但只要美国公司供应零部件，华为还是一定要买的。

任正非表示，华为一直是在积极努力地融入这个世界的，不会走完全自力更生的道路，现在是临时的状态行为，美国公司要是供应零部件，我是一定要买的。

中美之间的合作好比用喜马拉雅山上的雪水浇灌庄稼，雪水一直流下来，庄稼才能得到灌溉。如果雪水断流了，农民只能另想法子找水，这对雪水和庄稼都没有益处，我是希望喜马拉雅山上的水能一直流下来的。我们是很欢迎美国恢复供应的，也不会追究以往的事情。全世界已经给华为很多机会了，我认为这已经很宽容了，我已经很满足了……

全球化的目的就是要资源共享，让全球人民受益。好不容易有标准（5G标准），要是脱钩的话会产生高成本。优质的服务能降低成本，使70亿人民享受成果。

在"硬禁"华为之前，美国曾经制裁过中兴公司。2018年4月，美国商务部发布公告称，美国政府在未来7年内禁止中兴通讯向美国企业购买敏感产品（可能危害"国家安全"）。2018年6月，美国政府与中兴通讯已经达成协议，只要后者再次缴纳10亿美元罚金，并改组董事会，即可解除相关禁令。可见，美国政府制裁、硬禁中国科技企业的目的只有一个，那就是"赚取高额罚金"，于是中兴被罚了10亿美元罚金。当美国政府再次向华为开刀时，发现"钱没有来得这么快"，反而引起了众多美国科技公司的"集体反水"。他们大搞"上有政策，下有对策"的"行径"继续与华为合作，这让美国政府与特朗普"特别尴尬"。

我的意志没有被摧毁

《庄子·田子方》中有言："夫哀莫大于心死，而人死亦次之。" 意思是再大的哀愁都不如自己的心死，心死比人死更加让人害怕，如果人对一切不存希望了，活着只能是一具行尸走肉。我们国家规定男性年满六十周岁，女性年满五十周岁，并且累计工龄满十年的，就应该退休了。可是，70 多岁的任正非一直在"战斗"，在人生的一次次打击面前，他的意志没有被摧毁，反而越战越勇，百折不挠，犹如无数次淬火的"刀剑"，变得越来越刚硬。

从计划经济到市场经济

1974 年，任正非大学毕业之后，应征入伍成了一名基建工程兵，凭着一股做研究的"钻劲"，他很快就晋升为副团职的工程师。他原以为在军队这个摇篮里能够找到一处"安身立命的避风港"。没想到，有一天清晨，任正非刚睡醒就接到大裁军的命令，人一下子就"蔫了"。任正非和众多战友们集体被裁了，被扔到市场经济的海洋中，任由他们自生自灭。

1982 年，38 岁的任正非刚从部队转业，就被安置在深圳南油（集团）有限公司工作。"军营里没有太多的尔虞我诈"，于是任正非并没有意识要防范市场经济的"陷阱与风险"。任正非加入南油后不久，主动向老总请缨，希望能管理集团旗下的一个小公司。老总为了进一步考查他的能力，就安排任正非到集团下属的一家电子公司任副经理。

当时，任正非根本不懂市场经济为何物，比如一个东西买进来 10 块钱，然后加工包装一下就 12 块钱卖出去，每个赚 2 块钱，任正非认为这是"骗子"的行为，而且他特别信任别人。

很快，单纯的任正非就栽了"大跟斗"，他在经营中被人骗了 200 万元。任正非犯了这么大的错，造成如此巨大的损失，南油集团是待不下去了。他曾经请求南油留任但遭到拒绝，公司还要求他还清 200 万元债务。

失业加上债台高筑，任正非只好带着父母和弟弟妹妹住到深圳的棚屋里，同时他还要自己去追款。由于没有钱请律师，任正非就自己学法律，自己当律师，把世界的法律书都读了一遍。最终任正非悟出了一个道理，市场经济就两个东西，一个是货源，一个是客户，两个之间的交易就是法律。企业永远不可能掌握客户，能掌握的就是货源，能遵守的就是法律。这就是华为后来做研发的动机，华为要自己研究商品，通过合法交易手段，从客户那里把钱赚过来。

为了生存，为了还债，1987 年任正非创立了华为。

创办华为之后，任正非发现陪家人的时间越来越少了，时间都用在陪客户，或者去陪客户的路上。当时，任正非很少回家看望父母，每次任正非总是说这个客户很重要，要拜见一下，那个客户也很重要，要陪他们吃顿饭。

在一个普通的早上，任正非的妈妈从菜市场出来，提着两小包菜，结果被汽车撞成重伤。当时，任正非身在伊朗，听到消息后，任正非急忙坐飞机回国，一路上满是"煎熬与悲伤"。

回到家，任正非知道母亲不行了，她的头部全部给撞坏了，当时的心跳、呼吸全是靠药物和机器维持，之所以家人在电话里不告诉任正非，是怕他在旅途中出事。

任正非看见母亲安详地躺在病床上，不用再操劳了，也不用再烦心了，好像她一生从来没有这么平静地休息过……

任正非很后悔，自己在伊朗没有给妈妈打电话，如果他给母亲打了电话，拖延她一两分钟出门，也许妈妈就躲过了这场灾难……

后来，任正非在整理母亲的遗物时，居然发现母亲给自己留下了几万块的存款。在母亲的观念里，任正非做生意不可能一帆风顺，总有遇到困难的时候，于是母亲靠省吃俭用攒了一些钱，打算以后用来救任正非。看到皱巴巴的一叠"钱"，任正非忍不住流下了"不轻弹"的男儿泪……

1995 年,任正非的父亲在昆明街头买了一瓶饮料,没想到喝后居然拉肚子,一直到全身器官衰竭去世……

在任正非的事业高速发展的时候,任正非的母亲走了,任正非的父亲也走了。任正非忍受了双重打击,他曾经消沉过一段时间,但是最后还是挺过来了。任正非继续带领着十几万华为人,加紧研发,勇攀通信技术的高峰。

任正非说:"回顾我自己已走过的历史,唯一有愧的是对不起父母,没条件时没有照顾他们,有条件时也没有照顾他们。"

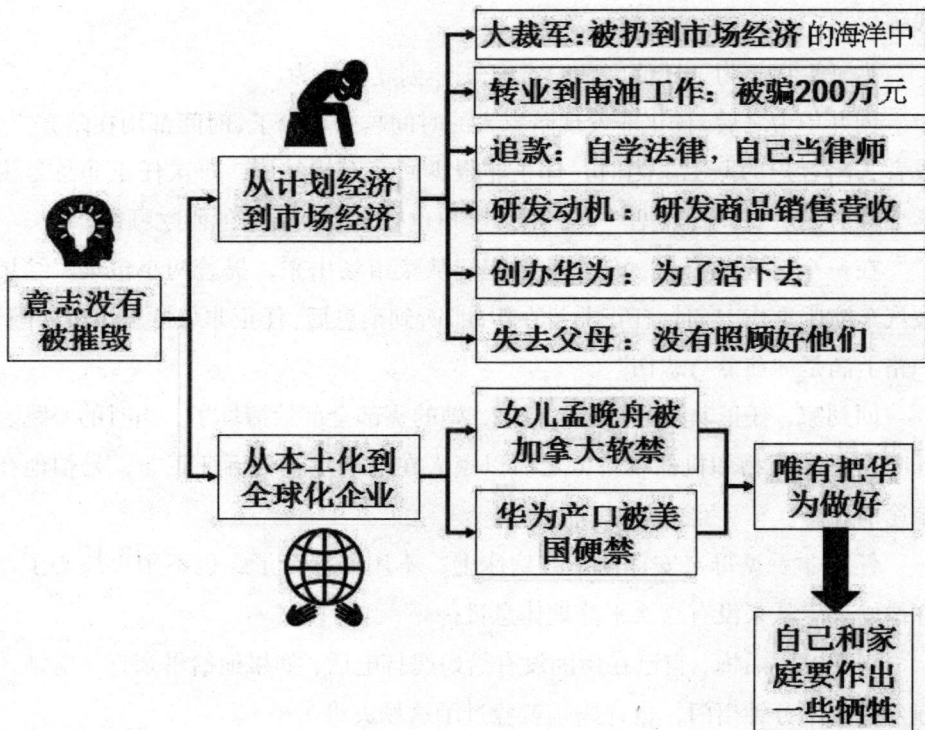

意志没有被摧毁

从本土化到全球化企业

30多年过去了，任正非带领华为科研人员自主研发出交换机、路由器、华为手机、5G基站、5G技术等通信设备，不断进军海外市场，全面推动华为从本土化企业发展为全球化企业。如今，华为的产品和解决方案已经应用于全球100多个国家。

过去被裁军、做生意被骗、父母相继离开，都没有摧毁任正非的意志，现在美国当局打算通过"软禁"任正非的女儿孟晚舟，联合多国共同抵制华为产品来达到摧毁任正非的意志，从而摧毁中国高科技公司华为的目的。因为任正非是华为无可替代的精神领袖，任正非只靠1.01%的股份却可以控制拥有十几万员工的华为，相当于控制"3个集团军"（每个集团军的人数一般在6万人左右）。

经过多年的修炼，任正非已经成为一位意志坚定、心胸宽广的商业领袖。任正非说："美国人想摧毁我的意志。在这个关头，妥协是没有出路的，唯有把华为做好，可能我自己和家庭是要作出一些牺牲的。"

"聪明睿智"的任正非早就看出了美国以她女儿为筹码企图逼他妥协，让华为无条件接受美国当局的"条件与巨额罚金"，然后以华为作为筹码逼中国在中美贸易战中妥协，没想到遭到任正非的"四个反击"（如启用备胎产品和零部件等）。

任正非表示，特朗普想让中国用一些利益来换取华为生存，中国政府凭什么要把利益给美国来换华为生存呢？我们自己可以生存，美国打不垮华为，虽然有可能活得没有想象中那么好。中国没有必要把中美贸易和华为捆在一起给美国让利益，这样做我觉得对不起中国老百姓。中国老百姓比我穷得多，怎么能为了我们，拿穷人的钱去送给特朗普换取我们的利益。所以，我不希望跟中美贸易捆在一起，坚定不移地自己克服，不叫苦，不喊天，相信我们会打赢。

有人会问，任正非什么时候退休？2018年5月，全球华人商界领袖、蝉联20年的香港首富、长江和记实业有限公司主席李嘉诚，在90多岁的时候正式光荣退休，把万亿商业帝国长和系的"权杖"交棒给了长子李泽钜。现在70多岁的任正非，面对美国的一系列"打压"，他的意志并没有被摧毁，反而越战越勇，遇到困难就坚定不移地自己克服，不怨天尤人，不妄想神助，只能加倍艰苦奋斗，利用10～20年的时间，做好华为，让华为继续保持"高速的成长"，以便获得最终的胜利。

不要把仇恨和别人的先进混杂在一起

自从美国当局打压华为以来，国内有些民众开始呼唤要"打击美国的苹果公司、抵制苹果手机"，鼓动大家不要使用苹果手机，改用华为手机，如果使用苹果手机就是不爱国的表现。一时间，让国内的"果粉们"诚惶诚恐，生怕被贴上"不爱国的标签"。

华为是一个商业公司

任正非说："不是说用华为产品就是爱国，不用就是不爱国。华为手机只是一个商品，如果你喜欢，你就用，不喜欢就不用，不要跟政治挂上钩。华为只是一个商业公司。"

在任正非看来，华为要向苹果学习，不赞成国人抵制苹果公司的产品，因为开放的世界，就是"你来我往"的商品贸易。任正非表示，我认为苹果公司给我们做了榜样，我们就向苹果学习。当我们面临要侵犯客户利益的时候，宁可关闭公司，也不会被利益所驱使而去做不应该做的事。

中国有些民众提出要抵制苹果手机。我们的态度是不能为了我们一家公司牺牲了国家利益，牺牲了国家的改革开放政策。当我们在西方受到很严厉的挫折，我们还是支持我们国家继续走向更加开放。因此，我认为，中国只有更加开放，更加改革，才会形成一个更加繁荣的中国。

虽然美国"很过分"，不仅"软禁"了任正非的女儿，还联合其他国家一起"硬禁"华为产品，但任正非还是希望与美国科技公司能够做到"合作共赢"。

任正非说："永远不要对抗，世界已经走向全球化，已经是合作共赢的时代。也许我们这次对抗过去以后，全球再不对抗了。美国只要封闭起来成为孤立体，它一定会在世界落后。现在，我们也不仇恨它，即使是伯尔顿（特朗普总统的国家安全顾问）、蓬佩奥（美国国务卿）也帮了我们很多，他们拿'鞭子'一抽，华为公司懒惰的人就不敢懒惰了，激活了组织，他们起到很大作用。只是他们动员别的国家卡我们，这点过分了。想国家富强就要向美国好的方面学习。不学美国，怎么繁荣富强？不要把仇恨和别人的先进混杂在一起。"

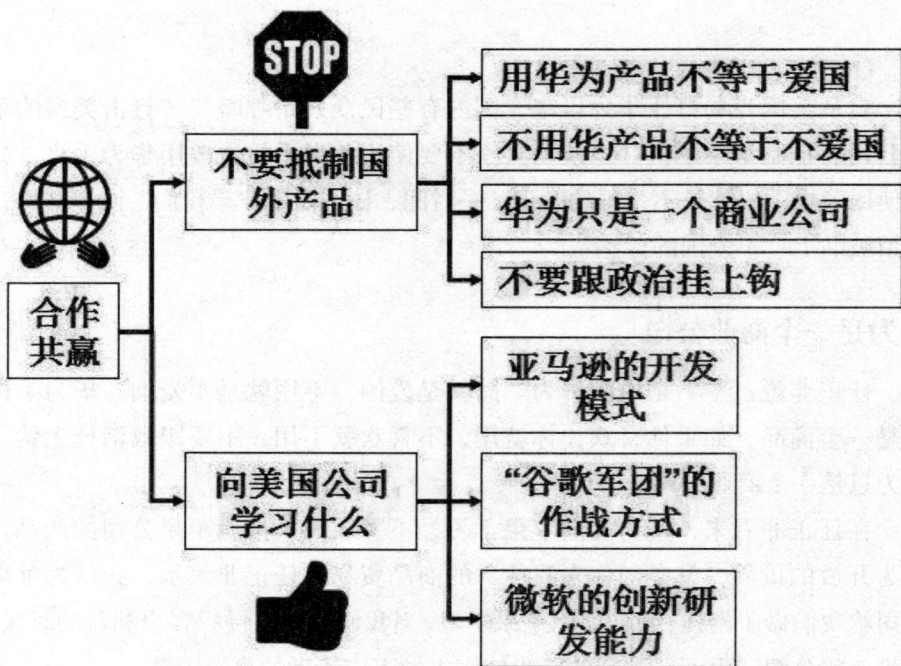

不要把仇恨和别人的先进混杂在一起

向美国公司学习什么

华为在 5G 基站 + 微波技术上已经世界领先，那么，华为还要向美国公司学习什么？

任正非说："第一，亚马逊的开发模式值得我们学习，一个卖书的书店突然成为全世界电信运营商的最大竞争对手，也是全世界电信设备商的最大竞争对手。第二，谷歌也很厉害，大家也看到'谷歌军团'的作战方式。第三，微软的创新研发能力也很厉害。怎么会没有学习榜样呢？到处都是老师，到处都可以学习。"

如今，在很多技术前沿领域，华为已经做到了世界领先。在电子领域，华为已经做出最先进的 ARM 处理器、CPU、AI 芯片；在光子交换上，华为也是世界最领先的。不过，任正非表示，华为在量子方面处于跟随状态。最先发明量子计算机的，还是美国的科技公司。

在 2019 国际消费电子展（CES）上，美国 IBM 展示了目前全球唯一一台脱离实验室环境运行的量子计算机"IBM QSystem One"。该量子计算机，采用量子力学原理来进行计算，它可以利用量子的"叠加"和"纠缠"两种特性实现强大的计算能力，甚至有传言认为，IBM QSystem One 在理论上可以一举超越当今世界上最快的超级计算机。可见，在量子计算机方面，华为还得向美国公司学习。

学习西方先进的东西是一种学习的态度，主要学习西方先进的生产力、先进的管理经验，学一些本质的东西，而不是做表面的装饰。崇洋媚外是一种生活态度，衣食住行等消费几乎全部套上外国的产品。在当今开放共赢的全球化经济体系里，国内民众支持中国货没问题，但是联合起来抵制外国货就有问题了。虽然美国当局打压华为，但是华为还是"谦虚"地向美国公司学习，目的就是要变得更强，就像一个毛头小子令狐冲学了"各门各派的武功"，最后"笑傲江湖"一样。华为学习亚马逊的开发模式、学习"谷歌军团"的作战方式、学习微软的创新研发能力等，这才是学到真本领，而不是学习表面的东西，如不学亚马逊去卖书、不学谷歌搞搜索网站、不学微软搞软件等。

不是到了最危险时候，应该是在最佳状态了

经营企业如同划船去探险，前方布满暗流、暗礁、旋涡、海妖、风暴与海啸，唯有意志坚定、百折不挠的"船长"才能化险为夷。任正非就是这样的"船长"，他把华为比作由十几万人划船的"人力航母"。在 30 多年的成长史中，华为这艘"人力航母"也经历了数次"最危险的时刻"。

任正非带头"辞职"

2008 年元旦前，华为深圳总部"已经闹得不可开交"，因为华为的创始人任正非带头搞大规模"全员辞职活动"。华为公司包括任正非在内的所有工作满八年的华为员工，在 2008 年元旦之前，都要先后办理主动辞职手续，即先"主动辞职"，再"竞业上岗"，再与公司签订 1–3 年的劳动合同；所有自愿离职的员工将获得华为相应的补偿，补偿方案为"N+1"模式（N+1 的意思是每满 1 年支付一个月的工资）。

在工号为 001 的任正非"带头示范作用"下，有 6687 名员工申请辞职，华为的工号重新更改排序，有 6581 名员工重新签约上岗，有 93 名主管自愿辞职或降职降薪，有 38 名员工退休，有 52 名员工因个人原因离开公司……

这是任正非走的一步"险棋"，如果当时所有员工全部辞职走人，不再续签，就此离开华为，或者自立门户，那么华为还存在吗？因此，任正非通过调整劳动合同、提高薪酬，让留下来的华为人"继续奋斗"。据说华为搞这个活动花了 10 亿元，包括离职员工的赔偿、在职员工的涨薪等。任正非表示，宁愿赔偿 10 亿违约金也要坚持实行这种"先辞退再竞争上岗"的模式。

关于这个活动，外界有种种猜测。有人指出华为利用解除合同的权利，规避有关法律规定，显然是不得已之举。因为《新劳动法》规定员工在企业工作期满 10 年后，企业将具有永久雇用该员工的义务。

也就是说员工在用人单位工作超过 10 年，那么用人单位不能辞退，就算

是员工天天睡觉、玩游戏，公司也无权辞退，基于这种考虑，任正非宁可赔偿 10 亿元，也要让所有员工先辞职再上岗！

华为这样做也没有"违反劳动法"，所有工龄准备到 10 年的在职员工，通过"运动"又变成 3 年的"合同工"，3 年过后又重新再来一轮"辞职再上岗"，又签 3 年"合同工"，让企业不存在"永久员工"。这样，华为可以激发员工的"狼性"，而不会让华为变成"养老公司"。

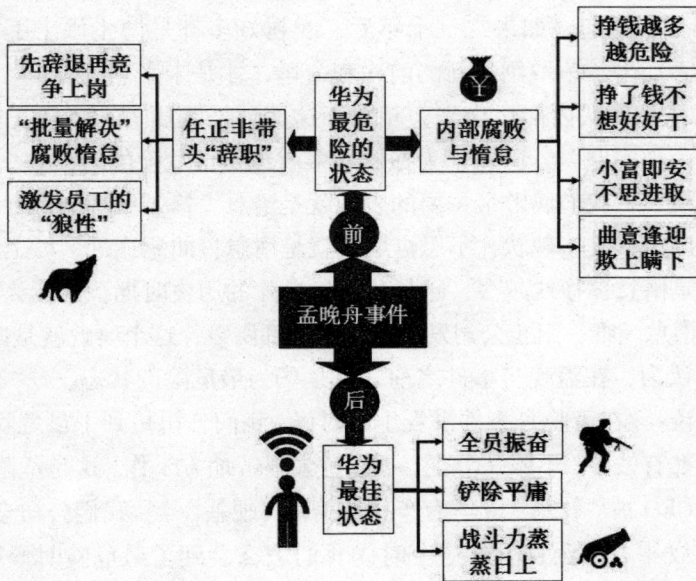

华为的最佳状态

题词不死的华为

时隔十多年之后，华为又"摊上大事"了，不过这个事不是"来自内部"，而是"来自外部"。2019 年，加拿大当局应美国当局的要求"软禁"了任正非的女儿，美国当局还联合其他国家一起"硬禁"华为产品。全球市场虽然大，但美国是全球第一大经济体，美国"公然打压华为"，有人担心华为会不会死亡？

任正非表示，我们从来没觉得我们会死亡，我们已经做了两万枚金牌奖章，上面题词是不死的华为。我们根本不认为我们会死，我们认为我们梳理一下我们存在的问题，哪些问题去掉，哪些问题加强，胜利一定是属于我们的。

在美国当局"打压"华为的过程中，很多美国公司居然"绕过美国政府"

在海外生产元器件,继续"通过曲线方式"与华为合作。结果,美国当局的"打压"对华为的影响较小,并不是说"就会让华为死掉"。任正非表示,受到美国禁令的影响,华为的增长预计会放缓,但影响是局部的,2019 年营收增长年率预计低于 20%。2014 ~ 2018 年间,华为销售收入的复合年均增长率为 26%。

任正非表示,美国以为现在还是架起几个炮吓唬一个国家的时代,可能误判了吧;以为抓起我们家一个人来,就摧毁了我们,也误判了。我认为我们国家应从今天抓起,如果二三十年后,农村好多都是博士硕士了,为国家在创新领域去搏击,争取国家新的前途和命运,才是未来。

苹果往往是先从内部烂出来,相对于这些"外部压力",任正非更加关注华为的"内部问题",因为华为挣钱越多就越是最危险的时候。

任正非说:"我们腐败最主要的表现就是惰怠,挣了钱不想好好干活,是惰怠! 小富即安,安于现状,不思进取,就是惰怠! 曲意逢迎,欺上瞒下,拉帮结派,也是惰怠! 挣钱越多,越是公司最危险的历史时期,为什么呢? 因为人会因此而惰怠。唯一阻止公司发展的就是内部腐败,这个腐败就是惰怠。"

任正非认为,在孟晚舟事件之前,就是华为最危险的状态。

任正非说:"在孟晚舟事件没发生的时候,我们公司是到了最危险的时刻。大家的口袋都有钱了,不服从分配,不愿意去艰苦地方工作,这是危险状态了。现在(华为 CFO 被"软禁"、华为产品被美国"硬禁"),我们公司全员振奋,铲除平庸,战斗力蒸蒸日上。这个时候我们怎么会到了最危险时候呢? 应该是在最佳状态了。"

任正非"批量解决"腐败惰怠的方法,就是前面所说的 "先辞退再竞争上岗"的活动。

曾经有人自称是诺基亚员工,在网上发表"自曝文章",分析诺基亚手机业务衰败的原因主要还是内部原因,因为内部太傲慢、太懒惰、太慢了。

之所以会太傲慢,只因为诺基亚手机曾经是世界霸主,苹果手机都要靠边站,因此部分员工养成了"类公主的傲娇",不愿虚心学习别人的长处。最后,苹果公司发布了 iPhone 手机,这是一款全触摸屏幕的手机,与诺基亚那些传统按键手机迅速拉开"科技距离"。太懒惰,因为诺基亚公司的福利、待遇较好,很多员工不愿意再加班加点地搞研发了;太慢了,就是诺基亚的转型速度太慢,没有抢占通信产业周期变化的红利,在通信设备从 2G 向 3G 转变时,诺基亚没有赶上，在通信设备从 4G 向 5G 转变时诺基亚也没有赶上。

诺基亚由于手机业务经营不善严重拖累了整个集团的发展，最后诺基亚把手机业务卖给了微软。而微软同样运营不善，只好又把诺基亚手机出售给富士康，"卖来卖去"，最后诺基亚手机业务沦为"少人问津"的地步。

可见，企业内部的傲慢、懒惰与效率慢，都是企业经营的大忌。所以，任正非认为华为赚钱太多，诱发内部的腐败与惰怠才是最危险的时候。

成长规划 12:
如何防范未来的危机和风险

不违法

君子爱财，取之有道，经营企业一定要了解当地和国际法则，不要违背"法律红线"。如任正非做生意被人骗了 200 万元，没有钱请律师，任正非就自己学法律，自己当律师，把世界的法律书都读了一遍，最后形成"研发——销售——营收"的商业模式。

不恶意竞争

恶意竞争通常表现为，低于成本定价，或者通过"囤积居奇"在某一区域垄断某些产品的价格。任正非虽然研发出 5G 技术＋微波技术这样世界领先的技术，但是并不搞恶意竞争，而是希望与美国公司继续"合作共赢"，继续买他们的元器件和软件。

意志坚定，扛得住

意志是不灭的灯塔，指引着航母前进的方向。如 70 多岁的任正非，面临自己的女儿被"软禁"、华为产品被"硬禁"的局面，他的意志没有被摧毁，还是要"坚持把华为做好"。

学习别人先进的东西

只要不断学习别人先进的东西，迎头赶上，甚至超越"老师"，才能化解各种危机和风险，要不然"落后就要挨打"。如任正非要学习亚马逊的开发模式、学习"谷歌军团"的作战方式、学习微软的创新研发能力等。

解决内部问题

利用外部力量解决企业的外部问题，利用智慧解决企业的内部问题。如任正非对"四个反击"，利用外部力量解决华为产品被"硬禁"的问题；任正非利用"先辞退再竞争上岗"活动，给华为不定期"换血"，时刻激活华为的"狼性"，以解决企业内部出现腐败与惰怠问题，因为那是最危险的状态。

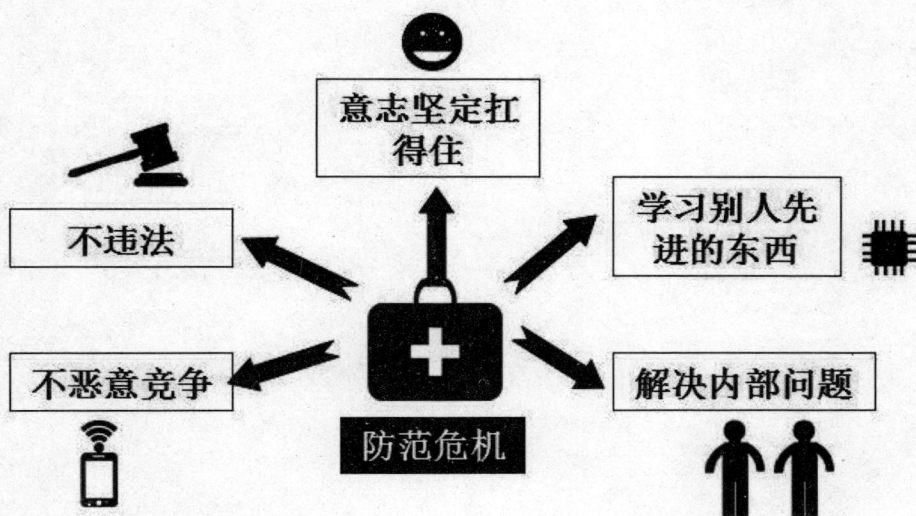

如何防范未来的危机和风险